Philip Marsden

Das Haus der Bronskis

Die Geschichte
von Helena und Zofia

Aus dem Englischen
von Sylvia List

———

Paul Zsolnay Verlag

Die Originalausgabe erschien erstmals 1995 unter dem Titel
The Bronski House. A Return to the Borderlands
bei HarperCollins in London.

1   2   3   4   5   01   00   99   98   97

ISBN 3-552-04855-3
© Philip Marsden 1995
Alle Rechte der deutschen Ausgabe:
© Paul Zsolnay Verlag Wien 1997
Satz: Satz für Satz. Barbara Reischmann, Leutkirch
Druck und Bindung: Franz Spiegel Buch GmbH, Ulm
Printed in Germany

Für Nick und Pandora Wesolowski

Vorbemerkung des Autors

Die Namen der am häufigsten vorkommenden Familien wie auch die Namen verschiedener Landgüter wurden verändert, um diese Geschichte erzählen zu können.

Das Polnische hat für Vornamen alle möglichen Verkleinerungs- und Koseformen. »Zofia« wird in freundschaftlich-vertrautem Umgang zu »Zosia«; ebenso kann aus »Helena« »Hela«, »Helutka« oder »Helenka« werden.

Um das Verständnis nicht zu erschweren, habe ich in den Dialogen von der Verwendung des Vokativs abgesehen, der im Polnischen z. B. »Helena« zu »Heleno« und »Witek« zu »Witku« macht; die Namen erscheinen also alle im Nominativ.

St. Petersburg hieß von 1914–1924 offiziell Petrograd. Der überwiegende Teil der Bevölkerung gebrauchte aber zumindest bis zur Oktoberrevolution weiterhin den alten Namen; so auch die Hauptpersonen dieses Buches.

Nie było nas
Był las.
Nie będzie nas
Będzie las.

(Wir waren noch nicht / Doch der Wald, /
Wir werden nicht mehr sein / Doch der Wald.)

Volkstümliches Gedicht aus den Kresy,
dem Grenzland Ostpolens

Mother Tongue wearing
a robe of mystical gold – liturgical – hieratic
(I see her always in gold, the Mother of Words)
Her pensive face, the gesture of hand absolving
this Prodigal Daughter who squandered, scattered
her heritage of wirds in foreign lands.

Mutter Sprache gehüllt
in ein Gewand von mystischem –
liturgisch-hieratischem – Gold
(immer sehe ich sie in Gold, die Mutter der Wörter).
Ihr nachdenkliches Gesicht, die Handbewegung, die
dieser verlorenen Tochter vergibt, die ihr Worterbe
vergeudet, verschleudert hat in fremdem Land.

Zofia Ilińska

Erster Teil

Zofia

I

Da *war ein Haus*, das ich als Kind kannte, mit einer
grauen Fassade vor steil abfallendem Rasen und einem
Blick aus der Vogelperspektive auf einen Hafen in Cornwall. Das Haus lag etwas außerhalb des Dorfs in einem
Ulmenrund. Vom Rasen aus blickte man den Abhang
hinunter und über Baumwipfel hinweg auf einen Granit-
kai. Der Kai ringelte sich um die Fischtender, die im
Schutz seiner Mauern vor sich hin dümpelten. Dahinter
weitete sich die Bucht zu einem Paar kieferngesäumter
Landzungen, einer Art Auffahrt zur endlosen Ebene der
offenen See.

Vor dem Haus stand eine Araukarie. Sie war hoch und
sehr gerade gewachsen, unverzweigt bis kurz vor der
Spitze, wo ein Brakteengewirr aus dem Stamm hervor-
brach. Der Baum war vor hundertfünfzig Jahren von einem
Kapitän gepflanzt worden. Sein letzter Auftrag war gewe-
sen, ein Mitglied der portugiesischen Königsfamilie nach
Südamerika ins Exil zu bringen. Er war dafür mit einem
Kästchen Gold und einem Beutel Araukariensamen be-
lohnt worden. Von dem Gold hatte er das Haus gebaut. Die
Samen säte er davor aus. Er nannte das Haus Braganza.

Jedes Jahr gingen wir für ein paar Wochen in ein Som-
merhaus im Dorf unterhalb von Braganza. Es war August.
Die Bucht lag im Dunst. Weiße Segel zogen über sie hin.
Der Chor der Möwen war erbarmungslos. Der Rasen von
Braganza, wohin wir sonntags zum Tee gingen, war so
dürr wie eine Wüste.

Viele Jahre war Cornwall das einzige Ausland, das ich kannte. Wenn wir auf einer alten, elefantenhautfarbenen Steinbrücke über die Tamar fuhren, schloß ich die Augen und redete mir ein, es dauere zwei Tage; wenn ich sie wieder aufmachte, wäre ich bestimmt auf einer unbekannten fernen Insel. Aber es funktionierte nie. Cornwall war zwar nicht ganz wie England, aber es war auch kein richtiges Ausland.

Ich wußte schon, wie das Ausland sein würde; es würde sein wie Braganza. Dort war alles anders – die Klänge, das Essen, die Gerüche. Die Stimmen, die man auf dem Treppenabsatz aus halbgeöffneten Türen hörte, waren fremdländisch. Ungewöhnliche Dinge hingen an den Wänden – Wolfsfelle, Bärenfelle, Hirschfänger, Musketen mit samtbeschlagenem Schaft und Ikonen. Im Treppenhaus gab es handkolorierte Karikaturen, gruselige Holzschnitte von Schuhe flickenden Flickschustern und schneidenden Schnittern, und auf hohen Marmorsockeln hockte, wie Junghähne auf der Sitzstange, eine stattliche Schar silberner Samoware.

Braganza war ein großes Haus, und es gab Teile, die ich nie zu Gesicht bekommen habe. Doch ich wußte, daß in seinen entlegeneren Winkeln tiefe Traurigkeit herrschte. Keine englische Traurigkeit – so etwas Verdrängtes, Weggeschobenes von der Sorte »rühr nicht daran, Liebes«; dies war eine Traurigkeit ohne Scham, voll Würde, eine Traurigkeit, die sich ihren Abgründen stellte, Traurigkeit, die in einer Wahrheit wurzelte – eine Traurigkeit, der auch Freude entspringen konnte.

Ihren Namen kannte ich nicht. Aber ich spürte, daß sie etwas mit den gerahmten Fotos auf einer Vitrine im Salon zu tun hatte: die streng blickenden Frauen, die Söhne mit ihren wilden Haarschöpfen und verwegenen Schnurrbärten, die Familiengruppen beim Picknicken im Wald. Sie hatte wahrscheinlich etwas zu tun mit dem Gemälde von einem langgestreckten niedrigen Haus und der Lärche davor. Vor allem aber hatte sie mit der Frau zu tun, die hier wohnte.

Zofia war Polin. Ihr Englisch hatte einen weichen Akzent, den sie nie verlor. Sie nannte mich »Phiilip«, und der Klang ihrer Sprache war so honigsanft, daß ich beim Zuhören manchmal vergaß, was sie sagte, und einfach nur dasaß und ihr zusah und die Worte wie Balsam auf mich niederregnen ließ. Ich liebte ihre Geschichten, ihren entrückten Gesichtsausdruck und ihre durchscheinenden blassen Augen. Ich liebte die Aura, die sie umgab. Ich liebte ihre Traurigkeit.

In meinem Geburtsjahr war Zofia vierzig geworden. Ihrem Mann gehörten die beiden Hotels am Hafen unterhalb des Hauses. Seine Kellner holte er sich aus Süditalien, sie fingen Schlägereien an und schwängerten die Dorfmädchen. Als ich fünf war, beugte Zofia sich zu mir herunter und flüsterte: »Phiilip, willst du mein Freund sein, mein ganz guter Freund?«

»O ja, bitte!«

»Ich habe schon vier Freunde«, gestand sie. »Meinen Mann, meinen Sohn und meine beiden Hunde. Aber du mußt auch einer sein, Phiilip. Wärst du das gern?«

Danach verging kein Weihnachten, ohne daß ein Überraschungsgeschenk mit der Post kam – ein Onyxei, eine alte Postkarte von einem Ort namens Wilna, eine polnische Banknote, eine Schreibfeder. Es sei eine Zauberfeder, sagte sie, sie werde Zauberdinge für mich schreiben. Sie selbst schrieb Zauberdinge: witzige, gefühlvolle Gedichte über verliebte Einhörner, sprechende Hummer und die sonderbaren Herren, die in ihren Hotels wohnten.

Jeden August führte sie meinen Bruder und mich in eines der beiden Hotels zum Mittagessen aus. Wir mußten einen Schlips tragen und Tweedjacketts, die uns ein Jahr zu groß und das nächste zu klein waren. Zofia redete die italienischen Kellner mit Vornamen an (gewöhnlich den verkehrten) und bestellte komplizierte Sachen wie Garnelen und Austern, die wir in unseren Jackentaschen verschwinden ließen, wenn sie gerade nicht hinsah. Aber danach fügte sie sich immer unserem Geschmack und verlangte Reispudding, den sie »Rasputin« aussprach.

Dann setzten wir uns auf die Terrasse hinaus, und sie erzählte Geschichten – märchenhafte Geschichten, polnische Geschichten. Das Meer schlug unter uns gegen die Mauer; Boote kreuzten in der Bucht. Zofia aber saß da, vorgelehnt, die Stimme zu einem Flüstern gedämpft, und beschwor ein weit eindringlicheres Bild herauf von einem tief verschneiten Wald, über den die Dunkelheit hereingebrochen war, von heulenden Wölfen und heulendem Wind, von einem Mann, der ganz allein im Winkel einer Holzhütte hockte und lauschte und lauschte: »Schuuh-schuuh! macht der Wind ... Ahuu, ahuu! machen die Wölfe ...«

Zofia produzierte sehr überzeugende Geräusche, und wir waren in dieser Holzhütte, bei diesem einsamen Mann, bei dem Schuuh-schuuh des Windes und dem Ahuu der Wölfe, und lauschten, lauschten, lauschten ...

Dann schlug sie immer heftig auf den Tisch und stieß einen Schrei aus, und wir mußten alle drei lachen – wir zwei erschrocken, Zofia übermütig –, während die steifleinenen englischen Gäste an den Nebentischen die Augenbrauen hochzogen über die ungehörige Art und Weise, in der diese Frau – diese ausländische Frau, die Hotelbesitzerin – sich mit ihren zwei kleinen Jungen in der Öffentlichkeit aufführte.

Zofia hatte ein kleines Boot namens *Memory* mit einer 17 auf dem Großsegel. Siebzehn war sie gewesen, als sie geflohen war, und siebzehn war das Datum: der 17. September 1939.

Sie war die miserabelste Seglerin, die ich je erlebt habe. Sie war völlig außerstande, die Grundprinzipien des Segelns zu begreifen – das Wenden, Halsen, Schiften –, und griff statt dessen auf Techniken zurück, mit denen sie sich auskannte: die des Reitens. Die Schoten handhabe sie wie Zügel, die Falle wie einen Kehlriemen. Ihre Hunde schwammen nebenher und bestärkten sie in der Überzeugung, daß Segeln – die Brise im Haar zu spüren, über die großen Fragen nachzusinnen – eigentlich nicht anders war als ein Ausritt im polnischen Wald.

Auch die Seemannssprache war und blieb ihr ein Rätsel. Jedesmal, wenn sie zur *Memory* hinausruderte, fragte sie vorher Jimmy Green im Bootshafen um Rat: »O Jiimy, was ist mit dem Wasser?«

»Läuft auf, Mrs. Mo«, sagte er dann, oder: »Läuft gerade ab.«

Aber bis sie draußen bei der *Memory* war, erinnerte sie sich nicht mehr, ob es auflief oder ablief. Und sie war sich auch nicht ganz sicher, warum das wichtig war.

Gelegentlich, nach Beinahekatastrophen, wandte sie sich an den alten Charlie Ferris (wegen seines riesigen weißen Barts »Whiskers« genannt) und bat ihn, zu versuchen, ihr das Segeln beizubringen. Whiskers kam an Bord, erklärte die Schoten und Klampen, Bug und Heck, Backbord und Steuerbord, zeigte ihr, wie man das Boot verholte, damit es im Wind lag, und wie man Segel setzte, und sie tat so, als verstünde sie alles. Aber eines Tages ließ sie das Großfall los, und als Whiskers den Mast hinaufkletterte, um es von da oben zu holen, büßte er an einem Block ein großes Stück Bart ein. Danach kam er der *Memory* nicht mehr zu nahe.

Ich war zehneinhalb, als Zofia eines Augustabends bei uns anrief und nach mir verlangte.

»Phiilip«, sagte sie mit tiefer Abenteuerstimme, »ich will mit der *Memory* in die Bucht, um die Schwäne zu sehen. Kommst du?«

Die Eichen standen bis ans Wasser. Tang hing von ihren Zweigen herunter wie Hexenhaar. Hinter der ersten Biegung fanden wir das Gerippe eines aufgegebenen Schiffs, aber keine Schwäne. Als wir um die zweite Biegung kamen, hatte der Abend seinen Zauber über den verlassenen Meeresarm gebreitet, und Zofia gurrte: »O Phiilip, ist das nicht wunderschön!«

Das war es. Doch die salzigen Schaumkrönchen, die im Wasser treibenden Zweige und die aalähnlichen Halme der Wasserschraube hatten schon angefangen zu ebben. Unbeachtet glitten sie am Rumpf der *Memory* vorbei, während das bißchen Brise, das da war, uns landeinwärts schob. Ziemlich bald gab es einen leichten Ruck, und die *Memory* saß im Schlamm fest.

»O je!« sagte Zofia.

Es blieb uns nichts anderes übrig, als die Segel niederzuholen und auf die Flut zu warten. Zofia bekümmerte das nicht die Spur.

Es wurde dunkel. Der Mond ging auf. Von den Schlammbänken herüber schrie der Brachvogel. Zofias Hunde schliefen auf den Bodenbrettern ein. Die Nacht füllte sich mit leisen Geräuschen.

Zuerst schwiegen wir.

Dann fing Zofia an zu singen. Sie sang mit dunkel getönter Stimme, einer Stimme voll slawischer Ironie. Sie sang ein weißrussisches Lied von einem Priester und dessen totem Hund. Sie versuchte es mir beizubringen, aber ich bekam die Laute nicht zustande. Dann erzählte sie eine Geschichte von einem Liebespaar, einer Fähre über den Njemen und einem Mord; ich sollte entscheiden, wer schuld hatte.

»Der Mann?«

»Vielleicht ...«

»Die Frau?«

»Vielleicht ...«

»Der Fährmann?«

Sie lachte, und ihr Lachen hallte in der Bucht wider. An die Falten des Großsegels gelehnt, nahm sie sich die Verdächtigen einen nach dem anderen vor und erklärte mir, wie in der wirklichen Welt, der Erwachsenenwelt, jeder schuldig sein konnte – oder keiner. Dann seufzte sie mit einem Blick zu den Sternen hinauf und rezitierte eins ihrer Gedichte, in dem der Dichter eine Vogelscheuche beneidet: »I wish there was no thought in me / this head of thought exhausteth me.« (Ach wär ich doch gedankenblank / Das Denken macht mich noch ganz krank.)

Die Stunden verrannen, und sie überließ sich einem langen schwingenden Monolog, von den Schreien der Nachtvögel unterbrochen, über das einstige Leben in Ostpolen – die Dörfer, die Wolfsjagden, die überlebensgroßen Menschen. Szene um Szene fiel gleich wundersamen Taukristallen auf unser gestrandetes Boot: Trauerequipagen im Schnee, Leichen im Fluß, das traurige Gespenst, das klagend bei ihr auf dem Bett saß, der Dragoner, der das Flußufer entlanggaloppierte, nackt bis auf die Stulpenstiefel.

Dann die eigentliche Flucht – russische Panzer, die durch den Wald heranrollten, hastiges Entkommen auf Karren, das Gift, das ihre Mutter in einem Glasfläschchen bei sich trug, das dramatische Finale an der litauischen Grenze mit Kugeln, die ihnen um die Ohren pfiffen.

Doch von allem, was sie mir an jenem Abend erzählte, war es die Geschichte vom Silber, die in meinem Knabengemüt am stärksten haftenblieb. Ein echter Schatz, kein bloß ausgedachter Schatz einer versunkenen Welt; ein echter Schatz, vor der Flucht in Pilzkörben in den Wald getragen, in einer Schonung tief vergraben, der Hoffnung preisgegeben, während die zwei zerstörerischsten Armeen, die die Welt je erlebt hatte, durch die Bäume aufeinander zu donnerten.

»Ist er noch immer da, Zosia?«

»Vielleicht.«

»Warum fährst du nicht hin und siehst nach?«

»Sie würden mir keine Erlaubnis geben.«

»Aber irgendwann werden sie dich hinlassen, Zosia, oder?«

»Ja.«

2

Die *Jahre vergingen*, und wir fuhren nicht mehr nach Cornwall. Ich brach eine langwierige Ausbildung ab, zog nach London, und Zofia und Polen versanken in dem fruchtbaren Urschlamm halbvergessener Orte und Menschen. Ich erhielt noch dann und wann Nachricht von ihr – eine Betrachtung aus Spanien über das Thema »heiße Sonne und geistige Trägheit«, Anrufe, bei denen sie wissen wollte, ob ich verliebt sei, und mit der Post Stengel von Grasnelken und Meersenf, damit sie und Cornwall mir nie gänzlich aus dem Sinn kämen.

Dann rief sie an, sie werde für ein halbes Jahr nach Australien fahren: ob ich ihr wohl bei der Abreise behilflich sein könne?

»Natürlich«, sagte ich.

»Ich reise Sonntag in einer Woche. Um zwölf Uhr mittags.«

»Von Heathrow?«

»Nein! Von Tilbury.«

Sie hatte sich eine Koje auf einem polnischen Frachter genommen. Ich schleppte ihre beiden Koffer die Gangway hinauf. In dem einen war ihre Kleidung (Wollsachen für den Golf von Biscaya, Baumwollkleider für die Tropen), in dem anderen Bücher. Sie stieß ihre Kabinentür auf und setzte sich auf das Bett. Vom Niedergang drangen die Rufe der Besatzung, polnische Rufe, und Zofia sah mich traurig an und lächelte: es erinnerte sie an zu Hause.

Ich ließ sie an Bord zurück und sah zu, wie der graue Schiffskörper themseabwärts davonglitt. Ich stellte sie mir beim Bücherauspacken in ihrer Kabine vor und dachte zum erstenmal darüber nach, was das Exil wirklich für sie bedeutete – jene fortwährende Wurzellosigkeit, das unablässige Gefühl, nicht dazuzugehören, das Abwehren bitterer Gedanken. In den nächsten Monaten fiel eine Reihe dicker Briefumschläge durch meine Tür – abgestempelt in Genua, Alexandria, Dubai und angefüllt mit Zofias »Seegedichten«. Sie waren eine Bestätigung meiner Gedanken und trugen dazu bei, mir klarzumachen, daß das Exil ebenso wie lange Seereisen – diese ganze allmähliche Verflüchtigung eines festen Orts – insgeheim die Möglichkeit für Entdeckungen in sich bargen.

Im Jahr darauf schrieb ich Zofia, ich ginge von London weg. Ich wolle nach Cornwall ziehen.

Postwendend kam ein Brief. »Ich fürchte«, schrieb sie, »die Furien haben dich doch noch zu fassen bekommen.« Aber sie freute sich.

An einem trüben Januartag kam ich bei Einbruch der Dämmerung ins Dorf zurück. Es war stürmisch. Wellenberge türmten sich in jähen Eruptionen über der Kaimauer, schwappten die Straße hinunter und durchnäßten die bretterverrammelten Häuser. Ich schloß das kleine Haus auf, lud mein Zeug ab und stieg den Hügel hinauf, um Zofia zu besuchen.

Braganza war unverändert – die Fotografien, die Bärenfelle, die Samoware. Die Araukarie stand unbewegt im Sturm. Aber eine gewisse Ruhe hatte sich über das Haus gelegt. Aus den Räumen hallte Abwesenheit. Wo waren die käsegesichtigen Männer mitsamt ihren altväterischen Anzügen, die finnische Köchin, die sommerlichen Horden französischer Kinder? Wo der alte polnische Kavallerieoffizier, der Maler aus Krakau und der geheimnisvolle Dichter aus Posen?

Zofia war allein. Sie saß in einem Lehnsessel und las. Bei meinem Eintreten legte sie ihr Buch hin und nahm rasch die Brille ab. »Phiilip, wie schön, dich zu sehen.«

Sie war inzwischen verwitwet. Ihre Tochter lebte in Frankreich, ihr Sohn war bei einem Autounfall ums Leben gekommen. Die *Memory* war an einen Richter verkauft worden. Etliche Hundegenerationen waren gekommen und gegangen. Auch das Ulmenrund draußen war fort, von Baumkäfern zu Tode genagt. Auf ihrem Kaminsims stand eine Sperrholzfahne mit der Aufschrift »SOLIDARNOSC«; es war die Zeit des Kriegsrechts in Polen.

Doch nichts davon hatte Zofias Elan Abbruch getan. Sie schien wie immer, nicht verbittert, kraftvoll. Ihre Sprache hatte sich die Honigtöne bewahrt, ihre Gegenwart ihre Anziehungskraft. In den kommenden Monaten fand ich sie noch immer voll Schalk, noch immer schrieb sie, war noch immer von jener slawischen Aura umgeben – und von ihren Hunden, drei an der Zahl, die gleich Engeln ihr zu Füßen schliefen. Wenn überhaupt, schien sie glücklicher.

»Ja, Gott sei Dank! Es ist viel besser, siebzig zu sein, als so alt wie du.«

»Warum?« fragte ich.

Sie beugte sich zu mir hin. »Nicht mehr dieses Durcheinander mit dem Sex!«

Eines Nachmittags kam ich nach Braganza hinauf und fand Zofia auf dem Boden kniend vor, neben sich Kladden und Ordner. »Die Aufzeichnungen meiner Mutter«, seufzte sie und fing zum erstenmal an, mir von ihr zu erzählen. Sie wurde lebhaft; ihr polnischer Akzent verstärkte sich. Ihre Arme hoben sich beim Heraufbeschwören alter Kümmernisse, fielen herab bei dem Gedanken an das, was verloren war. Sie schimpfte über die unmöglichen Forderungen, die ihre Mutter gelegentlich gestellt hatte. »Und doch war sie einer der außergewöhnlichsten Menschen, die ich je gekannt habe.«

»In welcher Hinsicht?«

Zofia dachte nach. »In beinahe jeder Hinsicht. Sie konnte einen Falken von einem Baum herunterlocken. Sie war eine brillante Gesprächspartnerin. In ihrer Gegenwart war alles gelöster, heiterer. In mancher Hinsicht war sie fast wie eine Heilige. Aber was ist alles um sie herum passiert, mein Gott!«

»Was alles?«

Zofia drehte sich zu mir um. Sie zögerte; die Frage war zu groß für eine Antwort. »Kriege ... Unglücke ... Flucht ...« Dann schob sie die Papiere quer über den Teppich. »Aber es ist alles da! Es ist alles da drin! Warum liest du nicht einfach selber?«

Ich nahm die Papiere mit nach Hause, die Kladden, Briefe und Tagebücher, sogar einige kurze Erzählungen. Vieles davon war auf englisch; anderes hatte Zofia übersetzt. Eine Woche lang las ich diese Aufzeichnungen, las sie wieder. Die schemenhafte Welt von Zofias Vorkriegsvergangenheit erwachte zum Leben. Die Szenen, die sie Jahre zuvor für mich heraufbeschworen hatte, formten sich neu, gewannen Fleisch und Blut auf den Hunderten von Seiten in der blaßblauen Schrift ihrer Mutter.

Feuchter Waldgeruch stieg von den Kladden auf, während ich sie las, auch Leidenschaft und Verrat. Das alte Europa war zwischen diesen vergilbenden Seiten wie eine Fliege gefangen und zerquetscht worden. Zofias Mutter schlug mich in Bann.

Sie wurde am 17. Juli 1898 in den nördlichen Gebieten des russischen Teils von Polen in einem Haus mit dem Namen Platków geboren. In ihrer Geburtsnacht fegte ein wilder Sturm über die Wälder hinweg, der die Kiefern wie Zündhölzer verstreute. Lange Jahre danach lagen die Bäume noch da, wo sie hingefallen waren, und Zofias Mutter nahm darum an, daß Verwüstung ein natürlicher Zustand war.

Sie wurde Helena getauft. Von seiten ihrer Mutter stammte sie aus einer traditionellen polnischen Gutsbesitzerfamilie, mit einer traditionellen Gutsbesitzerabneigung allem Fremden gegenüber. Dies war die Welt, auf die Helena Anspruch hatte, für die sie geboren war, in der sie sich bequem hätte einrichten können, wären da nicht zwei Dinge gewesen: Jene Welt ging, wie sie immer spürte, ihrem Ende entgegen. Und sie hatte einen ausländischen Namen geerbt.

Ihr Vater hieß O'Breifne. Er war der direkte Nachkomme von Lochlainn, dem letzten König von East Breifne. Lochlainn hatte im fünfzehnten Jahrhundert über das Land bis knapp südlich von Ulster geherrscht. Doch zweihundert Jahre später, nach dem Untergang des Königreichs, mußten seine Erben nach der Schlacht an der Boyne vor den Engländern fliehen und sich nach Frankreich absetzen.

Von Frankreich gingen drei Brüder O'Breifne nach Rußland, auf Einladung von Zarin Elisabeth, um deren Offizieren die tatarische Wildheit abzugewöhnen. Einer der Brüder, Cornelius, der als einziger Nachkommen hatte, ließ sich dort nieder. Obwohl seine Familie in Rußland blieb, wurden sie nie naturalisiert. Cornelius' Sohn wurde ein berühmter General (sein Porträt hängt in der Petersburger »Galerie von 1812«), bei dessen Kindern Zar Alexander I. Pate war. Doch er brachte es nicht über sich, das eine aufzugeben, was er aus seiner alten Heimat beibehalten hatte: seinen Glauben.

»Vergiß nie«, hatte sein Vater ihm gesagt, »daß du Katholik und Ire bist.«

Da er im Fall der Heirat mit einer Russin zum orthodoxen Glauben hätte übertreten müssen, hatte er nur die Möglichkeit gehabt, eine Polin zu heiraten. Drei Generationen taten es ihm nach. Das irische Blut wurde verdünnt. Doch in dem Klima der Engstirnigkeit, das in den Großgrundbesitzerfamilien Ostpolens herrschte, waren Helena und die O'Breifnes immer Außenseiter. Zum einen lasen sie Bücher. Einige von ihnen waren Anhänger der liberalen Ideen Tolstois. Sie erörterten so gefährliche Dinge wie eine Landreform. Und dann war da noch der Name.

Die O'Breifnes waren, wie das Bühnenflüstern verstaubter Adelswitwen Helena ständig mahnte, »keine echten Polen«.

Auch Zofia erinnerte sich an das Geflüster. »All diese vornehmen Polinnen taten immer so, als könnten sie den Namen nicht aussprechen. ›Orbrefna? Orbrefska? Was für eine Art Name ist das? In Irland gibt es Dutzende davon ... hausen da überall in irgendwelchen Löchern ...‹«

Bei einem Besuch in Braganza gab Zofia mir einen Briefumschlag. Aus dem Umschlag fielen zwei Fotos. Es waren die einzigen, die den Krieg überstanden hatten.

Das erste Bild war 1936 an einem Waldrand aufgenommen worden. Helena bückte sich, eine Hand auf dem Rücken eines Hundes. Sie blickte zur Kamera auf, ein angedeutetes Lächeln in den Mundwinkeln. Eine Art trunkener Lebenslust ging von ihr aus.

»Das ist nah dem Haus in Mantuski aufgenommen worden, mit Barraj, einer der dänischen Doggen.«

Das andere Bild war ein Studioporträt, 1919 in Warschau angefertigt. Helena war zwanzig. Ich betrachtete ihr hochgeschlossenes weißes Kleid, den stolz aufgerichteten Kopf, das Lächeln, die schmalen Augen und ihren merkwürdigen glatten Teint.

Zofia deutete mit dem Finger darauf. »Siehst du, wie sie hier, unten am Hals, mit ihrer Kette spielt? Sie sagte immer, damit könne man Männer in sich verliebt machen.« Zofia senkte die Stimme. »Weißt du, ich glaube, es stimmt! Ich habe es sogar ein paarmal ausprobiert ...«

Ich sah die beiden Bilder genau an. Ich versuchte mir einzureden, daß es etwas anderes war. Es waren die Tagebücher, die Briefe, ihre außergewöhnliche Geschichte; es war die Art und Weise, wie diese Frau, Helena O'Breifne, die steilsten Höhenlinien unseres Zeitalters gequert hatte; es war, daß für mich, der ich in ebeneren Jahrzehnten lebte, in einem ruhigeren Winkel Europas, ihre Welt all das verkörperte, was verlorengegangen war, ein Land rückständiger Dörfer, verdreckten Viehs, uneingezäunter Felder, ein Land, wo man das Vergehen der Zeit nur vor dem Hintergrund der Jahreszeiten wahrnahm, ein Land, in dem das Leben aus Übertreibungen bestand – Übertreibung im Wohlstand, in der Armut und im Leid –, Lebensläufe, die von einer Geschichte herumgestoßen wurden, die niemand unter Kontrolle zu haben schien: Helenas Welt war größer, grausamer, eine Welt halbverrückter Adliger, die von geborgter Zeit lebten, und würdevoller Bauern, die außerhalb der Zeit lebten, es war ein anderes, ein älteres Europa.

Aber Zofia hatte natürlich recht. Mein Interesse war auch ein sehr viel banaleres. Es hatte ebensoviel damit zu tun, wie Helena mit ihrer Halskette spielte.

3

I*ch verreiste* für sechs Monate und kehrte im folgenden Frühjahr nach Cornwall zurück. In Braganza kämmte Zofia das Fell ihres Dackels. Durchs Fenster konnte ich Narzissen am Fuß der Araukarie sehen. Die Bucht unten war graublau und gekräuselt. Das SOLIDARNOSC-Banner war vom Kaminsims verschwunden.

Zofia begrüßte mich mit dem traurigen offenen Lächeln ihrer blauen Augen.

»Phiilip, wie schön, daß du wieder da bist!«

Wir saßen da und redeten eine Weile, dann leuchteten ihre Augen auf, und sie sagte: »Ich muß dir unbedingt etwas zeigen. Etwas ganz Besonderes!«

Sie stand auf und holte eine große intarsierte Schmuckschatulle aus dem Nebenzimmer. Zwischen den Perlensträngen, Bernsteinbroschen und diamantbesetzten Ohrringen lag ein Stückchen Beton. »Es ist letzte Woche mit der Post gekommen. Rätst du, was es ist?«

Ich schüttelte den Kopf.

»Aus Berlin! Mein Vetter hat es mir geschickt.« Sie klaubte das kleine Überbleibsel heraus und hielt es mir hin. »Die Mauer, Phiilip. Es ist ein Stück von der Mauer.«

Sie hielt inne. Jahrzehnte des Verlusts zogen über ihr Gesicht. Ich kannte diesen Ausdruck gut; ihr ganzes Wesen schien kurz davor zu sein, unter dem Druck zu bersten, der dahinterstand: das halbe Jahrhundert Trennung, ihre auseinandergerissenen beiden Leben, das entzweigerissene Europa.

Zweiundfünfzig Jahre war es her, seit sie an jenem Morgen im Frühherbst 1939 auf einem Karren geflohen war. Und seither nichts. Nicht die kleinste Nachricht hatte sie erreicht – weder vom Dorf noch vom Haus, noch von den Menschen, die sie gekannt hatte. Nach Jalta war das Polen, das sie gekannt hatte, nicht mehr Polen. Es war Stalins Weißrußland und ein zu grenznaher Teil davon, als daß Ausländer ihn hätten besuchen dürfen. Nicht einmal Gerüchte drangen heraus – nur wilde Spekulationen: daß das Dorf im Krieg zerstört, von der Sowjetarmee zu einem Truppenübungsplatz gemacht, nach Tschernobyl radioaktiv verseucht worden war.

Zofia legte das Betonfragment in die Schatulle zurück und klappte sie zu. »Ich will zurück, Phiilip. Ich glaube, ich könnte nicht sterben, ohne zu wissen, was geschehen ist. Kommst du mit?«

»Natürlich.«

»Vielleicht finden wir das Silber!«

»Vielleicht«, sagte ich.

Etwa ein Jahr lang hörte ich nichts und fragte mich, ob Zofia bei näherer Überlegung sich dagegen entschieden hatte, den Deckel von all den Monstern ihrer alten Welt zu heben. Ich hielt mich im Nahen Osten auf, in Ägypten und Israel. Eines Abends holte mich ein Brief in der Altstadt von Jaffa ein:

Mein lieber Philip,

Du hast doch unsere Reise nicht vergessen, oder? Ich habe an nächsten Mai oder Juni gedacht. Ich hoffe, das paßt Dir. Was sollen wir tun, um an die Visa zu kommen – ist die sowjetische Botschaft noch immer für Weißrußland zuständig? Sollen wir mit dem Wagen fahren? Alle sagen, die Gegend sei voller Straßenräuber. Ich hoffe, es passiert uns nichts. Es wäre doch Wahnsinn, dort nach all diesen Jahren niedergemetzelt zu werden.

Torquil, mein Dackel, ist krank. Das Wetter ist herrlich, die Bucht tieftiefblau. Schreibst Du? Ich habe ein riesengroßes langes Gedicht über »Wurzeln« angefangen.

Viele Grüße an Dich, mein lieber Philip. Z.

Als ich wieder in London war, gab mir jemand den Namen eines polnischen Kunsthändlers in der Jermyn Street. Der verwies mich an einen Professor in Minsk, der wiederum eine Einladung schickte. Nachdem ich ein paar Vormittage auf dem Gehweg vor dem sowjetischen Konsulat angestanden hatte, hatte ich die Visa. Ende April nahm ich sie mit nach Cornwall. Zofia arbeitete in ihrem Blumenbeet.

»O wie wunderbar, Phiilip! Sieh nur!« Sie zog schnell die Handschuhe aus, nahm die Visa und blätterte sie durch. »Wir fahren also wirklich!«

Nur der Anblick ihres eigenen Namens in kyrillischen Buchstaben versetzte ihrer Begeisterung einen Dämpfer.

Wir verbrachten mehrere Tage mit Vorbereitungen. Ich las noch einmal Helenas Aufzeichnungen; Zofia kaufte sich ein Paar Schuhe mit Kreppsohlen. »Reiseschuhe«, flüsterte sie. »Schuhe für die Geisterjagd!«

Am Tag vor der Abreise wanderten wir zu einem Bach oberhalb von Ruan Lanihorne. Es war die erste Maiwoche. Die Bäume bedeckte ein zaghafter grüner Flaum; Leinkraut hing von einer alten Steinbrücke herab. Der Bach gurgelte unter ihr, bevor er in die Bucht hinüberglitt und sich in den Gezeiten verlor.

»Pflicht«, grübelte Zofia. »Mehr als alles andere hat meine Mutter mir vielleicht den Begriff der Pflicht eingebleut.«

»Ist es deine Pflicht zurückzugehen?«

»Nein.« Sie schüttelte den Kopf. »Das ist etwas anderes. Ich gehe für mich zurück, nicht für meine Mutter. Nein, es war mehr ein Kodex, den sie hatte, ein rasend strenger Pflichtkodex, der ihr ganzes Leben bestimmt hat.«

»Und doch hat sie immer versucht zu fliehen.«

»Ja, oder sie war dazu gezwungen.«

Wenn Helena nicht vor plündernden Armeen floh, schien sie ständig gegen die Beschränkungen ihrer Stellung anzukämpfen – gegen ihre Mutter, ihre Familie, ihre Verehrer.

Die früheste Geschichte in ihren Tagebüchern betrifft einen kurzen Aufenthalt in einem Krakauer Kloster. Sie war vierzehn; das Jahr war 1913. Im Kloster eingetroffen, hatte sie sich die anderen Mädchen angesehen, die Nonnen, die blankgebohnerten braunen Gänge; und hatte zwei Wochen lang ihre Flucht geplant. Eines Nachts nahm sie einen Laib Brot und eine Feldflasche mit Wasser und kletterte auf die Klostermauer.

Es war eine stille, kalte Nacht mit starkem Frost. Helena kauerte sprungbereit auf der Mauer.

»Helena O'Breifne! Bleib, wo du bist!«

Sie erstarrte. Es war die Mutter Oberin, sie stand unterhalb der Mauer.

»Helena!«

»Ja, Mutter Immaculata.«

»Was glaubst du, was du da tust?«

Sie sagte nichts.

»Ohne deinen Paß kommst du nirgendwohin. Hier, ich habe ihn dabei. Wenn wir uns beeilen, sind wir noch rechtzeitig am Bahnhof, um den Zug nach Warschau zu bekommen. Was hältst du davon?«

Helenas Plan zerfiel vor ihren Augen. Er schien ihr auf einmal kindisch und naiv. Sie kletterte in den Klosterbereich zurück.

Mutter Immaculata nahm sie mit nach drinnen und setzte sie in ihr Dienstzimmer. »Hela, hör zu, ich weiß, wie unglücklich du dich fühlst. Aber es wäre jammerschade, wenn du nichts lernen würdest. Meinst du nicht auch?«

Helena nickte.

»Ich möchte, daß wir Freundinnen werden. Bitte komm zu mir, sooft du magst.«

Wie kann man mit einer Nonne befreundet sein, dachte Helena. Aber in den folgenden Wochen merkte sie, daß sie immer mehr Zeit bei Mutter Immaculata verbrachte. Nach der Messe saßen sie in ihrem Dienstzimmer beieinander und redeten. Die anderen Mädchen piesackten Helena deswegen, aber das war ihr gleich. Zum erstenmal fühlte sie Zuneigung zu jemandem, der kein Mitglied ihrer Familie war – und auch keins ihrer Tiere. Niemand sonst ermutigte sie auf diese Art und Weise, weder vorher noch nachher.

Im darauffolgenden Sommer schrieb Mutter Immaculata in der Ferienzeit einen Brief, sie werde durch Wilna kommen. Könne sie die O'Breifnes besuchen? Helena war selig. »Denk dir, Mama, du lernst Mutter Immaculata kennen!«

Ihre Mutter las den Brief. Sie schüttelte den Kopf. »Deine Freundschaft mit dieser Nonne ist unnatürlich. Ich verbiete dir, sie zu sehen.«

In jenem Herbst wurde Mutter Immaculata nach China versetzt. Sie wurde dorthin geschickt, um in einer Ursulinenmission zu unterrichten. Zwar schrieb Helena ihr oft und bekam lange Antwortbriefe, die sie stets an ihre Pflicht gegenüber ihrer Begabung mahnten, zwar blieben die Sätze in jenen Briefen ihr für den Rest des Lebens gegenwärtig, aber sie sah Mutter Immaculata nie wieder.

Diese wurde 1916 ungeachtet ihres Alters von Lakaien eines chinesischen Kriegsherrn auf den Stufen ihrer eigenen Kapelle überfallen. Helena erhielt die Nachricht von ihrem Tod Anfang 1917.

Die Flut war nach und nach in die Bucht hineingekommen. Von Norden blies ein kalter Wind. Zofia zog ihren Kragen hoch und sagte: »Ja, ich erinnere mich an die Geschichte. In Mantuski hatte sie diese Briefe noch. Sie bewahrte sie in einem chinesischen Elfenbeinkästchen auf. Weiß der Himmel, was aus ihnen geworden ist. Bei den Plünderungen weggekommen, nehme ich an, wie alles andere ...«

Sie sah zu den Bäumen hinauf. Die Zweige der Zwergeiche krümmten sich zu sonderbaren Schlangenformen. »Was mag uns wohl erwarten, Phiilip? Was werden wir dort vorfinden?«

4

In *einer feuchten* Mainacht überquerten wir die Grenze nach Weißrußland. Der Zug fuhr auf ein Rangiergleis, um auf riesigen hydraulischen Böcken angehoben zu werden – die polnischen Fahrgestelle rollten weg, die sowjetischen rollten darunter. Grenzwachen stiegen zu, um die Papiere zu prüfen; das Schmatzen ihrer Stempel tönte laut durch den Gang.

Nun waren wir in der alten Sowjetunion, und ich machte eine Flasche Wodka auf. Wir tranken auf den Grenzübertritt, und Zofia klopfte gegen die Flasche und sagte: »Ich glaube, wir brauchen sie noch mal. Hältst du sie bitte griffbereit?«

Wir erreichten Minsk etwa um zwei Uhr früh. Der Zug schleuderte uns auf einen dunklen Bahnsteig hinaus und raste dann weiter in die Nacht hinein, auf Moskau zu. Zofia fröstelte. Sie schaute auf die verschwommenen Reihen sowjetischer Gebäude, auf die fremden Formen der kyrillischen Schrift und sagte: »Ach! Was für ein trostloser Ort!«

Ihre Angst vor Rußland war etwas Elementares, Instinktives, etwas, was ihr mit den unwiderlegbaren Vorurteilen von Grenzlandbewohnern anerzogen worden war. Sie war im Schatten der neuen sowjetischen Grenze aufgewachsen, die etwa neunzig Kilometer östlich von Mantuski verlief. In jenen Tagen hatten nur Erzählungen deren Stacheldrahtrollen durchdringen können, Erzählungen und Leichen, die mit dem Gesicht nach unten im Njemen trieben. Zwei Dinge hatte sie intuitiv gelernt: daß flußaufwärts in Rußland Mädchen wie sie, liebe landbesitzende Mädchen, umgebracht wurden; und daß die Gefahr, wenn sie drohte, immer von Osten kam.

»Weißt du eigentlich, Phiilip, daß die ersten Russen, die ich je gesehen habe, die Soldaten in den Bäumen waren, als wir nach Litauen flohen?«

Und nun war sie hier, ein halbes Jahrhundert später, um zwei Uhr morgens, östlich von ihrem alten Zuhause, das erstemal auf sowjetischem Boden.

Kriegsähnliche Finsternis hing über der Stadt. Ich trieb ein Taxi auf, das auf der Suche nach einem Hotel durch die unbeleuchteten Straßen kroch. Im ersten Hotel hieß es »Njet!«. Im zweiten machte die Frau an der Rezeption sich nicht einmal die Mühe, »Njet!« zu sagen, sondern schüttelte bloß den Kopf. Im dritten sagten sie »Njet!«, und der Taxifahrer kam mit hinein, um zu verhandeln. Sie sagten immer noch »Njet!«.

Der Fahrer und ich traten wieder auf die Straße hinaus. In unserer Abwesenheit war ein Mann ins Auto gestiegen. Ich konnte erkennen, daß Zofia sich auf dem Rücksitz duckte. Ich rannte hinüber, als er eben hinaussprang, auf die andere Seite entwischte, auf das Wagendach hämmerte und dann mit den Armen zu schlagen anfing wie ein Vogel. Ehe wir ihn aufhalten konnten, war er unter viehischem Gebrüll auf und davon.

Ich machte die Wagentür auf. Zofia lachte, aber in der Dunkelheit sah ich, daß sie ihre Handtasche fest umklammert hielt. Ihre Hände zitterten.

»Gott sei Dank bist du zurückgekommen! Was meinst du, war der verrückt oder bloß betrunken?«

Wie auch immer, es bestätigte ihre schlimmsten Vorurteile.

Wir kehrten zum ersten Hotel zurück und schafften es schließlich, ihnen zwei Zimmer abzuringen. Dabei stand das Hotel faktisch leer. In einem Zimmer im achten Stock machte ich den Wodka wieder auf und schenkte zwei Gläser ein.

»Also dann, Zosia«, sagte ich, »auf gutes Gelingen!«

»Aufs Gelingen«, sagte sie lahm.

»Hast du Angst?«

Sie sah mich an und nickte.

»Wovor?«

»Ich weiß es nicht, Phiilip. Ich habe nur so eine dunkle Ahnung. Vielleicht ist dies alles Wahnsinn. Ich meine, wie können wir denn dorthin zurück? Wie können wir je dorthin zurück?«

Ich versuchte, es mit ihren Augen zu sehen. Aber wie denn? Helenas Tagebücher zu lesen hatte mich lediglich begreifen lassen, wie weit weg das alles war, wie vollständig 1939 ihrer beider Leben zweigeteilt hatte.

Sie machte sich an ihrem Uhrarmband zu schaffen, den Blick gesenkt. »Ich weiß nicht, Phiilip, ich weiß einfach nicht ...«

Als sie wieder aufsah, sagte sie: »Erinnerst du dich daran, was Konrad Lorenz über diese Ratten gesagt hat, wie sie, wenn eine getötet wird, die Stelle mit ihrem Urin markieren? Dann wissen die anderen, daß sie nicht dahin zurückdürfen ... und ich bin hier – und im Begriff zurückzugehen! Es ist Wahnsinn!« Sie ergriff ihr Glas. »Noch einen Wodka, Phiilip! Dann gehe ich ins Bett.«

Ich stolperte über den kaum beleuchteten Flur in mein Zimmer zurück. Ich konnte nicht schlafen. Ich stellte die Flasche auf den Fenstersims und schaute hinaus. Minsk zwinkerte matt in der Nacht. Diese niedergetrampelte glücklose Stadt! Zweimal zerstört – einmal im ersten Krieg, noch einmal im zweiten. Achtzig Prozent der Städte und Dörfer Weißrußlands waren im zweiten Krieg zerstört worden; jeder vierte Einwohner war umgekommen. Zofia war damals siebzehn; beim erstenmal war Helena siebzehn gewesen.

Ich mußte über die Muster nachdenken, die die Lebensläufe dieser beiden quer über dieses dunkle Jahrhundert gezogen hatten. Helena war mit ihm volljährig geworden, hatte zugleich mit ihm ihre Unschuld verloren, erlebte 1917 in St. Petersburg den Beginn seines großen und glorreichen Experiments, desselben Experiments, das sie mehrmals zwang zu fliehen, um ihr Leben zu retten. Zofia und das neubegrenzte Polen wurden im selben Jahr geboren, polnische Zwillinge, und beide waren sie siebzehn, als die Grenzen zerbrachen: siebzehn, 1917, der 17. September, die 17 auf dem fernen flatternden Großsegel der *Memory*.

Czesław Miłosz war zehn Jahre vor Zofia in derselben Stadt, in Wilna, zur Welt gekommen. »1914«, schrieb er einmal, »war die Manifestation aller Schwächen Europas und seines Endes ... der ersehnte Krieg der Nationen hatte Polen als postume Schöpfung wieder zum Leben erweckt.«

Während ich meinen Blick über die unbelebten dunklen Pfade des modernen Minsk schweifen ließ, an Helena als junges Mädchen dachte, an Zofia als junges Mädchen, an das Rußland Turgenjews und Tolstois, das Polen Mickiewiczs und Reymonts, erschien mir das eine zwingende Idee: in einem postumen Europa zu leben, einem Europa, das im Tod genau die Fehler wiederholte, die es im Leben begangen hatte.

Am nächsten Morgen war es heiter; von meinem Fenster aus konnte ich auf den Stadtseen noch den Frühdunst liegen sehen. Zofia war schon auf, war schon im Frühstücksraum des Hotels, umgeben von Kaffee, Büchern und Brot, und schon im Gespräch mit einem Mann namens Wladimir.

Wladimir war ein Riese. Er hatte dichtes schwarzes Haar und behaarte Bärenpranken. Seine Geschichte, so wie er sie erzählte, begann 1940, als ein polnisches Mädchen, ein zartes polnisches Dorfmädchen, zum erstenmal das kleine Bündel in Armen hielt, das einmal Wladimir werden sollte. Sein Vater, erzählte sie ihm, war ein russischer Offizier. Der Krieg hatte ihn in das Dorf gebracht, der Krieg hatte ihn wieder mit fortgenommen. Lange Jahre hatte Wladimir sich gefragt, wer dieser Mann war, dieses Phantom von Mann, das sein Vater war. Während seines Militärdiensts begann er mit der Suche: sie dauerte fünfzehn Jahre. »Fjunfzehn Jahrren suchen!«

In Moskau hatte er einen gewissen Erfolg. Er spürte einen weiteren Sohn dieses Mannes auf. Anscheinend hatte Wladimir zwölf über die gesamte Sowjetunion verstreute Halbbrüder. Mittels einer Reihe von Briefen kamen sie überein, sich alle in Moskau zu treffen.

»So, wann ich sie sehen«, erklärte Wladimir, »wann ich sie sehen auf Bahnhof, ich alle umarrmen. Zwjolfmal umarrmen! Und kommen Trränen und mir rrollen an Wangen herrunter wie Errbsen. Wie diicken grroßen Errbsen!«

Nachher, als Wladimir seine Aktentasche in die neuen Ungewißheiten des Morgens mitgenommen hatte, sagte Zofia mißbilligend: »Mein Gott, wie diese armen Leute weinen!«

Später fand ich sie auf ihrem Zimmer über ein Buch gebeugt; auch sie hatte geweint.

»Die Hunde ... Bei der Flucht, weißt du, mußten wir sie
zurücklassen, wir haben sie allein gelassen ...«

Sie las gerade den Bericht eines verwundeten Partisanen, der sich 1940 in einer Höhle versteckt hielt. Ein zum
Skelett abgemagertes Geschöpf war am Eingang der Höhle
aufgetaucht, hatte dem Partisanen das Gesicht geleckt und
sich dann neben ihm zusammengerollt, tot.

»Vielleicht war es einer von unseren ...«

Und die Tränen liefen ihr wie Erbsen die Wangen herunter.

Wir verließen Minsk ein paar Tage danach auf einer von
blau-, grün- und gelbgestrichenen Holzhäusern gesäum-
ten Straße. Unsere Verbindungsleute hatten einen Lada
und einen russischen Fahrer namens Andrej aufgetrieben.

Wir fuhren nach Westen, ließen die Ausläufer der Stadt
hinter uns und kamen in den Wald. Den Morgen verhängte
ein trüber, regenträchtiger Himmel. Das Land unter ihm
hatte sich flach gemacht und in die Schatten verkrochen.
Wir sprachen nicht. Der Wald wurde dichter, die Ortschaf-
ten wurden seltener, wichen dann gänzlich der Puszcza
Nalibocka, einem ausgedehnten Waldgebiet voller Wisente,
das die Größe einer kleinen Grafschaft hat. Der Regen
begann in dicken Tropfen zu fallen, die sich über die Windschutzscheibe verteilten. Andrej hielt, sprang hinaus, preßte
mit der einen Hand seine Jackenaufschläge zusammen und
befestigte mit der anderen die Scheibenwischer.

Die Wolke sank tiefer. Sie wickelte sich um die Kiefern-
spitzen. Dann und wann kamen Lichtungen, doch jenseits
davon wieder Bäume, wieder Wald. Der Eindruck war der
einer unerbittlichen Ewigkeit.

Zofia seufzte. Sie schaute aus dem Fenster, sah die
Bäume vorbeihuschen. Ich spürte ihren inneren Aufruhr,

sah in ihren Augen einen Schatten der Katastrophe von damals. Wir redeten nicht.

Die *puszcza* hörte auf, und die Bäume wichen Feldern. Vieh sprenkelte die feuchten grünen Flächen, und dann auf einmal brachen die Wolken auf, und die Sonne schien. Sie beschien Wiesen und Feldwege, die dampfenden Strohdächer von Heuschuppen. Der Njemen war jetzt ganz nah. Mantuski war keine Stunde mehr entfernt.

Zofia drehte sich zu mir und flüsterte lächelnd: »Weißt du, Phiilip, ich kann es kaum glauben! Noch vor Sonnenuntergang werde ich in Mantuski sein, nach dreiundfünfzig Jahren – und ein Russe fährt mich dahin, der überhaupt nicht darauf aus zu sein scheint, mich umzubringen!«

Wir bogen von der Hauptstraße ab und fuhren über einen spärlich geschotterten Weg auf das Dorf Mantuski zu. Es bestand aus einer langen Straße mit zwei Reihen von Holzhäusern. Zwischen den Häusern blinkte das blasse Fischrückenblau des Njemen.

Wir hielten neben dem Dorfbrunnen. Ein alter Mann kam gemächlich die Straße heraufgetrottet, mal im Schatten der Kastanien, dann wieder nicht. Die Sonne stand tief hinter den Bäumen.

Nach einer Weile langte der alte Mann bei uns an. Mit schiefgelegtem Kopf musterte er uns nacheinander. Zofia gab ihm die Hand und sagte zu ihm: »Ich bin Panna Brońska. Zofia Brońska.«

Der alte Mann blinzelte. »Was?«

»Ich bin Zofia Brońska.«

»Zofia Brońska?«

»Ja.«

Er nahm seine Mütze ab, zwinkerte wieder. Sah sie an und runzelte die Stirn. »Die kleine Zośka?«

Sie nickte.

»*Nie … nie prawda … nie prawda*, die kleine Zośka auf ihrem Pony! Am Fluß, in einem roten Kleid und mit Zöpfen … Panna Zośka, Panna Zośka, *nie prawda, nie prawda …*«

Die Tränen überkamen ihn, und er konnte nicht weitersprechen.

Zofia beugte sich zu dem alten Mann und küßte ihn, auch sie weinte. »… mein Pony, ja, Sie erinnern sich daran, und an das rote Kleid …«

Der alte Mann machte sich wieder von ihr los. Mit nassen Augen sah er sie an. »Aber warum«, stotterte er, »warum sind Sie so alt?«

Ich fragte ihn nach dem Haus.

»Das Haus? Der *dwór*?« Der alte Mann versuchte mühsam, sich eine Zigarette anzuzünden. »*Nie ma!*« sagte er und inhalierte heftig. »*Nie ma domu.*«

Das war es also: *nie ma domu.* Es gab kein Haus. Ich sah zu Zofia hin; sie schien zu benommen, um das in sich aufzunehmen.

»Wir sollten auf jeden Fall nachsehen«, sagte ich.

Wir fuhren weiter, durch das Dorf hindurch, an den letzten Häusern vorbei. Zofia paßte genau auf.

»Es war ein ganzes Stück weit weg vom Dorf … diese Hütten sind neu … da war ein Kreuz, Michałs Kreuz hieß es bei uns, ich weiß nicht mehr genau, wo … und dann kam die Auffahrtsallee. Aber ich kann hier nichts davon erkennen …«

Wir kamen wieder in den Wald. Zu unserer Linken, in einiger Entfernung hinter den Bäumen, war der Njemen. Wir fuhren langsam weiter, und der Wald machte einem großen Kartoffelacker Platz.

»Nein, das muß schon zu weit sein.«

Wir nahmen eine Abkürzung durch den Wald zum Fluß und am Fluß entlang zurück.

»Oh, der Njemen ... sieh doch nur ...« Zofia schaute auf das ungestüm dahinwirbelnde Wasser. »Vielleicht ist ja vom Haus einfach nichts mehr übrig, wirklich gar nichts ...«

Ich ärgerte mich über ihre Nonchalance, über die Nonchalance des alten Dorfbewohners. »Irgend etwas muß dasein!« sagte ich. »Bist du sicher, daß du hier nichts wiedererkennst?«

»Nur sehr vage ... den Fluß ...«

»Was ist mit diesen Gebäuden?« Vor uns lagen einige niedrige landwirtschaftliche Gebäude.

»Ganz entfernt ...«

Aber ich sah, daß sie neu waren. Möglicherweise hatte sie recht. Und möglicherweise machte es nichts. Vielleicht war es bloß Pedanterie meinerseits, das Bedürfnis, wenn schon nicht nach Mauern und Dach, so doch zumindest nach irgendwelchen Trümmern, nach einem Leichnam zu empfinden.

»Warte mal.« Zofia lehnte sich nach vorn. »Das da muß die Ziegelei gewesen sein. Dann war das Haus irgendwo hier in der Nähe.«

Wir fuhren durch den Hof einer Kolchose. Zwei Pappeln erhoben sich an einem Brunnen.

»Nein, nein, hier ist es nicht richtig.« Zofia ließ sich zurückfallen. »Es ist alles so verändert.«

Hinter der Kolchose unterbrach ein struppiger hoher Baum den Horizont. In Helenas Tagebüchern hatte auf dem Rasen vor dem Haus eine Lärche gestanden.

»Die Lärche da, Zosia. Was meinst du?«

Sie lehnte sich wieder vor. »Ich glaube, du könntest recht haben – ja ... ja, das ist sie!«

Wir stiegen aus und gingen über einen grasbewachsenen Weg durch eine Obstwiese darauf zu. Die Lärche stand auf einer niedrigen Erhebung.

»Das ist die Lärche!«

»Wo ist dann das Haus?«

»Dort!«

Ich folgte ihrem Blick: der eine oder andere Busch, einige große Haselnußsträucher und darunter die kümmerlichen, grasüberwachsenen Reste irgendwelcher Mauern. Das war alles.

Zofia legte eine Hand an die Wange. »Du meine Güte! Das arme Haus hat sich davongeschlichen!«

Sie stieg auf die Trümmer, zog einen kleinen Plastikbeutel aus ihrer Manteltasche und füllte ihn mit Erde. »Um sie über meinen Sarg zu streuen«, erklärte sie und mußte plötzlich über sich selbst lachen, über die Bäume, die Absurdität des Ganzen, über den unfaßlichen Abstand zwischen ihren zwei Leben.

5

An dem Tag übernachteten wir in dem Städtchen Iwje. Am nächsten Morgen war es heiter und warm. Wir fuhren früh nach Mantuski zurück. Als wir die Straße hinuntergingen, sagte Zofia mit einem Blick auf die leuchtendgelb gestrichenen Häuser: »Gott sei Dank, daß ich gekommen bin! Was sind dies für wundervolle Tage!«

Hinter uns hörten wir eine Pforte zufallen. »*Proszę* Pani! Pani Zośka!«

Der Alte vom Vortag humpelte auf uns zu. »*Proszę* Pani, es tut mir leid. Es tut mir leid wegen gestern.«

»Aber das macht doch nichts. Ehrlich.«

»Es war nur, daß ich betrunken war. Ich wollte Ihnen das hier geben. Ich habe es die ganze Zeit aufgehoben.« Er hielt ihr ein altes Silbermesser hin. Es war gebrochen. »Vom *dwór*, Pani Zośka. Ich habe es beim *dwór* gefunden. Und für Sie aufgehoben.«

Sie lächelte. »Bitte behalten Sie es.«

Er deutete die Straße hinunter. »Pani Wala möchte Sie sehen, da unten hinter der Schule.«

»Pani Wala – die Näherin?«

Der alte Mann nickte. »Hinter der Schule!«

Wir gingen weiter.

»Ja, ich erinnere mich an Wala«, sagte Zofia. Sie stammte von einem Findelkind ab. Ihre Großmutter war ausgesetzt und von Zofias Großmutter aufgenommen worden.

Wir fanden ihr Haus. Zwerghühner flohen trippelnd

aus dem Hof. Ich klopfte an die Tür. Eine alte Frau in einem sonnenblumenbedruckten Kittel erschien. Sie sah Zofia und brach in Tränen aus.

Zofia nahm ihre Hand, und sie setzten sich auf eine Bank in der Sonne.

Pani Wala konnte es nicht glauben. »Pani Zofia ... dies ist eine Vision, ich habe eine Erscheinung ...«

Zofia redete ein, zwei Minuten mit ihr, dann fragte sie nach dem Haus.

»... Ja, sie haben das Haus niedergebrannt, sie haben Kleider, Wäsche, Vorhänge, alles herausgeholt und es dann angezündet.«

»Wer?« fragte Zofia.

Sie schüttelte den Kopf. Dies alles war zu viel für sie. Sie sah Zofia an und wiegte den Kopf hin und her. »Oioioi, Pani Zofia, das ist wie ein Traum, daß Sie da sind ... so viele Dinge sind geschehen, so viele sind geboren, so viele gestorben ... die Berge können nicht zueinander kommen, aber die Menschen werden einander wiedersehen ...«

Zofia wiederholte ihre Frage nach dem Haus.

»Partisanen, die Partisanen waren es ...«

Partisanen. Jede Geschichte hier führte zu den Partisanen zurück. Es war ein Allgemeinbegriff, etwas, was keiner Erklärung bedurfte, so wie »Tschernobyl« oder »Mafia«. Seit dem Tag, an dem Helena mit ihrer Familie geflohen war, dem Tag des russischen Einmarschs 1939, hatten Gruppen von Dorfbewohnern immer wieder im Wald Zuflucht gesucht. Die Wälder hier waren Urwald, so unzugänglich und gefährlich wie Berge. Erst Jahre nach Kriegsende waren die letzten Partisanen schließlich wieder aus ihnen hervorgekommen.

»Partisanen«, wiederholte Pani Wala, »die Roten Partisanen haben es in Brand gesteckt, als der Boden hart war,

sie haben es in Brand gesteckt, und es hat tagelang ge-
raucht ...«

Als 1941 die Deutschen einmarschierten, stieg die Zahl
der Partisanen. Es gab polnische Partisanen, weißrussische
Partisanen, jüdische Partisanen, zu den Bolschewisten ten-
dierende Partisanen, nationalistische Partisanen. Sie kämpften gegeneinander genauso wie gegen die Deutschen oder
die Russen. Während der deutschen Besetzung waren es die
Roten Partisanen, deren Aktivitäten – unterstützt von den
Russen – die größte Wirkung zeigten. Damit war eine Da-
tierung möglich: nach dem Überfall auf die Sowjetunion
im Sommer 1941. Also war das Haus im Winter darauf,
1941/42, niedergebrannt worden. Verbrennt die Nester,
hatte Lenin gesagt, dann kommen die Vögel nicht zurück.

Pani Wala starrte vor sich hin. Die Tränen liefen ihr die
Wangen hinunter. Die Jahrzehnte türmten sich hinter ihren
Lippen; sie war außerstande, sie zurückzuhalten, und mit
einemmal verfiel sie in einen tranceähnlichen Monolog, der
zu zwei Teilen Gedicht und zu einem Teil Lied war:

»*Boże, mój boże*, was für ein Leben war das damals,
wir haben Himbeeren gepflückt und Johannisbeeren und
die Birnen, Sie brachten uns Birnen in Ihrem Hut ... auf
dem Tennisplatz sangen die Mädchen und Sie mit Ihren
Büchern im Schatten, Sie mit Ihren Büchern und ich,
dunkler als eine Bierflasche, und die Kleider, die ich aus
Wilnaer Stoff gemacht habe ... Aber, o Gott, was dann geschah, was dann geschah, als die Russen kamen ... Sie haben die Pferde genommen und sind geflohen, und die
Deutschen rückten mit ihren Maschinen an, und die Russen waren im Fluß ... dann kamen die Russen wieder, und
die Deutschen waren im Fluß mit ihren Maschinen, ertranken wie wilde Tiere, ertranken im Fluß, trieben im Fluß
wie Fallaub ...«

Sie hielt inne. Zofia und ich schwiegen.

»... Dann die Partisanen am Fenster und die brennenden Häuser, und wer mußte nicht alles nach Rußland ... mein Kazik ohne Stiefel im Schnee ... Gott, mein Gott, und gerade letzte Woche das Mädchen im Wald, tot, mit zerschnittenen Brüsten ...«

Pani Wala wandte sich um und sah Zofia an. Ihre Augen waren rotgeweint. Mit beiden Händen ergriff sie Zofias Hand und umklammerte sie heftig. »Pani Zofia, ich werde die ganze Nacht weinen, weil ich an Sie denken muß! Pani Zośka, Sie mit Ihren kleinen Zöpfen und dem strahlenden Gesicht und dem roten Kleid mit den Flamencofalten, das ich genäht hatte ...«

Pani Wala erzählte uns von einer alten Frau, die allein im Wald lebte. Man kannte sie als Pani Jadzia, sie hatte eine Holzhütte am Rande eines Roggenfelds. Hinter der Hütte lag der Wald. Das Ganze war sehr abgelegen.

Als wir ankamen, stand sie gerade an ihrem Brunnen. Zofia erklärte, wer sie war, und Pani Jadzia nickte, ohne zu lächeln. Sie nahm den Eimer vom Haken und machte sich daran, ihn zur Hütte zu tragen.

Ja, sie erinnerte sich an die Brońskis. Sie erinnerte sich daran, wie sich ihre Schafe auf deren Land verirrt hatten und Pan Adam sie gefunden hatte; sie erinnerte sich, wie er herübergeritten kam und sie seinen Zorn erwartet hatte und er sich statt dessen nach den diesjährigen Lämmern erkundigte und sich an den Tisch gesetzt und mit ihrem Vater *kwas* getrunken hatte.

Pani Jadzia trug ihr Wasser hinein und kam wieder in die Sonne heraus. Wir setzten uns auf eine Bank an der Hauswand, und sie sah uns beide nacheinander an.

Sie mußte weit über achtzig sein. Von ihrer kleinen

Schulterwölbung stand der Kopf nicht nach oben ab, sondern nach vorn. Ihr Gesicht war unbewegt, gegen die Welt verhärtet. Wenn sie sich entspannte, was sie am Ende ihrer Musterung tat, konnte man erkennen, daß sie lächelte, nicht weil sie lächelte, sondern weil ihre steinerne Miene kaum merklich weicher wurde.

Sie erzählte ihre Geschichte ohne Gefühlsregung. Viele hatten uns erzählt, wie gut das Leben früher war, das Leben vor dem Krieg. Pani Jadzia hatte keine derartigen Illusionen: es war ganz genauso schlecht gewesen.

Während der deutschen Besetzung war sie eines Morgens zur Kirche gegangen, der Kirche von Gawja, die eine gute Viertelstunde weit weg war. Auf dem Heimweg hatte sie Schüsse gehört. Als sie zu Hause ankam, waren die Soldaten schon fort. Ihr Vater, ihre Mutter, drei Brüder und zwei Schwestern lagen tot bei den Buchen.

Pani Jadzia schwieg einen Augenblick, aber ihr Gesicht blieb ausdruckslos.

Kurz nach dem Mord an ihrer Familie heiratete Pani Jadzia. Ihr Mann zog zu ihr in den Wald. Er half ihr, die Schaf- und Bienenhaltung und die Feldarbeit zu übernehmen. Jede Woche ritt er nach Nowogródek, um Vorräte zu besorgen. Eines Tages kehrte er nicht zurück; er war von einem deutschen Panzer überfahren worden. Dann kamen die Roten Partisanen aus dem Wald und brannten alles nieder.

Ihren zweiten Mann hatte Pani Jadzia kurz nach dem Krieg geheiratet. Eines Abends lehnte sich jemand durchs Fenster und erschoß ihn; es gab Gerüchte über die eine oder andere Geliebte. Ihr dritter Mann war Trinker, und sie verließ ihn. Vor einigen Jahren war eine Wisentherde durch ihren Zaun gebrochen, hatte ihre Pflanzen zertrampelt und die Bienenkörbe umgeworfen. Jetzt hatte sie nur noch ihre Bienen, ihre Hunde und eine Kuh, und zur Heumahd kam ihr Sohn und half ihr. Ja, sagte sie, Gott habe sie mit einem guten Sohn gesegnet, einem wohlgeratenen, starken und tüchtigen Sohn, der ihr beim Heuen half.

Bei unserem Aufbruch schenkte sie uns einen kleinen Krug Honig; ich habe nie einen solchen Honig gekostet wie den von Pani Jadzia.

Auf dem Rückweg nach Mantuski schloß sich der Kiefernwald wieder um uns. Wir kamen an einer Gruppe von Dorfbewohnern vorbei, die Kartoffeln aus einem Erdkeller holten.

»Das Hundegrab«, flüsterte Zofia.

»Was?«

»Wenn sie fragen, was wir hier tun, sagen wir ihnen: ›Wir suchen nach dem Hundegrab.‹ Sie werden uns aus hundert Augen beobachten und sich notfalls sofort auf uns stürzen.«

Für mich war das Silber inzwischen fast belanglos geworden. Aber ich hätte es für schäbig gehalten, nicht wenigstens den Versuch zu machen.

»An dem Morgen damals«, erläuterte Zofia, »hieß es, die Russen seien so um fünf einmarschiert. Alle waren in Panik, alle rannten herum wie die Irren. Mama und ich gingen in den Wald. Das Silber hatten wir in Pilzkörben dabei. Wir gingen etwa fünfzehn Minuten, bis wir zu einer Schonung gelangten.«

Wir waren wieder bei den Überresten des Hauses angekommen und lenkten unsere Schritte in den Wald.

»Ja, es war in dieser Richtung. Erst kamen Bäume, dann offenes Gelände und dann die Schonung.«

Die Bäume hörten eher auf, als Zofia erwartet hatte.
»Ah ... Sie müssen hier ein Stück Wald gerodet haben ... Da lang! Nach links.«

Wir gingen am Wiesenrand entlang, bis wir die Bäume auf der gegenüberliegenden Seite erreichten. Es waren hohe, in Reihen gepflanzte Kiefern.

»Hier muß es sein!« sagte Zofia. »Die Schonung! Und nun: siebzehn für mein Alter, einundvierzig für Mamas. Die siebzehnte Reihe und der einundvierzigste Baum!«

Ich fing an zu zählen. Bei siebzehn ging ich quer in die Baumreihen hinein und fand mich sofort umgeben von jener eigentümlich ahnungsvollen Stimmung des Waldes. Der Boden war bedeckt von einem dicken Kissen aus Kiefernnadeln. Spinnweben hingen in der unbewegten Luft. Ein oder zwei Bäume waren umgefallen und ihre schlanken Stämme ins Unterholz eingesunken. Wo Lükken waren, fiel die Sonne durch den Nadelbaldachin auf den Waldboden wie Licht in eine Kathedrale.

Neunundzwanzig, dreißig ... Bei einunddreißig gelangte ich an einen schmalen Pfad. War er vor fünfzig Jahren schon dagewesen?

Ich hörte Zofia vom Rand der Pflanzung rufen. »Da kommt jemand. Beeil dich!«

Auf der anderen Seite des Pfads gingen die Bäume weiter. Fünfunddreißig, sechsunddreißig, eine Lücke bei siebenunddreißig, neununddreißig, vierzig, einundvierzig.

»Beeil dich, Phiilip!«

Ein dicker Ast lag quer über dem Graben, ich zerbrach ihn. Ich grub etwa einen halben Meter tief. Der Boden war weich und krümelig. Nichts zu finden. Ich grub etwas tiefer. Noch immer nichts.

»Phiilip!«

Mit jeder Station unseres Wegs hierher war mein Vertrauen in Zofias Orientierungssinn weiter geschwunden. Daß die Richtung vom Haus aus stimmte, daß dies wirklich die Schonung von damals war, daß die Reihen unversehrt geblieben waren, daß ich die Bäume richtig gezählt hatte, daß dreiundfünfzig Jahre vergangen waren, ohne daß jemand den Schatz gefunden hatte; all das bezweifelte ich so sehr, daß ich ehrlich glaube, daß, wäre er dagewesen – wären die Silberleuchter und Salzschälchen schimmernd zwischen jenen Wurzeln aufgetaucht – die schiere Unwahrscheinlichkeit des Funds mich um den Verstand gebracht hätte.

Ich kehrte mit leeren Händen zu Zofia zurück. Drei Bauern standen um sie herum. Sie wirkte nervös.

»Nichts«, sagte ich.

Sie wandte sich zu den Männern. »Das Hundegrab, verstehen Sie. Hunde...grab...« Aber sie waren keine Polen und verstanden nichts. Sie lehnten sich gegen ihre Sensen. Kratzten sich am Kopf. Einer von ihnen sagte etwas, und die anderen lachten. Wir gingen unter den Bäumen zurück.

Es war ein heißer Morgen; Fliegen schwebten in den Sonnenstrahlen. Alles war braun und staubig. Ein Kukkuck schrie von weit her aus den Bäumen. Wir folgten einem sandigen Weg, der sich durch die Kiefern schlängelte, durch das Halbdunkel, und am Flußufer herauskam. Vor uns erstreckte sich das Wasser, glitzernd und stahlblau.

Wir gingen ein kleines Stück stromaufwärts. Der Wald trat zurück; die Uferböschung verbreiterte sich zu einer federnden Grasnarbe. Zofia sagte: »Oh, ist das nicht wunderschön, genau so habe ich es in Erinnerung ...«

Helenas Aufzeichnungen waren voll von Beschreibungen dieses Orts; bisweilen schien sie ihn fast mehr zu lieben als ihre Familie. Der Wald war ihr Palliativ, der Fluß ihr Orakel. Sie erquickte ihre Lebensgeister an dem kräftigen

Tonikum dieser Landschaft. Sie war ihre Zuflucht. Hier, wo ich sie leibhaftig sah, verstand ich, warum.

Am anderen Ufer wurde Heu gemacht. Ein Mann stand oben auf einem Karren und breitete das Gras. Andere zogen mit ihren Sensen Schneisen durch die Wiesen.

»Irgendwo hier«, sagte Zofia, »hatten wir eine Stelle ... um diese Zeit sind wir immer dahin gegangen. Ja, da, in den Bäumen!« Vor uns am Uferrand war gerade eine kleine Birkengruppe aufgetaucht. Dahinter machte der Fluß eine scharfe Biegung nach links. »Wir nannten sie Philosophenwinkel. Hier haben wir immer gesessen und geredet – lange große Gespräche!«

»Worüber?«

»Ach, na ja – das Leben!« Sie sprach das so genüßlich aus – »Le-ben« –, als wäre es eine Leibspeise.

Wir setzten uns bei den Birken ans Ufer. Die Uferschwalben zwitscherten vom Wasser her; andere flogen vor und zurück, tauchten kurz unter und vollführten Sturzflüge über dem träge dahinströmenden Fluß.

»Tja«, sagte sie, »kein Haus und kein Silber!« Sie klang nicht enttäuscht.

»Aber die Menschen hier, die sich an dich erinnern?«

»O ja, das ist viel mehr wert.«

»Zosia«, fragte ich, »weißt du jetzt, warum du hierherkommen mußtest?«

Sie betrachtete eine Weile den Fluß, dann nickte sie.

»Warum?«

»Neugier.«

»Das ist alles?«

»Ja.«

»Bloß Neugier?«

Sie antwortete nicht gleich. »Weißt du, wenn wir das Silber gefunden hätten und die Bauern hätten es haben wollen und uns umgebracht, dann wäre das wegen meiner Neugier gewesen – es tut mir leid! Frauen sind neugieriger als Männer.«

»Meinst du?«

»Wir haben hier immer etwas gespielt, hör mal.« Sie wölbte ihre Hände vor und rief über den Fluß: »*Kto zjadł jabłko z drzewa?*« Vom anderen Ufer kam das Echo: »*ewa, ewa ...*« »Verstehst du?«

»Nein.«

Sie lächelte belustigt und rief wieder, diesmal lauter: »KTO ZJADŁ JABŁKO Z DRZEWA ... EWA ... *ewa ... wa ...*«

»Nein!«

»›Wer hat vom Baum den Apfel gegessen?‹ Und das Echo ruft: ›Eva!‹ Wie du siehst, Neugier. Sie hat den Apfel aus Neugier gegessen.«

»Und bedenke, was dann passiert ist!«

»Ja. Aus dem Paradies vertrieben. Genau wie wir.«

Ich fragte sie, ob es für sie wirklich ein entschwundener Garten Eden war.

»In gewisser Weise schon.«

»Aber es ist doch ein unwirtlicher Ort.«

»Ja«, sagte sie, »das auch. Ein unwirtliches, beschädigtes Paradies.«

6

In derselben Woche fuhren Zofia und ich noch nach Lida, um zu versuchen, das Haus ihrer Großeltern wiederzufinden. Wir fanden eine Sowchose, ein großes, kollektiv bewirtschaftetes Staatsgut. An der Einfahrt stand ein Schild mit einem in Zofias Kindheit oft erklungenen Namen: KLEPAWICZE. Das Schild war ein köstliches Stück Sowjetkitsch, mit zinkähnlicher Silberfarbe angemalt und verziert mit einem Relief, das eine blühende Blume, eine Weizengarbe, eine Milchkanne, eine dicke Kuh und eine Sichel zeigte.

Den Kern der Sowchose bildeten Betongebäude; das größte hatte oben auf dem Dach eine digitale Anzeigetafel. Die Anzeige wechselte etwa alle dreißig Sekunden – die Zeit veränderte sich zur Temperatur und die Temperatur zu einer rätselhaften »10«.

»Was ist ›10‹?« fragten wir.

»Ganz passabel ...«

»Nein, was wird da gemessen?«

»Radioaktivität. Tschernobyl.«

»Igitt!« sagte Zofia.

Seitlich von einem der neuen Gebäude war eine kleine gras- und fliederbewachsene Insel. In der Mitte dieser Insel stand eine Zementbüste Lenins. Er zeigte sein Profil, das Kinn vorgereckt zu der langgestreckten klassischen Front eines *dwór*.

»Ja«, sagte Zofia, »das ist es. Das ist das Haus!«

Wir gingen hinein. Rechts war der ehemalige Salon. Die

Wände waren mit purpurroten Stoffbahnen drapiert; man sah eine Bühne, ein elektronisches Schaltbord und zwei große Lautsprecher. Auf der purpurnen Drapierung hatte man eine Reihe von Gipsdarstellungen weiterer Weizengarben, dicker Kühe und Milchkannen befestigt.

Der Raum, erklärte man uns, war der Hochzeitspalast der Sowchose. In anderen Zimmern waren ein Tanzsaal, eine Ambulanz und Büros untergebracht. Frauen mit freundlichem Gesicht saßen an leeren Schreibtischen, begierig, uns Tee zu machen, zu reden, sich zu beklagen.

Im Stockwerk darüber waren weitere Büros. Sie waren bereits aufgegeben. Schränke standen offen, kippten Jahre von Akten und Quoten auf den Boden. In einem der Räume lagen sie so hoch, daß man nicht einmal die Dielenbretter sehen konnte. Dazwischen verstreut waren Dutzende von Plakaten, die das Lob der Kartoffel sangen oder die Trunksucht anprangerten. Eine Taube war in den Raum geraten und flog vergeblich hin und her: hin zum hellen Fenster, zurück in die Dunkelheit, hin zum Licht, zurück ins Dunkel. Der Kot mehrerer Tage war über die Sowchosenakten verstreut.

Als wir die Sowchose verließen, zeigte der Radioaktivitätsmesser »12«.

Helena kam im Sommer 1914 das erstemal nach Klepawicze. Sie war sechzehn. Die Ledersitze der Pferdekutsche waren heiß von der Sonne; unter ihnen knarrten die Sprungfedern. Dann und wann raschelte eine Zeitung ihr gegenüber, die Zeitung von Pan Stanisław Broński, dem Besitzer von Klepawicze. Knurren und Pfeifenrauch stiegen über dem Blatt auf; ein blanker Stiefel schwang reizbar darunter hin und her.

Helena war wütend. Erst diesen Morgen hatte ihre Mutter ihr angekündigt, daß sie zwei Wochen bei den Brońskis verbringen werde, einer Familie, die in ihren Augen barbarisch und mittelalterlich war. Aber sie wußte, daß sie keine Wahl hatte; in solchen Dingen wurde über sie bestimmt.

Sie fuhren durch die Grenzmark des Brońskischen Landguts. Als die Wälder lichter wurden und die Felder begannen, legte Pan Broński seine Zeitung hin und richtete das Wort an Helena.

»Na, Mädchen, was weißt du denn vom Land?«

»Ein bißchen«, sagte sie.

Er stieß einen Finger aus dem Fenster. »Also, was ist das für ein Vogel?« fragte er.

Helena sah einen großen grau-weißen Vogel, er flog niedrig, mit wellenartigen Flügelbewegungen. »Eine Kornweihe?«

Er nickte. »Ein Weibchen. Und das Getreide?«

Nichts stand höher als ein paar Zentimeter, und alles sah wie frischgesätes grünes Gras aus.

»Roggen.«

»Nicht Gerste?«

»Nein, die wäre noch nicht aufgegangen.«

Pan Broński zog eine Augenbraue hoch und nickte. »Blöd ist sie also nicht.«

Die Kutsche kam aus einer langen Kastanienallee hervor, und die Straße berührte gleich einer Tangente die Biegung des Flusses. Helena sah die schnelle Strömung sich kräuseln, wo sie das nahe Ufer gelbbraun färbte. Ein, zwei Weiden beugten sich über das Wasser wie zottelige Angler; dahinter waren Feuchtwiesen und rotbunte Kühe knietief im Riedgras. Weit unten, stromabwärts, schnitt der Fluß ein tiefes V in den Wald.

»Oh, ist das schön!« rief sie aus und hielt sich schnell den Mund zu. »Es tut mir leid.«

Pan Broński sah sie flüchtig an; fast lächelte er.

Die Straße führte auf eine niedrige Mauer und ein Paar greifengekrönte Torpfosten zu. Die Kutsche fuhr dazwischen hindurch, der Kies knirschte. Vor dem Haus war ein Rasenoval.

Die Pferde hielten. Die vier Brońskibrüder, teils in dunklem Gehrock, teils in Uniform, hatten sich zu ihrer Begrüßung aufgereiht. Zwei Schwestern standen auf der Terrasse hinter ihnen. Pan Broński stieg aus der Kutsche, und seine Söhne küßten ihm nacheinander die Hand.

»Hätte ich damals gewußt«, schrieb Helena Jahre später, »daß einer dieser Knaben, die vor ihrem Vater katzbuckelten, eines Tages mein Mann sein würde, ich glaube, ich hätte mich schleunigst nach dem nächsten Kloster umgesehen.«

Beim Abendessen an diesem Tag saß Helena neben Pan Broński. Seine bojarenähnliche Erscheinung beherrschte den Raum. Als die Mahlzeit fast beendet war, wandte er sich das erstemal Helena zu, lächelte und fragte sie nach ihren Interessen.

»Lesen«, sagte sie. »Am liebsten etwas aus der Geschichte.«

»Lesen taugt nicht für Frauen. Wollen Sie die drei Eigenschaften wissen, die eine wirklich gute Ehefrau haben muß?« Er hielt drei Finger hoch und zählte sie ab. »Häßlich, arm und dumm.«

Die Tafel verstummte.

Er fuhr fort. »Häßlich, damit kein anderer Mann sie ansieht; arm, damit sie einen wegen des Geldes braucht; und dumm, damit sie einen nicht hereinlegen kann!«

Auf halber Höhe des Raums hörte man das Rascheln schwarzer Seide, Pan Brońskis Frau war aufgestanden und lief in Tränen hinaus.

Broński hob sein Glas. »Du meine Güte«, sagte er, »was hat sie denn?«

Die Stunden in Klepawicze zogen an Helena mit der Präzision einer Militärparade vorbei. Alles war streng geregelt. Sie verbrachte soviel Zeit wie möglich draußen: ihre Liebe zur freien Natur entschädigte sie einigermaßen für die Dunkelheit drinnen. Am dritten Morgen ging sie ins Gehölz hinaus.

Dichtes Sommergrün bedeckte den Boden. Ein oder zwei Pilze hoben sich wie schillernde Seide vom Efeu darunter ab. Während sie behutsam einen Fuß vor den anderen setzte, lauschte Helena dem Wind, der in den Eichen wehte, dem Gezwitscher der Finken, dem Krächzen einer Krähe und dem Ruf eines tief in den Bäumen verborgenen Kuckucks. Sie fühlte sich von einer Woge guter Laune emporgetragen, in ihrem Überschwang fing sie an zu tanzen und drauflos zu singen:

Karolina Niemka,
To nasza panienka!
Karolina rączkę daje
Pojedziemy w cudze kraje.

Aus den Bäumen ertönte eine Stimme. »Was für ein hübsches, flaumiges kleines Gänschen!« Und hinter einer Buche tauchte Wincenty Broński auf. Er grinste. Wortlos lief Helena ins Haus zurück.

In den abgelegeneren Gegenden von Klepawicze gingen die Bronskibrüder wie Satyrn auf die Pirsch. Wincenty war der dritte Sohn. Er verbrachte einen großen Teil des Tages lesend im Korbsessel. Während seines Studiums in Kiew hatte er sich eine Lungenentzündung geholt: sein Vater hatte ihm das Geld für einen Wintermantel abgeschlagen.

Aus der Lungenentzündung war Tuberkulose geworden, und er hatte vor kurzem eine Lunge verloren. Zwei Jahre nach ihrem Besuch, schrieb Helena, starb er.

Von den vier Brüdern war Adam der älteste. Er beachtete Helena wenig. Er ging oft gedankenverloren die Lindenalleen auf und ab oder spielte stundenlang Klavier. Als Ältester war er nicht zum Militär einberufen worden, sondern sollte statt dessen die Ländereien beaufsichtigen.

Teodor dagegen lebte für sein Ulanenregiment. Er hatte einige spektakuläre Kunststücke gelernt und verbrachte die meiste Zeit damit, sie zu üben: auf ein kanterndes Pferd aufzuspringen, im Galopp Pflöcke aus dem Boden zu ziehen, auf dem Sattel stehend in die Hände zu klatschen.

Bei einer Gelegenheit gelang es ihm, Helena zu packen, sie mit Schwung vor seinen Sattelbaum zu hieven und hastig ins Räucherhaus zu entführen. Dort, zwischen ziegelroten Schinken und Speckseiten, mußte sie seinen rauchigen Kuß über sich ergehen lassen. Dann sperrte er sie ein. Erst ein vorbeikommender Gärtner, der ihre Rufe hörte, sorgte für ihre Freilassung, aber ihr weißes Kleid war vom Rauch ruiniert.

Ignacy, der Jüngste, nahm Helenas Anwesenheit überhaupt nicht wahr. Er war schweigsam und launisch. Wegen eines gelähmten Arms vom Militärdienst befreit, rannte er mit der Reitpeitsche hinter seinen Schwestern her und scheuchte sie über die Flure. Der verkrüppelte Arm, schrieb Helena, war eine Folge davon, daß sein Vater ihn gezwungen hatte, einen nicht zugerittenen Hengst zu reiten. Pan Broński hatte auch, als Ignacy sieben war, dessen Lieblingskaninchen getötet – mit der Begründung, er hänge zu sehr daran. Und dann hatte er den Jungen gezwungen, es zu essen.

Das war die in Klepawicze gängige Form von Zuneigung.

Helena verbrachte die zwei Wochen überwiegend allein oder mit den beiden Brońskischwestern Ziuta und Wanda. An einem Tag standen sie früh auf und brachen zu einem langen Ritt auf. Es war ein strahlender Morgen, und die Uferschwalben flogen hoch über dem Fluß.

Ziuta führte sie durch die Wiesen und auf die hohe Uferböschung dahinter. Der eine oder andere Kahn querte im Bogen den Fluß, mit Viehfutter und Zaunstangen beladen und einer mit einem mächtigen rotbunten Stier.

Bei der ersten Biegung nahmen sie den Weg landeinwärts. In leichtem Galopp ritten sie an den sprießenden Roggenfeldern vorbei, schleuderten Fladen getrockneten Schlamms von ihrem Weg hoch und bogen dann auf einen Graspfad ein, der sich zwischen den Bäumen hindurchwand.

Den ganzen Morgen ritten sie immer tiefer in den Wald hinein. Sie sahen nur einige Waldarbeiter und Holzfäller und nach einer Stunde überhaupt niemanden mehr. Es war etwa Mittagszeit, als das Geräusch von Axtschlägen durch die Bäume drang. Sie gelangten auf eine Lichtung. Drei Wohnwagen umstanden längsseits ein großes Feuer. Rußgesichtige Kinder kamen zu den Pferden gerannt und hauten ihnen mit Stöcken gegen die Beine.

»Laßt das!«

Auf den Stufen des nächststehenden Wohnwagens erschien eine ältere Frau in leuchtendbunter Schürze; ein großes Stück Bernstein schwang an ihrem Hals, als sie die Stufen hinunterstieg.

Ziuta flüsterte: »Das ist Marucha! Sie ist eine berühmte Hellseherin!«

Marucha linste zu ihnen hinauf. »Was habt ihr für mich?«

Die Brońskas holten jede einen Silberrubel hervor. Helena fummelte in ihrer Rocktasche und zog das goldene Fünfrubelstück heraus, das ihre Mutter ihr für die Rückreise mitgegeben hatte. Marucha nahm es und drehte es um. Dann lächelte sie und deutete auf eine Bank beim Feuer.

Helena war besorgt, die Goldmünze könne den Spruch der Zigeunerin irgendwie beeinflussen, aber als sie später an jenes Zigeunerlager dachte und daran, was ihnen da gesagt worden war, entdeckte sie, daß Maruchas Weissagungen auf merkwürdige Art wahr waren.

»Du hast eine Hand mit allen Gnadengaben und rettenden Zeichen.« Marucha fuhr mit dem Finger über Helenas Handteller. »Ich sehe eine Kiefer allein in der Steppe, stark und unerschrocken, aber eine einsame Kiefer, immer allein. Um sie herum ist ein kleines Unterholz, Sämlinge, und jetzt kommt da ein großes Feuer. Da sind Männer mit Äxten, aber ich kann ihre Gesichter nicht sehen. Sie kommen nicht bis zu den Sämlingen, und das Feuer bleibt ein kleines Stück entfernt.«

Als nächstes nahm sie Ziutas Hand und sagte, sie zeige genau das gleiche Leben und die gleiche Erziehung. »Aber hier ist die Kiefer krumm und wird von anderen bedrängt. Und jetzt kommt das Feuer und die Männer mit den Äxten auch, und die krumme Kiefer ist fort.«

Helena ergriff Ziutas Arm und sagte auf englisch: »Denk dir nichts dabei. Das ist doch bloß Unsinn!«

Aber als das große Feuer wirklich kam, über ein Vierteljahrhundert später, wurde Ziuta als Frau eines polnischen Generals gefangengenommen; sie starb in einer feuchten sowjetischen Gefängniszelle.

Marucha zog einen Stoß Spielkarten hervor. Sie gab sie Helena, die abhob und sie ihr zurückgab.

»Denk an den, der in deinem Herzen ist, Mädchen, und dann denk an eine Karte.«

Ziuta beugte sich vor. »Wer ist es? Bitte, Hela, sag's ganz leise!«

Helena nannte Józef, Ziutas Vetter, einen gefühlsbeton-ten dunkelhaarigen Mann, der zweimal mit ihr getanzt hatte und in Wilna einmal mit ihr Schlittschuhlaufen ge-gangen war. Für sie war das unzweifelhaft Liebe.

Marucha musterte prüfend die Karten. Sie streckte die Hand aus, sie fiel auf den Kreuzbuben.

»Hattest du den gewählt?«

Helena nickte. »Woher hast du das gewußt?«

»*On ciebie do ołtarza poprowadzi.* Dieser Mann«, winkte sie mit der Karte, »wird dich zum Altar führen.«

Am Tag von Helenas Hochzeit im Jahr 1920 hatte die Rote Armee Wilna eingenommen. Nur wenige waren in der Lage, zur Kirche in Platków durchzukommen. Es fiel Józef zu, dem Vetter der Brońskis, Helena durch das Kir-chenschiff zu geleiten und ihrem Gatten zuzuführen.

Von Klepawicze aus fuhren Zofia und ich in den Wald hin-ein. Nach mehreren Kilometern erreichten wir einen Friedhof. Auf einem Obelisken in der Mitte des Friedhofs waren die Namen vieler Brońskis herausgemeißelt – von Władysławs und Józefs, Marias und Irenas.

»Onkel und Tanten«, sagte Zofia vage.

»Aber hier, Zosia, Stanisław Broński. Ist das nicht dein Großvater?«

»Ja ...« Doch sie schaute gar nicht auf den Obelisken, sondern auf die Stufen unterhalb, die zur Gruft hinunter-führten.

»Phiilip, Lieber, würdest du da hinuntergehen? Mit meinen Kunststoffhüften schaffe ich das vermutlich nicht.«

Ich betrat die Treppe. An ihrem Fuß war eine zerbro-chene Holztür, herabgefallenes Mauerwerk, dahinter Dun-kelheit.

»Siehst du etwas?« rief Zofia laut.

»Nein. Es ist stockfinster!«

Ich schob mich an der Tür vorbei und wartete einen Augenblick, bis meine Augen sich an das Dunkel gewöhnt hatten. Der Boden lag voll Schutt. Die Trümmerstücke wackelten unter meinen Füßen, während ich mich Schritt für Schritt zur Gruft vortastete.

»Irgendwas zu sehen?« rief Zofia.

»Nichts.«

»Was hast du gesagt?«

»Nichts, Zosia! Ich kann nichts sehen!«

»Oh!«

Ich wußte, sie war noch immer neugierig. Ich riß ein paar Seiten aus meinem Notizbuch, drehte sie zu Fidibussen und drang weiter in die Gruft vor. Die Gruft war geplündert worden; das war uns beim ersten Anblick klar gewesen. Zofia hatte das achselzuckend abgetan. Was kannst du erwarten? Daß die alte Welt in Trümmer gegangen war, in dem Moment, da sie sie verlassen hatte, akzeptierte sie inzwischen als zwangsläufig.

Ich zündete das Papier an. Die Flamme sandte ein gelbes Licht in die Dunkelheit. Es flackerte an der niedrigen Decke und warf auf dem Boden hinter den Mauerbrocken tiefe Schatten. An einer Wand verliefen Lattenborde. Aber auch sie waren zerbrochen, und in der Ecke ragten ihre halbverbrannten Holzteile fächerförmig aus der Asche eines alten Feuers.

»Phiilip!« Zofias Stimme klang jetzt weiter entfernt. »Kannst du etwas sehen?«

»Ja!«

»Was ist da?«

»Warte ...«

»Irgendwelche Knochen?«

Die Füße rutschten mir zwischen den Trümmerstücken ab. An einer Seite stand zwischen den Mauerbrocken ein Stapel von Kupfersärgen.

»Särge, Zosia!«

Während ich mich über den Schutt vortastete, konnte ich Einzelheiten erkennen, die Girlanden auf den mit Grünspan überzogenen Deckeln, die Paneele an den Seiten. Ich konnte auch die großen Löcher erkennen, die in die Kupferhüllen gesprengt worden waren.

Zofias Stimme hallte in die Gruft hinunter: »Sind sie offen oder geschlossen?«

»Offen.«

»Wirf einen Blick hinein, ja?«

Hinein? Ich nahm ein zweites zusammengerolltes Papierstück, zündete es am ersten an und hielt es an eines der Löcher. Um hineinsehen zu können, mußte ich mit dem Kinn tief hinuntergehen, fast ans Metall, mußte die Flamme so nah wie möglich halten und seitwärts hineinspähen. Nach einigen Sekunden begannen die Formen im Inneren Gestalt anzunehmen. Knochen waren da, Rippen und Wirbelsäulen, und Fetzen von altem Stoff. Ich schaute in die anderen hinein; dasselbe.

Als ich wieder an der Oberfläche war, sagte Zofia: »Was meinst du, Phiilip? Wir könnten doch ein paar von den Knochen mitnehmen. Und vielleicht in Cornwall wieder bestatten?«

Ich malte mir aus, wie ich zurückging und sie herausklaubte; ich malte mir den sowjetischen Zoll aus; ich malte mir ein Fleckchen in einem idyllisch am Wasser gelegenen Friedhof in Cornwall aus, Tausende von Meilen entfernt, eine Ewigkeit weg von diesem zertretenen Grenzland. Ich schlug vor, sie hierzulassen.

Zofia sah in die Baumkronen hinauf. Sie lächelte.

»Weißt du, ich glaube, ich kann sie alle lachen hören, all die Geister meiner Ahnen – sie schauen auf uns nieder und lachen!«

7

Die Wochen in Weißrußland gingen schnell vorbei. Sie hatten leuchtende Farben und eine seltsame Intensität und Dichte. In jeder Begegnung, jeder Geschichte schien die Ereignisfülle eines ganzen Lebens enthalten zu sein. Wenn Zofia unterwegs aus dem Autofenster sah, schüttelte sie oft den Kopf und sagte: »Ich kann es nicht glauben, Phiilip, ich kann es wirklich kaum glauben, daß ich hier bin.«

Wir richteten es so ein, daß wir vor der Rückkehr nach Minsk noch einen Nachmittag in Mantuski verbringen konnten. Es war ein heißer Tag. Wir wanderten zum Philosophenwinkel hinunter und setzten uns in den Schatten der Birken. Zu unseren Füßen floß träge der Njemen dahin. Wir machten unsere Flasche Reisewodka auf, tranken und redeten von verschiedenen Dingen. Dann döste ich ein und entdeckte beim Aufwachen, daß Zofia ein Sonett geschrieben hatte. Ich bat sie, es mir zu übersetzen.

Sie räusperte sich. »»Ich sitze am Njemen und schaue‹ – nein – ›starre – auf die Boote … Krähensprößlinge schwatzen hinter mir … dieselben Wälder, dieselben Wiesen … Jahrzehnte sind vergangen … und nun diese wortlose Verzauberung – dieser Verlust, diese Trauer, diese Überraschung –‹«

Sie blickte kurz von dem Blatt auf. »Nein … ›zdumienie‹. Das ist stärker als Überraschung … ›Staunen‹.« Sie las weiter: »»… was ist aus jenem Wasser geworden, was aus jener Zeit … hohe Wasserfluten – zauberisch – mit sich beschäftigt – die meine Sterne und meine Fische kitzeln. Ich eile weiter zum Meer, wie es mein Los ist.‹«

Sie schaute auf den Fluß. »Es ist merkwürdig. Hier scheine ich nur in diesen Verlustformeln schreiben zu können. Und nur auf polnisch.«

Am frühen Abend kamen unsere Freunde, der Doktor aus Iwje mit seiner Familie, zu einem Picknick herüber. Wir fuhren durch den Wald und gelangten weiter flußaufwärts aus den Bäumen heraus. In den Flußniederungen am anderen Ufer weidete verstreut Kolchosenvieh. Die Frau des Doktors lud die Eßsachen aus; wir übrigen gingen in den Wald, um Holz zu sammeln.

Der Doktor war in bester Laune. »In Ihrem Land können Sie das nicht tun. Sie können nicht einfach in den Wald gehen und sich Holz holen! Alles gehört jemandem, hab ich nicht recht? Aber hier haben wir Sozialismus! Wem gehört schließlich dieser Wald?«

Ich blinzelte Zofia zu. »Dir!«

Bis das Feuer heiß genug war zum Kartoffelkochen, dämmerte es schon. Der Rauch stieg in der unbewegten Luft auf und verflocht sich mit dem Waldsaum. Die Frau des Doktors wickelte einen Njemenhecht aus einer Zeitung; der Doktor biß den Plastikverschluß einer Wodkaflasche ab und spuckte ihn aus. Die Kolchosenkühe wurden aus den Niederungen weggetrieben, auf trockeneres Weideland. Der Fluß drängte weiter, gen Westen.

Ein wenig später, nach viel Hecht und Kartoffeln und reichlich Wodka, verließen Zofia und ich die anderen und wanderten am Fluß entlang. Der Mond stand rot und zwiebelförmig über dem Wald. Das gedämpfte Quarren einer Waldschnepfe tönte aus den Bäumen; der einzige andere Laut war das ferne Geplauder am Feuer.

Zofia blieb stehen und ließ ihren Blick über die Flußufer schweifen. »Fünfzig Jahre habe ich mich abgemüht, mir dies hier lebendig zu erhalten ...«

Unser Herumreisen hatte ihre grauen Locken zerzaust; ihre Augen, traurig wie immer unter den schweren Lidern, blickten ruhig. »Jetzt kommt mir alles wieder.« Sie lächelte. »Ich erinnere mich an die Geräusche, die das Eis im Winter auf dem Fluß machte – es knallte wie Gewehrschüsse. Und zu dieser Stelle bin ich immer geritten. An einen Tag erinnere ich mich besonders. Ich war ungefähr vierzehn und hatte ein Pony, das Delilah hieß. Da drüben habe ich es angebunden. Keine Menschenseele weit und breit, also habe ich alles ausgezogen und bin im Fluß geschwommen. Das war natürlich verboten! Aber meine Mutter war nicht da, und ich weiß noch, wie ich damals, hier am Fluß, gedacht habe, daß nun auf einmal alles möglich sei.«

Sie hielt inne. »Wie sonderbar das ist, jener Tag erscheint mir jetzt wie der Anfang der Welt.«

Wir kehrten nach Minsk zurück. An unserem letzten Abend, dem letzten Abend in Weißrußland, waren wir zu einem »Dichterabend« im Literaturhaus, dem Dom Literatury, eingeladen.

»Was meinst du, Phiilip, was das sein kann, ein ›Dichterabend‹?«

»Keine Ahnung, Zosia.«

Wir versammelten uns mit zwanzig oder dreißig anderen in einem Raum im Obergeschoß. Nach einer Reihe von Lesungen, einem Lied, weiteren Lesungen, weiteren Liedern kamen die Reden. Jeder hielt eine Rede – Reden auf Dichter, Reden von Dichtern, Reden auf das Weinkeltern, auf die Lyrik, auf die neue Ära der Unabhängigkeit, auf Weißrußland. Ich wurde gebeten, eine Rede zu halten, und sprach über den Nationalismus und seine Gefahren, über das Risiko, daß sich neue Bruchlinien in Europa herausbilden könnten – bis ich merkte, daß keiner ein Wort Englisch verstand. Zofia hatte mit ihrem Polnisch etwas mehr Glück.

»Ich bin eine Polin«, verkündete sie, »die ihr Land verließ, als die Russen 1939 einmarschierten, und ich bin jetzt zurückgekommen, um zu sehen, was geschehen ist. Meine Mutter hat 1918 eine Weile in Minsk gelebt, und auch sie ist geflohen. Sie war in Minsk in jemanden verliebt, doch die Bolschewiken kamen und vertrieben sie. Und nun, wo sie fort sind, habe ich zurückkehren können. Vielleicht sollten wir darauf trinken!« Sie hob ihr Glas, und unter beifälligem Nicken folgten alle ihrem Beispiel.

»Aber ich würde gern noch etwas sagen.« Zofia stellte ihr Glas wieder auf dem Tisch ab. »Auch ich bin Lyrikerin. Seit mittlerweile über fünfzig Jahren schreibe ich Gedichte. Jedoch habe ich schreibend Verrat begangen. Ich habe das Größte, das einem Dichter gegeben ist, verraten – die eigene Sprache. Ich habe mein geliebtes Polnisch aufgeben müssen und schreibe jetzt auf englisch und komme mir vor wie eine Bigamistin ... Das einzige, was ich auf weißrussisch kann, ist ein Vers, den ich als Kind gelernt habe.« (Sie rezitierte den komischen Kinderreim vom Priester und seinem toten Hund, den ich vor Jahren von ihr gehört hatte. Niemand kannte ihn. Es gab viel Beifall.) »Und nun möchte ich einen Toast ausbringen auf das Ende des Kommunismus, auf eine neue Zeit, auf die Lyrik, auf die Freundschaft und auf die slawische Seele, die uns allen gemeinsam ist und die mir so wundervoll zwischen Wodka und Tränen zu oszillieren scheint. *Na zdrowie!*«

Na zdrowie!

Alle klatschten und tranken. Es kamen noch mehr Reden. Eine Frau hielt eine Rede über Mickiewicz. Ein Professor hielt eine Rede über Politik. (Alle trugen an ihren Aufschlägen winzige rotweiße Anstecker, die Farben ihres nagelneuen Landes, für das sie – die Dichter, Schriftsteller, Intellektuellen – etwas zu formen versuchten, was sich von der schweren braunen Tonerde der Sowjetkultur unterschied.)

Der Professor redete noch immer, als das Essen begann. Spontan beugten die Dichter sich vor und usurpierten die aufgetragenen Platten. Der Professor brach seine Ausführungen über öffentliche Ausgaben ab und grapschte sich eine Wurst, zwei Scheiben Brot und eine Essiggurke.

Zofia hatte ihre gute Laune wiedergewonnen; sie kicherte. Ihr gegenüber saß ein Mann in schwarzem Hemd, der ihr mit blitzendem Goldzahnlächeln Wodka ins Glas schüttete: »Trink! Trink, meine juwelengeschmückte polnische Prinzessin!«

Sie drehte sich zu mir um und flüsterte: »Er denkt, ich bin eine Prinzessin. Er hat Verlaine übersetzt und sagt, er ist in mich verliebt! Was soll ich tun?«

»Am besten, du heiratest ihn, Zosia.«

Am anderen Ende der Tafel erhob sich eine rumänische Volkssängerin von ihrem Platz. Sie kreischte ein Lied auf weißrussisch. Als es zu Ende war, stand eine winzige alte Frau neben ihr auf. Sie hatte dottergelbes Haar, trug eine smaragdgrüne Strickjacke und war offenbar eine berühmte Opernsängerin gewesen. Sie gab mit kieksendem Sopran eine unbekannte Arie zum besten und sagte dann: »Ich bin zweiundneunzig. ›Nur der Schönheit weih' ich mein Leben.‹«

Ein Paar stand auf, beide mit heller Haut und hellem Haar. Sie trug ein Kopftuch, er einen hochgeknöpften schmutzigbraunen Anzug.

»Zwanzig Jahren«, erklärte sie in holperigem Englisch, »er ist in Gefängnis. Ich glaube, er tot, in Lager. Aber vor eine Woche er kommt an meine Tür und klopfen und sagen, Marta, Wasser, biitte. Ich haben Durst. Wo du gewesen? frage ich. Und er weinen wie ein Kind ...«

Und der Mann neben ihr, kerzengerade und einen Kopf größer als sie, schnipste sich die Tränen von den Wangen, als wären es Kieselsteine.

Eine Frau mit Akkordeon spielte zum Tanz auf; die Leute erhoben sich, und binnen kurzem war der ganze Raum eine einzige Masse herumwirbelnder, hüpfender Dichter. Der wild aussehende Lexikograph und die nervöse Lehrerin, der Bernard-Shaw-Experte, der zahnlose Archäologe, der allein tanzte, eine berühmte Schauspielerin, ein sprunggewaltiger Linguist, ein Danteübersetzer mit beginnender Glatze, ein ernster junger Gitarrespieler mit traurigen Liedern und Zofia mit ihrem weißrussischen »Gemahl«, ihrem »Don Juan«.

Der Abend versank in einem Nebelschleier von Wodka und *żubrówka* und tränenreichen Reden und Geschichten. Erst nach Mitternacht begannen die Leute sich zu verziehen. Der Lexikograph schlief in einem Sessel. Der Archäologe hielt sich auf einem Bein. Die über neunzigjährige Opernsängerin wurde von ihrer Tochter, der Akkordeonspielerin, hinausgeschleift. Die Schauspielerin heulte. Zofia ließ sich von ihrem Don Juan die Hand lesen.

»Werfen Sie Ihre Liebe nicht den Hunden vor!« flehte er – und setzte flüsternd hinzu: »Meine Frau hat eine böse Zunge, wie eine Giftschlange ...« Dann rief er aus: »Unsere Begegnung hat in den Sternen gestanden! Solche Freude habe ich nicht erlebt wie diesen Abend ...«

»Aber«, sagte Zofia und tippte ihm mit dem Finger gegen die Brust, »aber Sie sind Slawe wie ich – und morgen sind Sie traurig.«

Drei Tage danach überquerten wir die Grenze und kehrten nach Warschau zurück. Es war fünf Uhr früh, und wir waren beide erschöpft. Am Bahnhof zankten wir uns sinnlos – darüber, wo wir ein Taxi bekämen, ob Warschau dreckig war oder nicht, wann genau die Konferenz von Jalta stattgefunden hatte –, bis Zofia den Kopf zurückwarf und lachte. »O Phiilip, wir führen uns auf wie die kleinen Kinder! Wir sind einfach nur müde!« Und kurz darauf saßen wir in einem Taxi, das durch leere Straßen zum Dom Literatury kurvte: eine andere Stadt, ein anderes Dom Literatury.

Wir mieteten uns dort ein und blieben mehrere Tage, ruhten uns aus, lasen, trafen Freunde und führten ernsthafte Diskussionen mit verschiedenen Schriftstellern. Unsere Zimmer gingen auf den kopfsteingepflasterten Platz vor dem Schloß hinaus, mit einem Blick auf die Weichsel und über die Vorortdächer hinweg auf den Wald dahinter. Die Stadt schien in jenem Mai voller Licht zu sein.

Auf dem Rückflug sagte Zofia, sie habe das Gefühl, sie habe »den Kreis geschlossen«. Das war es, warum sie den weiten Weg auf sich genommen hatte – um den Kreis zu schließen.

In London war es gewittrig und schwül. Vom Flughafen nahmen wir einen Bus in die Stadt. Unsere Reise war zu Ende. Wir standen zusammen auf dem Bahnsteig von Paddington Station, während schwerer Regen auf das Bahnhofsdach trommelte. Zofia fuhr heim nach Cornwall; ich würde in London bleiben.

»Ich werde dich vermissen«, sagte sie. »Diese letzten Wochen waren für mich ganz unglaublich.«

»Für mich auch.«

Sie reckte sich und machte ein Kreuzzeichen auf meiner Stirn. »Ich lasse dich mit einem Engel zurück. Möge dir alles gut geraten, lieber Phiilip!«

Es war November, ehe ich für den Winter nach Cornwall zurückging. An den Abenden stieg ich nach Braganza hinauf, saß mit Zofia zusammen, und wir tranken hausgemachte *żubrówka*, die ein polnischer Koch in einem Dorf der Gegend destilliert hatte. Zofia thronte gelassen in ihrem Lehnsessel, ihr Gesicht das übliche Potpourri von Gefühlen, und wir redeten vom Vorkriegspolen, von den Erinnerungen ihrer Mutter, von unserer Reise. Weihnachten stellten wir Päckchen mit Schokolade und Kleidung für Pani Wala, Pani Jadzia und den Uhrmacher zusammen, die sie nie erreichten.

Unterdessen erwiesen Braganzas Bücherregale sich als ein Puzzle der polnischen Geschichte: Erinnerungen, Lyrik, Romane – jeder Band fügte dem Kontext von Zofias erstem Leben ein kleines Teilchen hinzu. Polen zeigte sich in all seinen verschiedenen Gestalten: Polen als Spielball der Geschichte, Polen als Eroberer und als Beute, Polen, das stets überlebte; ein Land, wo das Leben der einzelnen Menschen allenfalls ein kleiner Zeitvertreib zwischen Kriegen zu sein schien, ein Spiel, das man spielte, während man auf den Zug wartete.

»*Polot*«, sagte Zofia. »Es läuft alles auf *polot* hinaus.«

»*Polot?*«

»Das läßt sich nicht übersetzen. ›Lot‹ heißt natürlich Flug, wie die polnische Fluggesellschaft, und hat etwas Schwereloses an sich. Aber es meint auch einen bestimmten Charme, etwas Siegesgewisses – es hat etwas damit zu tun, daß man tapfer und verwegen ist, daß Ungemach einem nichts anzuhaben scheint.«

»Und deine Mutter hatte *polot*?«

»O ja, das hatte sie.«

In ihrem Buch *Lost in Translation* führt Eva Hoffman zwei Momente von *polot* an. Der erste war 1939, als die deutschen Panzerdivisionen nach Polen hineinrollten und die Polen die Kapitulation verweigerten und Kavallerieattacken gegen die Panzer ritten. Der zweite 1944, während des Warschauer Aufstands: Als die Nazis die letzten Widerstandsnester ausräumten, stellten die Polen Lautsprecher in den Straßen auf und spielten Chopin.

Noch andere Ereignisse der polnischen Geschichte blieben mir im Gedächtnis haften. Etwa die Siegesbotschaft, die König Jan Sobieski dem Papst nach der Belagerung von Wien schickte:»Venimus, Vidimus, Deus Vicit.« Und das Erlebnis eines 1945 nach Warschau entsandten Beobachters der Alliierten: Der Ort sei voller Blumenstände, schrieb er – kein Gebäude heil, überall Schutt, Brot für die meisten unerschwinglich, aber Blumen, Stände über Stände frisch gepflückter Wiesenblumen.

Und der alte polnische Witz (angeblich der Lieblingswitz Paderewskis, 1919 Ministerpräsident des soeben befreiten Polen): Ein Professor an einem internationalen College läßt seine Studenten eine große Arbeit zu dem allgemeinen Thema »Der Elefant« schreiben. Die Arbeiten kommen mit folgenden Titeln zurück:

Der Engländer: Der Elefant und wie man ihn jagt.

Der Franzose: Das Liebesleben des Elefanten.

Der Deutsche (nach längerer Forschungsarbeit): Einführung in vorbereitende Studien zu den gastronomischen Möglichkeiten des Elefanten.

Der Russe (nach selbstquälerischem Paffen von Zigaretten): Der Elefant – existiert er?

Der Pole: Der Elefant und die Polnische Frage.

Doch die Geschichte, die sich mir am deutlichsten einge-
prägt hat, betrifft die Enthüllung des Denkmals für Adam
Mickiewicz in Warschau. Wie Puschkin ist Mickiewicz ein
Nationaldichter, und seine Statue sollte ein Nationaldenk-
mal sein.

Der Zeitpunkt der Enthüllung war kurz nach dem Polnischen Aufstand von 1863, und der russische Gouverneur
war nervös. Er ließ seine Artillerie auffahren, die dabei
mehrere Häuserzeilen zum Einsturz brachte. Zehntau-
sende von Polen hatten sich auf dem Platz versammelt.
Henryk Sienkiewicz bestieg das Podium. Aus seiner
Rocktasche zog er die Blätter mit der Rede, die zu halten
ihm untersagt worden war. Er schwenkte die Blätter im
Wind. Allgemeines Schweigen. Er enthüllte die Statue.
Noch immer Schweigen. Die Russen starrten auf die Polen, und die Polen starrten auf die Russen. Kein Laut.

Dann war aus der Mitte der Menge das Schluchzen
einer Frau zu vernehmen. Dann ein weiteres Schluchzen,
dann noch eins und noch eins und immer so fort, so daß alles, was man im Herzen Warschaus anläßlich der Enthüllung des Mickiewicz-Standbilds hören konnte, eine leise
kollektive Klage war.

Mickiewicz ist in Nowogródek geboren. Ganz in der
Nähe des größten Platzes befindet sich das Dom Mickiewicza, eine Erinnerungsstätte für ihn. Zofia sagte, ihre
Mutter sei 1915 jeden Sonntag nach der Messe dahin gegangen, und fand in ihren Aufzeichnungen diese Beschreibung:

Das Mickiewiczhaus wurde von zwei Frauen bewohnt
und betreut. Sonntags gaben sie große Essen, zu denen
jeder kommen konnte. Die Frauen hatten nie einen müden Rubel, und jedesmal, wenn sie Geld brauchten,

gingen sie zu Onkel Nicholas. Eine der Frauen schielte und war für ihre guten Werke und ihre häufigen Gebetsanfälle bekannt. Die andere hatte braune Löckchen und lag Pralinen essend und Romane lesend auf dem Sofa. Mit der Zeit schwoll sie auf über zwei Zentner an und tyrannisierte ihre Gefährtin …

An einem Morgen in Nowogródek hatten Zofia und ich versucht, das Dom Mickiewicza zu besuchen. Es war kürzlich wiederhergerichtet worden, aber an jenem Morgen war es geschlossen, ringsum lagen umgestürzte Bäume. Ein nächtlicher Sturm hatte die ganze Stadt wegen umgestürzter Bäume unpassierbar gemacht. (Umgestürzte Bäume: Helena war in der Nacht des großen Sturms 1898 zur Welt gekommen, und es hatte Jahre gebraucht, die Bäume wegzuräumen.)

Aus Braganza bekam ich wieder Helenas Aufzeichnungen, die Kladden, die maschinegeschriebenen losen Blätter, die Zeitungsausschnitte. Auf der Kiste, in der sie zu mir gelangten, stand »GEEST BANANAS«. An einem Januarmorgen – einem Morgen, an dem heftige Windstöße in den Dachrinnen meines Hauses rumorten und ruhelose Wellen am Strand nagten – griff ich in die Kiste und zog die erste dieser Kladden heraus. Die Ecken waren etwas abgestoßen, eine war angebissen, von einer Maus oder einem Hund. Der Einband war weinrot, und auf die Vorderseite hatte Zofia ein Etikett geklebt: »Recycling-Papier – DIESES ETIKETT RETTET BÄUME.« Darunter hatte sie geschrieben: »Mamas Leben, Band I.«

Innen wiederholte sich der Titel leicht abgewandelt in der Handschrift ihrer Mutter:

Mein Leben – Band I

Wenn ich auf mein Leben zurückblicke, ist sein Kennzeichen hauptsächlich eine sonderbare Einsamkeit. Ich war ein einsames Kind – ohne Freunde oder Gefährten –, ein Kind, das irgendwie kein Eigenleben hatte, das sich kaum seines Daseins bewußt war, so sehr war es in Anspruch genommen vom Leben seiner Tiere und seiner Freunde, die alle Erwachsene waren – Tanten, Panna Konstancja, alle Menschen in Platków und Mutter Immaculata.

Ich wurde sehr spät erwachsen, war glücklich und umschwärmt in St. Petersburg, wurde vom Krieg von Ort zu Ort gehetzt, war einsam in der Ehe und glücklich schließlich einzig in Mantuski ...

Als ich Helenas Aufzeichnungen in jenem Winter wiederlas, schienen zwei Dinge, zwei Muster zutage zu treten. Das eine war die seltsame Symmetrie zwischen ihren eigenen Lebensumständen und den weiter ausgreifenden Turbulenzen um sie her (die Parade ihrer Verehrer in den Jahren nach dem ersten Krieg beispielsweise schien das Kommen und Gehen der Armeen widerzuspiegeln). Das andere war das Gefühl eines dauernden Wechsels, das Werk unsichtbarer Kräfte: genau das Gefühl, das einen beim Anblick vom Wind verstreuter Bäume befällt.

Sechzehn Jahre hatte Helena ein relativ ruhiges Leben geführt. Aber eines Mittags im Sommer 1914 in Klepawicze fand das alles ein Ende.

Zweiter Teil

Helena

8

In *jenem Sommer* 1914 wurde in Klepawicze jeden Tag zum Mittagsimbiß auf der Veranda gedeckt. Krüge mit Limonade und *kwas* standen neben einem Schinken oder kaltem Rinderbraten. Es gab Platten mit Käse, Schnittlauch und immer eine Vase mit Pfingstrosen. Helena und die Brońskischwestern versammelten sich hier als erste, dann kamen die Brüder, und Schlag 12.45 Uhr erschien Pan Stanisław aus seinem Arbeitszimmer, sprach das Tischgebet, und das Mahl konnte beginnen.

In der zweiten Woche von Helenas Aufenthalt verspätete Pan Stanisław sich eines Tages. Es war schon eins, als er aus der Verandatür trat, sich ein Glas *kwas* eingoß und verkündete, der Kaiser habe den Krieg erklärt.

Alle schwiegen. Helena sah zu den Brońskischwestern hinüber, zu den Brüdern, zu den diversen Tanten und Dienstleuten. Was bedeutete Krieg? Ihre Mienen boten keinen Anhalt.

Nach dem Mittagessen ging sie zum Fluß hinunter. Sie setzte sich zu Füßen einer kleinen Birkengruppe. Über das Wasser kam das unaufhörliche Fiepen der Schwalben. Sie streckte sich auf dem Gras aus und schloß die Augen. Die Sonne glühte hellorange hinter ihren Lidern. Wenn sie den Kopf bewegte, brachen die Birkenzweige die Sonnenstrahlen, und die Welt war voll orangefarbener Blitze. Sie hörte die Kanonen und sah die Troßpferde. Sie sah Kolonnen von Männern und Reihen von Uniformen. Das war Krieg.

Am Tag darauf wurde sie nach Wilna zurückgeschickt.

Dort war alles genauso wie vorher – vielleicht ein paar Pferde mehr, mehr Truppen, etwas mehr Menschen in der Kirche –, aber das war alles. Dann kam nach einigen Wochen die Niederlage bei Tannenberg, und die Leute sagten, der Krieg sei wohl doch nicht so bald aus.

An einem Oktoberabend kam Graf O'Breifne für ein paar Tage Urlaub in das Wilnaer Haus. Am nächsten Morgen um halb zehn ließ er Helena zu sich in die Bibliothek rufen. Er war von seinem Schreibtisch aufgestanden und blickte aus dem Fenster. Warmes Herbstlicht fiel in den Raum und streifte sein Gesicht von der Seite. Er stand breitbeinig da, die Hände auf dem Rücken, und spielte nervös mit den Fingern.

»Vater?«

Er drehte sich zu ihr um. Er sah müde aus. Seine Haut war schlaff, seine Lippen blaß; er wirkte wie jemand, der auf eine Operation wartet. Doch er lächelte und trat aus dem Lichtstreifen heraus.

Anstatt sie zu küssen, sagte er: »Helenka, sieh dich an! Dein Aufzug ist einfach unmöglich!«

Kopfschüttelnd zog er ihre Bluse straff und bedeutete ihr, sich den Rock glattzustreichen. Dann setzte er sich abgekämpft hinter seinen Schreibtisch. »Ich muß mit dir reden, Helena. Du bist kein Kind mehr. Du bist fünfzehn …«

»Sechzehn, Vater.«

»Sechzehn?«

»Ja.«

»Nun, Zeit, daß du es lernst.« Er zog die Augenbrauen hoch und seufzte. »Hela, versteh bitte, daß eine Frau sich gut anziehen muß. Es ist ihre Pflicht, so gut wie möglich auszusehen.«

Es war das erstemal, daß er mit ihr nicht wie mit einem Kind redete.

»Du mußt dir darüber im klaren sein«, fuhr er fort, »daß das Glück und das Wohlbefinden einer Familie von der Frau abhängen. Wenn sie sich ständig bemüht, wird ihr Mann ihr stets zugetan bleiben. Ein Mann, der seine Frau liebt, wird immer einen guten Vater abgeben. Du bist in dem Glauben erzogen worden, es sei eine Tugend, nicht an dein Aussehen zu denken und sich nichts aus Kleidern zu machen. Sehe ich das richtig?«

Sie nickte.

»Meine liebe Hela, es ist keine Tugend, sondern ein Verbrechen. Deine arme Mutter wurde von einem Mann aufgezogen, einem frommen Mann, der nichts von Frauen verstand. Ihr völliger Mangel an weiblichem Charme hat Unglück über uns beide gebracht. Sie hätte überhaupt nicht heiraten sollen. Sie taugt nicht zur Ehe. Ehe basiert auf körperlichen Bindungen, und davon will deine Mutter nichts wissen.«

Er hielt ein Papiermesser in der Hand und schnipste irgendwelchen imaginären Staub von seinem Stempelkissen. Helena schwieg.

»Du darfst nicht in dieselbe Falle laufen. Ich weiß nicht, wie lange ich noch dasein werde und dir helfen kann, aber du mußt mir versprechen, daß du dir Mühe geben willst. Wirst du das tun?«

»Ja, Vater.«

Er stand auf und ging um den Schreibtisch herum. Er ergriff ihre Hände. »Du bist schön, meine Helenka. Du bist eine Diane Chasseuse, eine Juno ...«

Helena versuchte wegzusehen.

»Aber bitte mach etwas daraus! Trag nicht diese schrecklichen Knöpfchen und Rüschchen. Du brauchst gerade und schlichte Linien. Meinst du nicht, daß du dich in solchen Kleidern wohler fühlen würdest?«

»Ich habe nichts Derartiges.«

»Ich weiß, ich weiß. Es ist Krieg, und deine Mutter sagt, daß jetzt nicht die Zeit ist, gute Kleider zu kaufen. Stimmt's?«

Helena lächelte.

»Ja, *tatuś*.«

Er wandte sich um, durchquerte den Raum und verschwand durch eine Tür in den Bücherregalen. Mit einem Stoß von Schachteln kam er zurück. Er stellte sie auf den Schreibtisch vor Helena.

»Ich habe dies in Petersburg für dich gekauft. Nur zu«, sagte er, »mach sie auf.«

Sie knotete die oberste Schachtel auf und schlug die Stofflagen zurück. Darunter lag ein geschneidertes Reitkleid. In der nächsten Schachtel war ein aus schwerer weißer Seide drapierter Hut mit einem winzigen Veilchensträußchen. In der nächsten ein weinroter langer Mantel. In einer anderen war ein ganzes Sortiment dünner Sommerkleider und eine gelbweiß gestreifte Überschürze und ein Abendkleid aus zartrosa Seide. Und da waren Schachteln mit Schuhen und Gürteln und Handschuhen.

Helena sah ihren Vater an.

»Probier sie an.«

Sie ging durch die Regaltür in sein Ankleidezimmer. Sie setzte die Schachteln ab. Das Zimmer roch nach ihrem Vater. Mitten im Raum stand ein hoher Spiegel, der auf halber Höhe ein Gelenk hatte, und Helena kippte ihn zu sich her, damit sie sich sehen konnte. Er hatte recht – ihr Aufzug war unmöglich!

Sie probierte alle Sachen an und kehrte schließlich im Abendkleid in die Bibliothek zurück.

»Und nun Schluß mit diesem Pferdeschwanz!« Mit einem Handgriff löste ihr Vater ihre Haarspange. Er faßte ihr Haar, legte es ihr um den Kopf und hielt es oben am Scheitel locker zusammen. Ein oder zwei dicke Locken ringelten sich an ihren Schläfen hinab.

»So, siehst du?« sagte er.

»Danke, Tatuś.«

»Mach dir keine Gedanken.« Er neigte sich vor, um ihre Stirn zu küssen. »Ich werde deiner Mutter alles erklären.«

Ihre Mutter hielt ihn für verrückt. Sie sagte, es sei eine Sünde, soviel Geld für Kleidung auszugeben. Jetzt, in diesen Zeiten! Ach! Doch angesichts dessen, daß sein Urlaub in Wilna so kurz war, ließ sie die Angelegenheit fallen.

Es war Mitte Mai 1915. In Wilna blühten die Bäume; weißer Flieder und Vogelkirsche belebten die Straßen mit bräutlichem Flor; die Parks waren mit Kamille gesprenkelt. Helena wurde rastlos. Sie schrieb etwas von einem Gefühl unbestimmter Erwartung, das sie mit dem ganzen Körper spürte. Irgend etwas bereitete sich vor, aber sie konnte es nicht sehen, konnte es nicht anfassen, und sie wußte seinen Namen nicht. Es hatte nichts mit dem Krieg zu tun. Fühlten alle sich so? Sie hatte keine Ahnung. Sie hatte niemanden, den sie fragen konnte.

Bisweilen war dieses Gefühl der Erwartung übermächtig. Sie fing an, an trüben Nachmittagen allein durch die Stadt zu wandern, blinzelnd in dem eigenartigen Licht, ständig auf der Hut, ständig von vertrauten Dingen überrascht. Für sie kam der Frühling nie wieder, ohne ihr nicht etwas vom Mai 1915 zurückzubringen.

An den meisten Tagen war Wind. Wenn er in den Alleen durch die Ebereschen fegte, rauschte es wie Wasser; er zerrte an den Roßkastanien, ließ ihre breiten Blattfinger hin und her schlagen. Helena nahm die süßsauren Gerüche der Wilnaer Märkte in sich auf, die Rufe der Hausierer, die schleichenden Gestalten der Kesselflicker. Zur Mittagszeit fühlte sie ungestümes Leben in sich; am späten Nachmittag war sie erschöpft.

Abends brachte ein kühlerer Wind den Klang der Kirchenglocken. Sie suchte einen Gottesdienst nach dem anderen auf, betete, ganz ihrer ernsthaften und frühreifen Frömmigkeit hingegeben, starrte auf die Wundertätige Madonna vom Spitzen Tor, der Ostra Brama. In allen Wilnaer Kirchen war das Allerheiligste ausgestellt. Die Menschen verließen die Kirchenbänke, drängten sich Schulter an Schulter, standen zusammengepfercht in den Westtüren. Männer knautschten ihre Mützen in knotigen Fäusten; Frauen knieten in den Seitenschiffen. Alle sandten sie heiße Gebete empor – dringende Bitten an Gott, er möge die Deutschen fernhalten.

Die Russen waren auf dem Rückzug. Von Westen kamen Gerüchte, ganze Dörfer seien auf der Flucht. Im gesamten Land schickten Haushalte ihr Vieh nach Osten, fort vom Zugriff des Kaisers. Fahrende Gesellen erzählten von Landstraßen, die von Kanonen blockiert waren, von schlammbedeckten Soldaten und schwerfällig trottenden Viehherden.

Eines Nachmittags stand Helena auf dem Balkon. Ein Heuwagen bog von der Hauptstraße in die Mała Pohulanka ein. Dahinter kam noch einer und dann ein größerer Wagen, an dem eine Kette von Zuchtstuten angebunden war; ihre Fohlen trabten ungelenk nebenher. Helena erkannte die litauischen Zmudziakipferde ihrer Großmutter; da wußte sie, daß sie alle fort mußten.

Die O'Breifnes flohen zuerst nach Süden. Die Pferde wurden vorausgeschickt. Sie selber reisten zu mit dem Zug: Helenas Mutter, Helena, ihr Bruder und ihre Schwester – beide sehr viel jünger als sie –, Panna Konstancja und Tekla.

In den kommenden Jahren sollten Panna Konstancja und Tekla die Familie überallhin begleiten. Panna Konstancja war eine ausladende Matrone, scharfzüngig und humorvoll. Sie hatte Helena so gut wie allein aufgezogen und war für sie eine viel weniger ferne Gestalt als ihre Mutter. Tekla war die Köchin der Familie, das vaterlose Kind einer Landstreicherin, die Helenas Mutter aufgenommen hatte.

Eine Fahrt von fünfunddreißig Kilometern brachte die Gesellschaft vom Bahnhof in Nowojelnia nach Druków. Es war ein sich schläfrig hinschleppender Abend. Den Pferden wurden die von Fliegen gepeinigten Köpfe schwer. Helenas Mutter fächelte sich mit einem Buch Kühlung zu. Tekla hatte Durchfall, und sie mußten oft anhalten.

Helena ängstigte dieser Rückzug. Würde er in Druków zu Ende sein? Was, wenn die Deutschen gleich Napoleon nicht aufzuhalten wären und sie selber weitergetrieben würden, tiefer nach Rußland hinein? Der Osten! Rußland! Helena fuhr erschrocken auf bei dem Gedanken an die schneebedeckte Steppe, die grauen Hügel, die ungepflegten Bärte der orthodoxen Priester, die Reihen hochwangiger Tataren vor einer verschneiten Landschaft. Dann fiel sie in der vertrauten Gegend von Panna Konstancjas Brust in Schlaf.

Als sie aufwachte, waren sie schon beinahe da. Der Kutscher schnalzte mit der Zunge, und die Pferde bogen von der Landstraße in die gewundene Auffahrtsallee von Druków ein. Tekla tat einen letzten Sprung von der *bryczka* und rannte zum nächsten Busch.

Druków war das Heim von Onkel Nicholas O'Breifne, einem belesenen Mann mit sanfter Stimme, der keine Kinder hatte und Helena wie ein eigenes behandelte. Sie blieben einen Großteil jenes Sommers in Druków.

Es war ein ruhiger Sommer, Kriegsnachrichten unterbrachen ihn nur selten. Helena verbrachte viel Zeit – wenn sie nicht von ihrer Mutter behelfsmäßig unterrichtet wurde – mit Herumwandern und Reiten. Sie machte Spaziergänge mit Onkel Nicholas, die sie über die Allee hinausführten. Sie liebte es, ihn die Bäume und Blumen benennen und jeden Vogelruf bestimmen zu hören.

Eines Nachmittags betraten sie auf dem Rückweg die Kirche von Druków. Drinnen war es kühl und dunkel. Schweigend gingen sie bis zum Altarraum vor und knieten nieder – Onkel Nicholas riesig und tonnenförmig in seinem alten Kamelottmantel, Helena neben ihm schlank, mit einem blauen Samtband im wirren Haar.

Onkel Nicholas zeigte ihr die Gedenktafeln für seinen Vater, seinen Großvater und andere O'Breifnes.

»Onkel Nicholas«, fragte sie, »lebt deine Familie hier schon sehr lange?«

Der erste O'Breifne in Druków, erläuterte er, war der General gewesen, ihr Urgroßvater. Die Russen waren sehr stolz auf ihn, obwohl er kein Russe war. In Serbien hatte er die russische Armee einst vor den Türken gerettet. In der Nacht vor der Schlacht war eine Nonne namens Dovergill zu ihm gekommen und hatte ihn gewarnt, die Türken würden am nächsten Morgen angreifen. Er rüstete seine Stellungen entsprechend und blieb Sieger. Doch als der General in den umliegenden Klöstern nach Dovergill fragte, kam er nicht weit. »Dovergill? Devorgill? Wir kennen keine Nonne dieses Namens.«

Erst später fand er heraus, wer sie war – eine Ahnin, eine

irische Königin aus dem zwölften Jahrhundert. Sie war vom König von Leinster entführt worden, und die anschließenden Zwistigkeiten hatten die Invasion der Normannen zur Folge gehabt. Dies, sagte Onkel Nicholas, sei der Anfang vom Ende der alten irischen Könige und Stammeshäuptlinge gewesen. Fünf Jahrhunderte später erlitten sie ihre endgültige Niederlage in der Schlacht an der Boyne, nach der die O'Breifnes aus Irland flohen und schließlich in Rußland landeten.

General O'Breifne, fuhr er fort, hatte Druków mitsamt den dazugehörigen fünftausend Seelen gekauft. Die Leibeigenen waren hauptsächlich polnische Katholiken. Eines Tages kam er angeritten, um sein Gut zu inspizieren, und fand eine große Anzahl von ihnen in der Kirche. Es wurde eine Messe gelesen. Der General war gerade rechtzeitig eingetreten, um noch die angstvoll erhobene Bitte zu hören, sie vor dem »russischen General« zu schützen, der sie gekauft hatte. Mit großen Schritten durchmaß General O'Breifne den Mittelgang. Seine Sporen klirrten gegen den Steinboden. Vorne kniete er nieder. Der Priester verstummte.

»Fahren Sie fort«, sagte der General, und der Priester stotterte sich weiter durch die Liturgie.

Als die Messe vorüber war, erhob sich der General von den Knien und drehte sich zur Gemeinde um. »Bitte, es besteht kein Grund zur Furcht. Ich bin kein Russe. Ich heiße O'Breifne und bin Katholik. Ich komme aus einem sehr alten katholischen Land – einem Land weit im Westen namens Irland.«

O'Breifne sagte ihnen nichts, Irland auch nicht, und sie waren von diesem Ausländer und seinem merkwürdigen Namen überhaupt nicht überzeugt.

»Erst als er mit einer polnischen Frau zurückkehrte«,

sagte Onkel Nicholas, »fingen die Leute an, ihm zu glauben.«

Klepawicze war nur ein paar Stunden zu Pferd von Druków entfernt, und Adam Broński kam häufig zu Besuch. Er war stark in der polnischen Untergrundbewegung engagiert und genoß, schrieb Helena, den bedingungslosen Respekt der Bauern.

Obwohl Adam keinerlei Notiz von ihr nahm, machte eines an ihm damals besonderen Eindruck auf Helena: Standesunterschiede schienen ihm völlig unwichtig zu sein. Ihre Mutter fand das sehr seltsam. Er kam offenbar nach Druków mehr, um mit dem Gutsverwalter zusammenzusein als mit den O'Breifnes.

»Kriegszeit, Liebes. Landwirte sind in Kriegszeiten sehr wichtig. Adam muß seine Pflicht tun.« Und weil er so gute Manieren hatte, Erbe von Klepawicze war und Sohn von Pan Stanisław Broński, vergab sie ihm.

An einem Morgen kam Adam herübergeritten, um dem Gutsverwalter beim Säubern des Karpfenteichs zu helfen. Helena saß am Ufer und schaute zu. Die beiden Männer öffneten die Wehre, und Adam zog sich bis zur Taille aus. Mit nacktem Oberkörper beugte er sich vor, um die zappelnden Fische aus dem Schlamm zu ziehen.

»Aufzucht!« rief er oder: »Küche!« und warf den Fisch in den einen oder anderen von zwei galvanisierten Kesseln.

Nach dem Mittagessen stand Helena vor dem hohen Spiegel in ihrem Schlafzimmer. Wie konnte sie Adam dazu bringen, mit ihr zu reden? Panna Konstancja hatte gesagt, wenn sie sich nur endlich einmal schön machte, werde sie ihr Wunder erleben.

Sie griff nach der Haarbürste und zog sie durch ihr langes kastanienbraunes Haar. Es fiel nicht glatt; sie wollte aber glattes Haar! Doch nach jedem Bürstenstrich waren die hartnäckigen Locken gleich wieder da. Sie warf die Bürste hin.

Im Schrank waren die Kleider aus Petersburg, die ihr Vater ihr geschenkt hatte. Sie setzte ihre Hoffnung auf ein himmelblaues Baumwollkleid und einen Strohhut. Während sie noch eine Kirsche zerkaute, um ihren Lippen Farbe zu geben, ging sie in den Park hinaus.

Jenseits der Auffahrt befand sich ein niedriges kleines Birkengehölz. Helena hörte Adams Stimme durch die Bäume hallen. Sie stand am Rand des Wäldchens und schob die Blätter beiseite, um hineinzusehen. Er war allein. Jetzt würde er mit ihr reden.

Er stand unter den Bäumen und sang. Er sah sie nicht. Er verfiel in einen merkwürdigen Indianertanz. Er warf die Arme hoch und drehte sich um sich selbst. Er probierte eine Pirouette auf einem Bein, fiel aber hin.

Helena konnte sich ein Lächeln nicht verkneifen. Doch sie blieb, wo sie war. Sie beobachtete, wie er aufstand, wie er vor und zurück durch die Bäume rannte. Nicht ein einziges Mal blickte er in ihre Richtung. Nach kurzer Zeit war er in der Ferne verschwunden. Sie wartete, ob er wiederkäme, doch er kam nicht. Stumm kehrte sie ins Haus zurück. Sie warf ihren Hut aufs Bett. Was für eine Zeitverschwendung das alles war! Mit Tieren hatte man, wie sie schon immer vermutet hatte, sehr viel weniger Mühe.

9

Im *Speisezimmer* von Druków war eine Wand mit einer antiken Szene bemalt: Diana auf der Jagd im aricinischen Hain. Allmorgendlich zum Frühstück wurde ein Samowar vor dieser Szene aufgestellt. Er erfüllte den Raum mit seltsamen Blubbergeräuschen, und wenn Panna Konstancja hereinkam, pflegte sie Helena zuzuzwinkern und ein Ohr an den Samowar zu legen: »*Niemiec idzie... Niemiec idzie...* Hörst du, Hela? Die Deutschen kommen!«

Und die deutschen Truppen waren weiter im Vormarsch. Von Klepawicze waren alle Brońskis – alle bis auf Adam – bereits nach Petersburg geschickt worden. Lange Reihen von Fuhrwerken und Vieh zogen Tag für Tag durch Nowogródek. Nachrichten, Gerüchte, Gegengerüchte waren das einzige Gesprächsthema. Adam Broński war dabei, die großen Bottiche der Destillerie von Klepawicze zu leeren; den *spirytus* und das Korn sollten die Bauern bekommen. Adam selbst wollte warten und sich der russischen Armee auf ihrem Rückzug anschließen.

Onkel Nicholas' Haltung war eindeutig. Er schickte seine gesamten Wertgegenstände nach Osten. Er forderte Helenas Mutter auf, ihre Kinder auf diesen Zug mitzunehmen. Er selbst konnte sein Land nicht verlassen.

Also standen eines frühen Septembertages Helena, ihre Mutter, ihr Bruder und ihre Schwester, Panna Konstancja und Tekla im Morgengrauen auf und versammelten sich auf der Auffahrt vor dem Haus. Onkel Nicholas stand auf der Freitreppe. Er trug einen langen Überzieher und Berberpantoffeln. Über jedem Kind machte er das Kreuzzeichen.

Die Reihe der Fuhrwerke zog sich bis in die Allee hinein. Alle Drukówer Wertsachen – alle Pelze und alles Goldgeschirr, die persischen Seidenteppiche, das sächsische Porzellan und die Kiewer Fayence, die Truhen über Truhen saffiangebundener Bücher – gesellten sich zu Streu und Futter für die Reise nach Osten. Die Pferde waren unruhig. Onkel Nicholas' Förster rannten den Zug auf und ab, riefen einander etwas zu, überprüften die Pferdegeschirre, fanden noch Platz für die allerletzten Kisten.

Verantwortlich für diese seltsame Karawane und ihre aus *parobcy* bestehende Kutschermannschaft war Pan Rymszewicz, Onkel Nicholas' Wildhüter. Er setzte ein Jagdhorn an die Lippen und stieß zweimal hinein: die ersten Wagen ruckten an.

Sie fuhren die Allee hinunter. Zu ihrer Rechten hing Nebel über dem Fluß, die Auwiesen aber waren leer. Das Vieh war schon fort. Kurz nach der Kirche gelangten sie auf die Hauptstraße und fuhren nun gegen die Sonne. An der Straße erhob sich ein kleiner Hügel, über den der Weg nach Klepawicze führte. Auf seinem Gipfel, unterhalb eines Lärchenhorsts, wartete Adam Broński auf einer braunen Stute. Im Galopp kam er zu den Wagen herunter.

Er zügelte sein Pferd, so daß es in Schritt fiel, und begrüßte Helenas Mutter, indem er kurz seinen Hut berührte. »*Dzień dobry*, Comtesse.«

Einige seiner Karren, erklärte er, die mit dem Silber, seien auch diesen Morgen aufgebrochen. Könnten sie sich ihrem Zug anschließen? Sie würden am Njemen warten. Ein paar Minuten ritt er nebenher, dann trabte er zu Helena vor: »Guten Morgen, Hela.«

»Guten Morgen.«

Schweigen.

»Panna Hela, Sie dürfen sich keine Sorgen machen.«

»Ich habe keine Angst.«

»Bestimmt nicht?«

Helena schaute zu ihm hinüber und nickte. Er trug eine bäuerliche *czapka*, deren Schirm er tief in die Stirn gezogen hatte. Was für winzige freundliche Augen er hat, dachte sie.

»*Dobrze!*« rief er plötzlich, griff in seinen Mantel und holte ein Taschenmesser hervor, das er ihr in die Hand drückte. Er galoppierte schon wieder den Hügel hinauf, ehe sie die Möglichkeit hatte, ihm zu danken.

Mittags erreichten sie den Njemen. Eine schmale Holzbrücke führte hinüber, und während sie auf die Fuhrwerke aus Klepawicze warteten, stieg Helena die bemooste Böschung hinunter.

Es war, erinnerte sie sich, ein heißer, windstiller Tag. Sie starrte ins Wasser; auf seiner Oberfläche lagen die Tintenflecken vereinzelter Wolken. Helena zerbrach sie mit den Fingern. Sie rollte die Ärmel auf und steckte die Arme ins Wasser. Das Wasser war kalt und ölig, und sie spritzte es sich ins Gesicht. Nein, sie hatte keine Angst. Ganz im Gegenteil. Sie war erregt. Das vertraute Gefühl, daß sich etwas vorbereitete, war überwältigend stark.

Sie holte das Taschenmesser hervor und spülte es ab; das Heft war mit Perlmutt eingelegt und darin eingesetzt war ein abgegriffenes silbernes Brońskiwappen. Daß ein Broński zu Freundlichkeit imstande war, zu irgendeiner Art von Freundlichkeit, brachte sie ziemlich aus der Fassung.

Pan Rymszewiczs Jagdhorn ertönte, und sie fuhren weiter. Sie verließen die Ufer des Njemen und tauchten ein in dunkle Wälder, wo die Sonne schräg durch die Bäume fiel und die Luft voll Harzgeruch war. Inmitten der Bäume war das Geräusch des Konvois lauter, ein Geräusch von quietschenden Achsen, knallenden Zügeln und gedämpften Stimmen.

Bei Anbruch der Dämmerung hielten sie vor einem kleinen *dwór*. Ein älteres Paar stand auf der Vortreppe. Zwei Ridgebacks setzten mit ein paar Sprüngen auf sie zu, blieben aber stehen, als sie die volle Länge des Zuges erfaßten, und bellten.

An jenem Abend aß Helena in einem Speisesaal mit gewölbter Decke, der voller Familienporträts hing. Man gab ihr ein Zimmer im Dachgeschoß, wo der Mond sich über die Dielenbretter ergoß und sie tief schlief. Im Morgengrauen ertönte Pan Rymszewiczs Jagdhorn durch den Park, und der Konvoi zuckelte los, eine fahle Straße entlang, die am Waldrand verlief. Die Straße stieg an, und sie kamen aus den Bäumen heraus. Als sie über den höchsten Punkt eines niedrigen Hügelkamms fuhren, konnte Helena das Kreideband der Straße kilometerweit vor sich sehen, wie es über die Ebene mäanderte, die braunen Kleckse der Weiler mittendurch teilte, kurz in versteckte Täler eintauchte, dem Saum eines fernen Waldes folgte, bevor es sich in ihm verbarg.

Die Tage gingen ineinander über. Sie waren eine Woche unterwegs, zwei Wochen, einen Monat. Manchmal blieben sie ein paar Tage, ehe sie ihren Treck nach Osten fortsetzten. Der Wald verscheuchte alle Gedanken an Krieg. Helena fühlte sich glücklich, aufgekratzt. Jeder Tag war anders. Ihre Mutter setzte die schmerzhaften Verbote aus, die sie normalerweise einschränkten. Sie entspannte sich; der Konvoi erlegte ihnen seine eigene lose Disziplin auf, und wenn Helena in späteren Jahren an jene Wochen im Wald zurückdachte, die zuckenden Pferdeohren und den

Bogen der Kummethölzer vor sich sah und das Quietschen der Karren hörte, war ihr bewußt, daß sie nie zuvor und nie wieder irgendeiner Form von Freiheit so nah gewesen war wie hier.

Einmal verbrachten sie eine Nacht in einer Hütte auf dem Gipfel eines kleinen Hügels. Um sie herum war das Heerlager der Karren. Helena sah den Feuern zu, wie sie zu den Bäumen emporzüngelten. Sie verließ die Hütte und durchstreifte das Lager. Der Rauch wand sich zu dem schwungvollen großen Sternenbogen der Milchstraße hinauf. Sie kam sich vor wie Königin Jadwiga, die zwischen ihren Truppen umherwanderte.

Bei anderer Gelegenheit, Ende September, fuhren sie durch ein Dorf. Ein Ochsenkarren blockierte die Straße, und während sie darauf warteten, daß die Straße frei würde, sammelten sich die weißrussischen Dorfbewohner um die Wagen. Die Kinder waren barfuß, und den Männern saß der Dreck in den Gesichtsfalten. Pan Rymszewicz befahl ihnen, aus dem Weg zu gehen, doch sie schoben sich näher heran.

Er lenkte sein Gespann von der Straße herunter und ließ den Konvoi umkehren, um ihn zur Rückseite des Dorfs zu führen. Er schlug mit der Peitsche nach zwei Männern, die nach seinen Zügeln hechteten. Andere drängten aus der Menge vor. Einer umklammerte mit seinen Stummelfingern das Verdeck von Helenas *bryczka*, steckte den Kopf herein, und einen Augenblick lang starrte sie in seine Augen und fühlte seinen Atem auf ihrem Gesicht. Er brüllte etwas in einer sonderbaren Sprache und packte sie am Knöchel. Dann zogen die Pferde ruckartig an, er fiel vom Wagen, und schon holperten sie über den steinigen Wegrand auf die Felder.

Danach mied Pan Rymszewicz die Dörfer. Der Konvoi

verließ sich auf den Wald und auf die Gastfreundschaft entlegener *dwóry*.

Manche Gutsbesitzer schenkten dem Vormarsch der Deutschen keinerlei Beachtung. Eines Nachmittags erreichte der Konvoi Wojopodorsk. Auf der Terrasse war der gesamte Haushalt beim Tee, man saß an runden Tischen oder auf den Stufen oder stand mit gewichtiger Miene hinter den Stühlen: alte Männer in seidenen Hausröcken bei der Unterhaltung, ein Junge mit seinem zahmen Kaninchen, eine Witwe mit einem Hündchen im Schoß, ein junges Mädchen mit einem Arm in der Schlinge, das mit einer Frau mit einer Tiara aus weißem Flieder Schach spielte. Der Krieg, schrieb Helena, wurde von dieser Familie überhaupt nicht erwähnt.

Andere warteten allein. Einmal übernachteten sie auf einem Gut namens Barbarin, dem Heim eines Grafen Ignacy. Graf Ignacy, ein Riese von Mann, lebte mit seiner Frau einen halben Tagesritt von der nächsten Stadt entfernt. In seinem Speisesaal starrten Dutzende von Elchköpfen auf eine Tafel herunter, in deren Mitte ein abgewetzter golddurchwirkter Offizierssattel lag.

Helena beobachtete den Grafen, wie er sich den Zinnteller immer wieder mit halbrohen Scheiben Hirschbraten nachfüllte; ihm zu Füßen gruben zwei rotzahnige Barsois ihre Kiefer in die runden Hüftgelenke des Hirschen.

»Die Deutschen?« stieß er hervor. »Was wissen die schon vom Wald … Wir haben uns wegen Bonaparte nicht weggerührt, warum sollten wir das jetzt tun?«

Frühmorgens hörte Helena Gewehrschüsse; sie zog die Vorhänge auf und erblickte die Wölbung des aus einem Fenster im ersten Stock vorgereckten gräflichen Kopfs; Graf Ignacy schoß Kaninchen auf dem Rasen.

Viele Gutsbesitzer waren schon fort. Gelegentlich verbrachten Helena und die anderen die Nacht auf dem nackten Dielenboden eines verlassenen Hauses; hinter den vorhanglosen Fenstern wachte sie dann mit der Sonne auf, griff sich ihre Kleider und ging unter riesigen, in Staubdecken eingewickelten Kronleuchtern hindurch aus dem Haus.

In den ersten Oktobertagen trafen sie in Piesków ein, nordöstlich von Minsk, wo Helenas Onkel und zwei sehr sonderbare Großtanten wohnten.

Man näherte sich Piesków von unten, wie Helena sich erinnerte, über eine kleine Steinbrücke mit einem schmiedeeisernen Gitter zu beiden Seiten. Auf dem Weiher unter der Brücke schwammen Seerosen. Die Auffahrt war mit groben Steinen und Kies aufgeschüttet, die unter den Wagenrädern knirschten. Der Zug hielt in einer langen Reihe an. Auf den Stufen standen ein livrierter Butler und ein dicker Mann mit hochrotem Gesicht. Der Butler hieß Dominiecki; das rote Gesicht gehörte dem Gutsverwalter.

»Hrabina, Pani Hrabina!« Dominiecki trat auf Helenas Mutter zu. Sein Benehmen zeugte von Nervosität; ständig preßte er die Hände zusammen und öffnete sie wieder. »Wir erfuhren von Ihrem Kommen, Hrabina. Der Hrabia ist im Krieg, und die anderen sind gerade erst vor zwei Tagen nach Moskau abgereist. Aber wir haben Anweisungen, Pani Hrabina, Anweisungen. Bitte ...« Er verbeugte sich und führte sie in eine Eingangshalle mit großflächigem Parkettboden in Schachbrettmuster.

Nach Wochen im Wald wurde Helena die breite Treppe hinauf zu einem frischbezogenen Bett und einem tiefen Sitzbad geleitet. Sie legte sich auf das Bett und zerrte sich die Stiefel von den Füßen; ein Schauer von Kiefernnadeln rieselte auf die Bettdecke. Barfuß trat sie ans Fenster und beobachtete die Pferde, wie sie, ausgeschirrt, buckelten und ausschlugen und rund um die Koppel liefen.

Sie verbrachten einen ganzen Monat in Piesków. Die deutsche Offensive hatte sich verlangsamt, sie hatten sich westlich von Minsk eingegraben. Es würde keine Kämpfe mehr geben, war die allgemeine Annahme, bis nicht der schlammige Boden gefroren und die Straßen wieder passierbar waren.

Piesków war ein seltsamer Haushalt, und das Seltsamste an ihm waren die beiden Großtanten, die in der Mansarde lebten. Ihre Anwesenheit schwebte über dem Haus wie ein Tabu. Der einzige Zugang zu ihren Räumen war eine steile Treppe und eine Tür, die stets verschlossen war. Manchmal kamen sie tagelang nicht herunter, und in solchen Zeiten wurde ihnen das Essen auf die Treppe gestellt.

Helena erinnerte sich an die Ältere der beiden – Tante Minia – als eine zornige alte Frau, die für niemanden Zeit hatte; was ihr an Zuneigung verblieben war, wandte sie den zwei Dutzend Kaninchen zu, die sie auf einem eingezäunten Stückchen Land in der Nähe der Küche hielt. Wenn sie überhaupt redete, dann eigentlich nur über Kaninchenmist.

Ihre Schwester war einen Meter achtzig groß, taub und berüchtigt fromm. Gott hatte sie so groß gemacht, sagten die Leute, damit sie dem Himmel näher wäre. Ihre Tage verbrachte sie, wenn nicht in der Mansarde, dann in der Pieskówer Kapelle, wo ihre Schultern und ihr langer Hals wie eine Kirchturmspitze aus den hinteren Bankreihen aufragten. Da sie taub war, sprach sie selten; wenn sie vermutete, daß jemand etwas zu ihr sagte, lächelte sie einfach und schloß die Augen.

Helena erhaschte ab und zu einen Blick auf sie in der Kapelle, schaffte es aber nie, ein Wort von ihr zu hören.

Mit Tante Minia redete sie nur einmal. Die alte Dame saß in der Ecke ihres Kaninchenverschlags und fütterte einen riesigen Eselhasen mit Salatblättern. »Wer bist du?« fragte sie.

»Helena.«

Tante Minia musterte sie kritisch; das hundsgroße Tier in ihrem Schoß mümmelte vor sich hin. »Was sind deine Lieblingsbeschäftigungen?«

»Spazierengehen ... Reiten. Ich lese viel.«

»Du bist zu hübsch, um klug zu sein. Vertrau keinem Buch und vertrau keinem Mann mit blauen Augen und keiner Frau, die lacht. Halte dich an Tiere.« Und die alte Dame versenkte ein weiteres Salatblatt im Kaninchenmaul.

Der Gutsverwalter hatte eine gesundheitlich sehr anfällige Frau, die überdies eine entfernte Kusine von Helenas Mutter war. Es war deshalb durchaus *comme il faut*, daß Helena sich mit seinen Töchtern anfreundete. Oder zumindest mit einer: die andere hatte nach einer unglücklichen Liaison mit einem russischen Offizier einen Selbstmordversuch unternommen, und es war Helena verboten, mit ihr zu sprechen.

Die ehrbare Tochter hieß Zofia. Sie kannte die Wälder gut, und die beiden brachten täglich viele Stunden mit Reiten und Schwimmen in den Seen zu.

Auf Allerheiligen folgte eine Periode mit heftigem Regen und starkem Wind, der den Park mit tanzenden Blättern füllte. Juden, die kamen, um Kälber zu kaufen, flüsterten, die Deutschen ständen am Njemen. Andere Berichte bestätigten, was sie alle befürchteten: der Vormarsch wurde fortgesetzt.

Helenas Mutter zitierte alle, Familie wie Bedienstete, in die Eingangshalle. »Die Lastkarren von Druków und Klepawicze müssen nach Osten weiterziehen. Wer immer mitfahren will, möge es tun. Ich bleibe für den Augenblick noch hier.«

Dann rezitierte sie das »*Kto się w Opiekę*«, die Anrufung der göttlichen Vorsehung, aus dem 91. Psalm:

> *...er befiehlt seinen Engeln,*
> *dich zu behüten auf all deinen Wegen.*
> *Sie tragen dich auf ihren Händen,*
> *damit dein Fuß nicht an einen Stein stößt ...*

Am nächsten Tag klopfte ein sehr besorgter Dominiecki an ihre Zimmertür mit der Nachricht, daß ein auf dem Rückzug befindliches russisches Kavallerieregiment die Grenzen des Landguts überschritten habe.

»Die Offiziere sind auf dem Weg hierher, Hrabina, hierher, zum Haus. Was soll ich tun?«

Sie öffnete die Tür. »Sie willkommen heißen, Dominiecki. Sie werden uns Nachrichten bringen.«

»Es sind aber keine Edelleute!«

»Es sind Offiziere.«

»Ja, Pani Hrabina – aber Russen!«

Am späten Nachmittag durchquerte eine Gruppe von sechs Husaren in schwarzglänzenden Stiefeln die Eingangshalle. Helenas Mutter stand steif auf dem untersten Treppenabsatz. Der Oberst, ein ältlicher Moskauer Fürst mit schlaffen Wangen, küßte ihr die Hand. Er begrüßte sie in Pariser Französisch und stellte ihr seine Offiziere vor.

Sie verbrachten den Abend im Salon von Piesków. Als Helena, in der Hoffnung, nicht gesehen zu werden, sich hineinstahl, sprangen die Husaren auf. Sie baten sie ans Klavier: »Venez, Mademoiselle. On chante les chansons russes!«

Helenas Mutter entspannte sich das erstemal seit Wochen. Sie wies Dominiecki an, aus dem Keller Wodka zu holen. Dominiecki machte ein bedenkliches Gesicht: Russen im Haus war eines, aber ihnen Wodka zu geben, schien ihm sehr unklug.

Am Ende des Abends nahm der Oberst Helenas Mutter beiseite. »Ich möchte Sie dringend bitten, dieses Haus zu verlassen. Ein neuer Angriff steht bevor.«

»Ein Angriff?«

»Die Front ist sehr nah, Comtesse. Es ist eine Frage von Tagen. Sicherer wären Sie in Minsk, noch sicherer in St. Petersburg.«

Am nächsten Morgen brachte Helenas Mutter das ihr anvertraute Häuflein wieder auf den Weg. Der Gutsverwalter schickte seine Töchter mit.

Sie bewältigten die Wege des Landguts nur mit Mühe und gelangten schließlich auf die Straße nach Minsk. Der Schlamm war entsetzlich. Helena hat die Szene beschrieben: russische Soldaten, ihre Troßkarren und Kanonen; viele Verwundete; andere mit nicht mehr als Bastschuhen an den Füßen. Sie erinnerte sich an eine Gruppe von ihnen, die sich gegen die Rückwand einer festgefahrenen *taczanka* stemmten. Sie versuchten, sie freizubekommen, und als Helena vorbeifuhr, sah sie in der *taczanka* einen Mann an ein Maschinengewehr gelehnt sitzen. Er sah sie mit leerem Blick an. Er hatte beide Beine verloren.

Die Tage danach verschwammen ineinander. Helena schrieb:

… wie ich nach Petersburg gekommen bin, weiß ich nicht mehr. Ich erinnere mich an den ersten Tag, als wir durch die Infanteriekolonne fuhren; ich erinnere mich an die grauen Gesichter und die Kaleschen vom Roten

Kreuz. Ich erinnere mich an den Schlamm, den Regen und den *dwór* mit einer mit Seide ausgeschlagenen Galerie und aufgerollten Teppichen in der Halle. Ich erinnere mich an die Leiber in jedem Raum und an ein Flüstern: »Nein, Panna, nicht verwundet – Fieber.«

Mehr weiß ich nicht. Drei Tage später waren wir in Minsk. Meine Temperatur war schon am Abend des ersten Tages gestiegen. Tekla sagte, es sei Typhus. Sie schafften es, mich trocken zu halten, und irgendwie erreichten wir Minsk. Wo wir wohnten, weiß ich nicht, aber eines Tages sah Mama zufällig Onkel Nicholas' Bruder auf der Straße. Er war extra von Petersburg gekommen, um uns zu suchen. Er war ein wunderbarer, freundlicher Mann, damals Priester, und er besorgte uns Plätze in einem Zug nach Petersburg. Keiner glaubte, daß ich die Reise überleben würde. Der Zug war vollgestopft mit Hunderten von Flüchtlingen wie uns, überall lagen Kranke, und viele starben. Der Zug hielt jeden Morgen, damit die Toten weggeschafft werden konnten. Unter den Leuten im Zug war ein berühmter Chirurg, ein Freund von unserem Onkel, dem Priester. Mama erzählte, daß er während dieser Reise jeden Tag kam, mich untersuchte und mir Medizin gab. Der Mann hat mir das Leben gerettet.

10

Helena *verbrachte* die nächsten zwei Jahre überwiegend in Petersburg. Über diese Zeit schrieb sie später: »In vielerlei Hinsicht waren dies die glücklichsten Jahre meines Lebens. Ich wurde in Petersburg volljährig, gerade als die Stadt selbst im Chaos versank. Ich hatte nie zuvor solche Pracht gesehen, noch habe ich es seither . . .«

Sie war siebzehn, als sie ankam, naiv, zurückhaltend, die Wälder der Kresy gewöhnt und das provinzielle Leben in Wilna. Die Fotografien von ihr aus dieser Zeit sind alle verlorengegangen, aber in ihren nachträglich geschriebenen Petersburger Aufzeichnungen hat sie sich in Tinte porträtiert, so, wie sie sich in Erinnerung hatte, ein Mädchen im Pelz, mit Pelzmuff und Pelzhut, ein Mädchen von aufrechter Haltung und schlichter Eleganz.

In Petersburg ließ sie sich das Haar kurz schneiden – so, daß es bis zum Nacken reichte –, und diese Frisur behielt sie während ihres gesamten Erwachsenenalters bei. Sie schrieb, sie habe gelernt, »Kleider richtig zu tragen«, indem sie matte Farbtöne und die »klassische Linie« wählte, die ihr Vater sich gewünscht hatte. Es ist klar, daß sie bereits schön war, ebenso klar, daß sie gewöhnlich nicht darauf achtete, welchen Eindruck sie machte – bis es zu spät war. Noch immer geschahen ihr die Dinge. Doch Petersburg öffnete ihr die Augen.

Onkel Augustus – Onkel Priester – fand eine Wohnung für sie in einem Mietshaus unweit der Uliza Pestelja. Die getäfelten Wände waren tief burgunderrot lackiert, der son-

stige Anstrich war weiß, und die Wohnung war sehr klein –
vier Zimmer für Helena, ihre Mutter, ihre Schwester, die
Töchter des Gutsverwalters, Panna Konstancja und Tekla,
die in einer Besenkammer neben der Küche schliefen.

Helena teilte sich ein Zimmer mit ihrer Schwester. Das
Fenster ging auf einen schmutzigen Hof hinaus. Nachts
füllte sich der Hof mit Katzen, die in der Dunkelheit
kämpften und gellend schrien. Tagsüber sickerte diffuses
Licht in den kaminähnlichen hohen Schacht. In den ersten
Monaten war Helena krank; sie verließ kaum das Zimmer.
Von ihrem Bett aus sah sie den Schneeflocken zu, die in
spiraligen Windungen vom grauen Himmel herabschweb-
ten. Die Tage verrannen und schrumpften zusammen. Der
Arzt kam mit Stärkungsmitteln aus Mandelsaft. Einen
Großteil der Zeit schlief sie.

Weihnachten 1915 betrat Onkel Augustus die Wohnung
mit einem kleinen chinesischen Singvogel in einem Käfig.
Der Vogel hatte weißes Gefieder und einen roten Schnabel. Onkel Augustus hängte ihn in Helenas Zimmer auf,
und Helena taufte ihn Liki. Anderthalb Jahre trillerte Liki
in seinem Messingkäfig am Fenster. Er hüpfte zwischen
seinen Sitzstangen hin und her; er pickte nach den Sonnenblumenkernen, mit denen Helena ihn fütterte. Dann kam
die Revolution, und Liki verschwand. Sie konnte nie wieder Zeisiggesang hören, ohne an drei Dinge zu denken:
den Kulissenglanz von Petersburg, das Geschrei der
kämpfenden Katzen und den Anblick ihres Vaters, der sich
an der Ecke des Newskij Prospekts auf einen Stock mit El-
fenbeingriff stützte.

Mit dem neuen Jahr kam Helena zu Kräften. Sie konnte
gekochtes Gemüse essen und dann und wann Hering. Der
Arzt setzte den Mandelsaft ab und ging zu einer speziellen

Butter über, die ihm direkt aus Zentralrußland geliefert wurde.

Die letzten Januartage 1916 brachten einen frostigen Himmel und eine Reihe von polnischen Emigrantinnen in die Wohnung. Sie trugen Zobelpelze und dicke Juwelen, um sich für den Verlust ihrer Besitzungen zu entschädigen. Ihre Männer waren entweder im Krieg oder schon tot. Sie waren außerstande, ihr Unbehagen angesichts der kleinen Räume der O'Breifnes zu verbergen, stellten lauernd Fragen nach Essen, Wäsche und Dienstboten, und beugten sich bei Helena zur Tür herein, um sie zu begutachten.

Eine dieser Frauen war Pani Józefina Pawłowska, laut Helena »eine berühmte Schönheit«. Eines Tages erschien sie in einem knöchellangen Silberzobel. Sie blieb einen Augenblick an Helenas Bett stehen, die Hände ausgestreckt und die Augen halb geschlossen.

»Blau – ich sehe eine blaue Aura um dich!«

Sie setzte sich, schlug die Beine übereinander und zog an den Fingern ihrer schwarzen Handschuhe. »Ich habe von deiner Mutter einiges über dich gehört. Aber sie hat nicht gesagt, wie schön du bist. Niederträchtiges Weib! Hast du erst wieder ein bißchen Fleisch auf den Knochen, wirst du außergewöhnlich hübsch sein. Helenka, ich glaube, ich liebe dich schon! Versprich mir zu schreiben, wenn es dir besser geht, und ich schicke dir meinen Kutscher.«

Anfang Februar war Helena fast gänzlich wiederhergestellt. Jedesmal, wenn der Arzt mit seinem Musselinbeutelchen Butter ankam, bat sie ihn, sie nach draußen gehen zu lassen. Eines Februartages drehte der Arzt sich zu ihrer Mutter um und sagte: »Ça va! La jeune fille va bien.«

Eine Woche später hielt ein Schlitten im Hof und brachte Helena ins Pawłowskische Haus an der Moika. Sie stieg aus und betrachtete das Gebäude. Es war eher ein kleines Palais als ein Haus. Die Mauern waren blaßgrün, mit einer strengen Reihe kannelierter Pilaster zwischen den Fenstern. Eine große Kuppel, patiniert und voll Vogeldreck, krönte das Ganze.

Pani Józefina war in ihrem smaragdgrünen Boudoir mit Näharbeiten beschäftigt.

»Hela«, sie stand auf und küßte sie, »du siehst hundertmal besser aus.«

»Vielen Dank, Pani Józefina –«

»Aber nein! Für dich bin ich Tante Ziuta.«

»Ja, Tante Ziuta.« Helena ließ sich auf einem Rohrstuhl nieder.

»Fühlst du dich besser?«

Helena nickte.

Tante Ziuta lächelte ihr furchterregendes Beinahelächeln. Sie trug ein weißes Seidenoberteil und einen grauen Faltenrock. Alles an ihr wirkte frisch und elegant; sie sprach bestes Warschauer Polnisch und war es nicht gewohnt, unterbrochen zu werden.

»Also, jetzt möchte ich alles über dich wissen. Ich denke mir, daß du vom Leben nicht die geringste Ahnung hast. Deine Mutter! Ich nehme an, sie hat dir ein paar gute Gebete beigebracht und dir gesagt, du sollst dich vor Männern in acht nehmen. Hab' ich recht?«

Helena nickte.

»Nun ja, da du nun einmal hier in Petersburg bist, nehme ich dich unter meine Fittiche. Du wirst Teil meiner Familie sein. Mit mir wirst du das Leben kennenlernen.« Diesem letzten Wort verlieh sie eine eigenartige, zweideutige Betonung. Dann lächelte sie. »Und als Gegenleistung brauche ich deine Hilfe.«

»Hilfe, Tante Ziuta?«

Diese lächelte und fuhr sich mit der Hand über ihren

Schwanenhals. »Du wirst erfahren, Hela, daß es für mich nur eins gibt, für das sich zu leben lohnt, und das ist die Musik. Mein ältester Sohn hat eine Engelsstimme, einen Baß, der einem das Herz brechen kann. Er ist einsfünfundneunzig und macht mich ziemlich wahnsinnig. Er meint, er sei Sozialist. Er spaziert durch sämtliche Fabriken seines Vaters und predigt den Arbeitern. Sie halten ihn alle für verrückt. Er singt jetzt nicht mehr. Unsere Musikabende waren berühmt, aber jetzt hat er keine Zeit dafür. Und hier kommst du ins Spiel – verstehst du?«

Helena schüttelte den Kopf.

»Natürlich nicht – du hast keine Ahnung von Männern. Aber ich garantiere dir, wenn du anfängst, uns zu besuchen, wird er zu Hause bleiben, dich anstarren und sich heiser singen.

Der Rest meiner Familie ist uninteressant. Bei meinem Mann dreht sich alles immer nur ums Geschäft, Geschäft, Geschäft. Vermutlich wirst du meinen jüngeren Sohn Florian mit seinen großen Kalbsaugen recht gutaussehend finden. Aber er vergeudet seine Zeit mit naturwissenschaftlichen Büchern. Er hat überhaupt kein musikalisches Gehör.«

»Hela, *kochana*!« begrüßte Tante Ziuta Helena bei ihrem zweiten Besuch. Sie führte Helena durch eine Zimmerflucht voller Blumenarrangements in eine Bibliothek und einen langgestreckten Ballsaal. Am äußeren Ende dieser höhlenartigen Räume befand sich ein Arbeitszimmer. Dort, über einen Eichenschreibtisch gekrümmt, residierte der große Pan Pawłowski.

Als Tante Ziuta diesen Mann heiratete, wurde das in Warschauer Kreisen mehrheitlich als *mésalliance* betrachtet. Er hatte, wie Helena berichtete, ein schroffes Benehmen, war untersetzt und in seinen Gewohnheiten ziemlich animalisch. Es hieß, sein Großvater sei ein Posener Bauer gewesen. Doch er erwies sich als glänzender Finanzier und baute eine Reihe russischer Fabriken auf. Er häufte ein Vermögen an. In Petersburg fand man sich mit seinen weniger feinen Machenschaften ab: »Ce cher Pawłowski est tellement original. C'est un original – enfin!« Und Gesandte wie bakkenbärtige Aristokraten kamen, um in seinen tiefen Sesseln und Sofas Vertraulichkeiten auszutauschen.

Als Helena sein Arbeitszimmer betrat, erhob Pan Pawłowski sich und ergriff ihre Hände. Er sah sie durchdringend an und sagte: »Du besitzt große Schönheit, mein Kind. Was hast du damit vor?«

»Ich möchte an der Universität studieren.«

Er schüttelte den Kopf und lachte. »Nein, nein, doch das nicht. Mädchen wie du gehen nicht auf die Universität!«

Helena sagte nichts.

Später lernte sie seine zwei Söhne kennen. Sie gaben ein seltsames Paar ab. Der eine, Waldemar, war groß, dunkelhaarig, verbeugte sich, als sie ihm die Hand reichte; der andere, Florian, war über einen Kopf kleiner, mit riesigen grauen Augen, mit denen er sie auf eine verstörende Art und Weise anstarrte.

In jenem Frühjahr fand Helena ihr Leben beherrscht von der dominierenden Figur Tante Ziutas. Sie verbrachte sehr viel Zeit im Haus der Pawłowskis. Sie wurde zu allen Musikabenden eingeladen, und tatsächlich begann Waldemar weniger Zeit für Politik zu haben und mehr fürs Singen.

Manchmal holte Tante Ziuta Helena in der Nachmittagsdämmerung ab und machte mit ihr eine Fahrt durch die Stadt, zunächst im Schlitten und dann, im März, in einer alten und allzu reich verzierten Kutsche. Die Sonne duckte sich am Horizont; Petersburg ruhte auf seinem Morast. Es schwamm wie ein Schiff, und seine orangeroten, zitronengelben und limonengrünen Fassaden und Zuckergußkuppeln kamen Helena vor, als wären sie nichts als Akteure in irgendeinem bizarren Kostümstück.

Das ist das Leben, dachte sie. Das war, was Tante Ziuta gemeint hatte. Sie hatte bis dahin nur Wilna, Krakau und Warschau gekannt, aber Petersburg und seine Menschen schienen auf einer anderen Stufe zu stehen. In ihrem Kopf verbanden sich die Stadt und die Pawłowskis: Petersburg war so anziehend und so herzlos wie Tante Ziuta.

Sie sahen die Wachen im Paradeschritt vor dem Winterpalast auf- und abmarschieren; sie sahen Peter den Großen auf seinem sich aufbäumenden Bronzeroß. Tante Ziuta hatte lebhafte Ansichten über die russische Geschichte und erzählte Helena die interessantesten Anekdoten und Skandale. Sie führte sie durch die hellerleuchteten Geschäfte am Sabalkanskij Prospekt; sie kauften Pralinen und probierten Hüte, Pelze und Schuhe. Auf dem Trottoir des Newskij Prospekts zeigte Tante Ziuta ihr die Botschaftergattinnen, die Generäle, die Dumasozialisten. Einmal erhaschten sie einen Blick auf Rasputin, als er aus einer Kutsche torkelte.

Ende Februar lud Tante Ziuta Helena und ihre Mutter zu einer Galavorstellung von *Schwanensee* im Marientheater ein. Der Abend war eisig kalt. An allen Ecken häuften sich Schneeverwehungen. Alles schien dem Theatereingang zuzustreben. Koslinskij, ein Günstling des Zaren, tanzte die männliche Hauptrolle.

Helena hatte keine Erinnerung an das Ballett selbst – nur an einen Halbkreis von Fürsten und Großfürsten in weißer Gardeuniform auf dem roten Teppich im Foyer. Daß Zar Nikolaj II. höchstpersönlich in dessen Mitte stand, nahm sie kaum wahr. Seine Würdenträger überragten ihn. Sie glichen Unsterblichen, einem ordengeschmückten Pantheon, Wesen aus einer anderen Welt. Unter ihnen befand sich auch Fürst Jussupow (der später Rasputin ermordete), und sein Anblick war es, den sie im Gedächtnis behielt. »Ich habe nie einen so schönen Mann gesehen«, schrieb sie später. »Gott hat die Form zerbrochen, nachdem er Jussupow erschaffen hatte.«

Samstags gaben die Pawłowskis Tanzabende. Einen davon, kurz vor Beginn der Fastenzeit, ernannte Tante Ziuta zu einem Ball. Es war Pan Pawłowskis Geburtstag. Waldemar hatte sich überreden lassen, seiner Mutter zuliebe zur Eröffnung des Abends einige Mozartarien zu singen und anschließend, seinem Vater zuliebe, polnische Volkslieder zur Balalaika.

Hinterher trat er mit schweißglänzender Stirn zu Helena.

»Bravo!« sagte sie. »Dein Vater war begeistert.«

»Das ist mir ganz gleich. Ich habe nur für dich gesungen, Helenka.«

»O Waldemar, was für ein Blödsinn!«

Später tanzte sie mit ihm – eine Polka –, es war ihr erster Tanz auf einem Ball. Danach suchte sie ihre Mutter. Sie fand sie in Tante Ziutas Salon, wo sie in einer Gruppe von Polinnen saß und sich Kühlung zufächelte.

»Mama! Du hast den Tanz verpaßt. Ich habe mit Waldemar getanzt, und du hast es verpaßt!«

»Hat es dir gefallen, Liebes?«

»Oh, ja!«

»Nun, du wirst nicht noch einmal mit ihm tanzen.«

Der Abend ging weiter. Tante Ziuta saß, flankiert von einem Paar junger Husaren, vor den Musikern. Ein Lächeln knitterte ihr kaltes Gesicht. Vor ihr wirbelten

Mitglieder des Kadettenkorps über das Parkett. Mit ihren herausgeputzten Partnerinnen tanzten sie Polkas und Quadrillen, eine Écossaise und einen Pas de châle. Waldemars Mähne hüpfte über den Köpfen der Russen. Ein- oder zweimal durchquerte Pan Pawłowski den Ballsaal, die Hände auf dem Rücken, unempfänglich für alles ringsum, in tiefem Gespräch mit diesem oder jenem Minister.

Für Helena war der Höhepunkt des Abends die Heimfahrt. Vor ihr lag das mondbeschienene Petersburg; die Dächer waren weiß von Rauhreif, die Newa bugsierte ihre Fracht Eisschollen in den Finnischen Meerbusen. Helena, noch schwindlig vom Tanzen, lauschte unter ihren Pelzen dem Sirren der Kufen und dachte, wie schön es doch war, wieder allein zu sein.

Bald darauf nahm Tante Ziuta sie eines Abends beiseite. »Hela, ich weiß nicht, was los ist. Halb Petersburg ist in dich verliebt, und du nimmst nicht die geringste Notiz davon! Sieh dir deine Kleider an. Schämst du dich wegen deines Aussehens?«

»Nein.« Aber sie wußte, daß sie es tat.

»Wovor hast du Angst?«

»Ich weiß nicht.«

»Vor mir?«

»Nein, vor dir nicht«, sagte sie.

»Vor deiner Mutter?«

»Vielleicht.«

»Und sicher auch vor dieser eurer unglückseligen Kirche! Du mußt lernen, unbekümmert zu sein, Helena, merk dir das.«

»Unbekümmert?«

»Du mußt lernen, deine Schönheit wie einen Scherz zur Schau zu tragen. Je größer die Leichtigkeit, mit der du damit umgehst, desto mehr werden die Männer dich anbeten. Mach dir immer klar, daß Männer wie Hunde sind.«

Mit einemmal begriff Helena, daß sie nicht recht hatte. »Aber ich liebe Hunde, Tante Ziuta! Über alles!«

»Genau«, sagte diese, und ein träges Lächeln erschien auf ihrem Gesicht.

11

Im *Frühjahr* 1916 trafen die Kriegsnachrichten Petersburg
wie plötzliche Wetterwechsel, mal waren sie gut, mal
schlecht, immer überraschend. Die Deutschen hatten ihren
Vormarsch im Winter verlangsamt, aber sie hatten sich mittlerweile in Wilna festgesetzt. Graf O'Breifne, Helenas Vater,
hatte keinen Urlaub erhalten. Sein Regiment lag in Smo-
lensk, und seine Briefe berichteten von Schlamm und Epide-
mien und von Wölfen, die verscharrte Leichen ausgruben.

Eines Frühsommermorgens stieß Helenas Mutter einen
leisen Schrei aus und ließ die Zeitung fallen. »Großer Gott!
Stanisław Pawłowski ist tot!«

Sie ging hinaus, um Tante Ziuta anzurufen. Helena hob
die Zeitung auf; es stand keine Todesanzeige darin. Und als
ihre Mutter wiederkam, sah sie verwirrt aus. »Stanisław
selbst war am Telefon ...«

Drei Tage später hatte Pan Pawłowski einen schweren
Herzanfall; er war auf der Stelle tot. Die Trauerfeier fand in
der Katherinenkirche am Newskij Prospekt statt. Der Sarg
aus poliertem Ebenholz war mit Goldtressen umwunden.
Tante Ziuta stand daneben in einer dichten Mantille und
einem langen schwarzen Mantel. Während des gesamten
Gottesdienstes bewegte sie sich nicht ein einziges Mal. Als
die zahlreiche Gemeinde zum Gebet raschelnd nieder-
kniete, blieb sie stehen. Sie starrte geradeaus, als wäre sie in
Marmor gehauen: die Statue eines mythischen Imkers,
dachte Helena.

In den folgenden Wochen verbrachte Helena noch mehr

Zeit bei den Pawłowskis. Zunächst lähmte der Tod den Haushalt. Maria, die junge Tochter, aß kaum und fiel häufig auf einem der vielen Chintzsofas im Haus in Ohnmacht. Florian ging mit großen Schritten im Ballsaal auf und ab und hielt sich den Kopf. Tante Ziuta empfing niemanden. Sie saß aufrecht am Klavier und erfüllte das Haus mit dem Bom-bom-bom von Chopins *Marche funèbre*.

Inzwischen hatte Waldemar dem Sozialismus abgeschworen. Er bestellte die Leiter der väterlichen Fabriken einzeln zu sich und teilte ihnen mit, daß er die Nachfolge angetreten habe. Florian übernahm von ihm die Rolle des Hauptverehrers von Helena, und wenn er nicht gerade Kladden mit mathematischen Notizen füllte, verfolgte er jede ihrer Bewegungen mit seinen großen Kuhaugen.

Mitte Mai traf sie eines Nachmittags im Pawłowskischen Haus ein und fand Tante Ziuta Schuberts *Impromptus* spielend vor. Der Witwenflor war fort, sie trug ein gelbes Kleid. Die Sonne schien strahlend zu den geöffneten Fenstern herein; Glyzinienranken hingen von den Mauern.

Tante Ziuta stand auf und lächelte. »Waldemar ist bereit, heute abend zu singen, und ein fabelhafter Freund von ihm, ein Geiger, ist gerade aus Moskau eingetroffen.«

Pan Pawłowski, schrieb Helena, wurde nie wieder erwähnt.

Der Geiger erwies sich als Helenas Vetter Andrzej Mostowski. Sie hatte ihn zuletzt in Wilna gesehen, wo er bei den Tanzstunden ihren Aufpasser gespielt hatte. Er trug ein dünnes Schnurrbärtchen und wartete darauf, in die Armee einzutreten. Sie war außer sich vor Freude, ihn wiederzusehen.

Für Andrzej hatte Helena sich verändert. »All dies Gerenne durch den Wald hat eine Frau aus dir werden lassen!« neckte er sie.

»Unsinn, Andrzej!«

»Nein, es ist wahr.«

Und sie wußte, daß er recht hatte. In den warmen Monaten, die nun folgten, spürte sie in sich ein sonderbares Wohlgefühl. Sie bewegte sich in jenen großen Räumen an der Moika und nahm dabei die Dragoner und ihre rudelweisen Aufmerksamkeiten ebenso auf die leichte Schulter wie die lüsternen Großgrundbesitzer und begehrlichen Industriellen; sie tanzte und diskutierte, hörte Erstaunliches über das bäuerliche Rußland, über den Krieg, über Leute mit Namen aus Geschichtsbüchern. Sie lernte ein wenig Unbekümmertheit.

Und wenn sie diese Abende auf den gemächlichen Heimfahrten entlang der Newa unter dem taghellen Nachthimmel überdachte und alle Vorurteile und Falschheiten in Tante Ziutas Zirkel deutlich erkannte, wußte sie, daß Andrzej recht hatte.

Doch was sie selbst betraf, war sie nach ihrem eigenen Dafürhalten noch immer der reinste Grünschnabel.

Eines Sonntagnachmittags, erinnerte sie sich, saß sie im Pawłowskischen Salon mit Lex Gintze, einem jungen estnischen Baron lutherischen Glaubens. Lex spielte Klavier. Helena dachte an fernliegende Dinge.

Plötzlich nahm Lex die Finger von den Tasten und drehte sich zu ihr um. »Panna Helena!«

»Ja.«

»Sie haben schöne Füße!«

»Was ...«

»Bildschöne Füße, Hela!«

»Was für ein Schwachsinn, Lex! Wie können Füße schön sein?«

Doch binnen eines Monats gab Lex bekannt, er wolle sie heiraten, und versprach, katholisch zu werden. Helena war entgeistert. Ihre Mutter ließ ihn höflich wissen, er möge warten, und nahm Helena beiseite, um sie dafür zu strafen, daß sie ihn ermutigt hatte.

Unterdessen kamen gute Nachrichten vom Krieg. An der polnischen Front hatte Brussilow es geschafft, die deutschen Linien zu durchbrechen, und ein paar Wochen lang ließ das Murren nach.

Ihren Vetter Andrzej sah Helena oft. Sie trafen sich bei den Musikabenden der Pawłowskis, die den Sommer über fortgeführt wurden.

Florian war jetzt anhänglicher denn je, zog Helena von der Musik fort, in die Bibliothek, wo er Diagramme von den Planeten zeichnete oder ihr erklärte, wie die Bäume sich mit Nährstoffen versorgten. Wenn Waldemar zu Ende gesungen hatte, kam er aus dem Ballsaal und rüffelte seinen Bruder: »Ach, Florian, hör doch auf, die arme Helena zu belästigen! Sie interessiert sich einfach nicht für deine gräßliche Naturwissenschaft!«

Er setzte sich dann ebenfalls neben sie und erzählte ihr von der Gefahr der Arbeiterbünde, von den Verbesserungen, die er für die Tischlerwerkstätten oder eine Rüstungsfabrik erdacht, und von den Einsparungen, die er erzielt hatte.

Andrzej war ihr einziger Lichtblick. Er kam herein, legte die Geige hin und gab dann eine perfekte Nachahmung der Gäste zum besten, der Generäle, der Politiker, all der Männer, die seit dem Tod Pan Pawłowskis um Tante Ziuta herumscharwenzelten. Besonders gut gelang ihm stets ein italienischer Graf mit seinem Standardrepertoire schlecht gesungener Arien. »Und dann rutscht er auf den Knien zu ihr hin, so: ›Ihre Augen wie Juwelen, Liebste! O mein ʿerz, er ein Backofen ...‹«

Zu Andrzej entwickelte Helena eine engere Beziehung;

er war der erste Mann, mit dem sie reden konnte. Er war der erste Mann, mit dem sie gern zusammen war, dessen Aufmerksamkeiten ihr kein Unwohlsein verursachten. Möglicherweise, schrieb sie, liebte sie ihn sogar.

Für den Juli und den August zogen die O'Breifnes mit auf die Pawłowskische Datsche. Die Datsche befand sich in einem Dorf nahe Terioki in Finnland. Das Dorf lag inmitten unendlicher Wälder und war kaum mehr als eine lange Reihe von Holzhütten und rauchgrauen Birken. Am anderen Ende hatte man eine Gruppe größerer Häuser gebaut, und eines davon war das der Pawłowskis.

Auf den Dorfwegen wuchs federndes Moos. Auf ihnen zogen langgliedrige Finnen einher, blaßgesichtig und schweigsam. Sie hielten Äxte umklammert. Aber in dem Dorf passierte nie etwas; es war ein Ort idyllischer Ruhe und machte Helena seltsam beklommen.

Jeden Morgen ging sie in die lutherische Kirche, einen kleinen Holzbau, der nach Staub und Kampfer roch. Helena, die immer eine dunkle Samtjacke trug, setzte sich stets auf dieselbe Seite. Der Gottesdienst wurde von einem weißbärtigen Geistlichen und seinem frommen Sohn Peter abgehalten. Unter den strohblonden Haarfransen pflegte Peter Helena über den Rand des Abendmahlkelchs hinweg anzustarren und durch Hochziehen seiner strohblonden Augenbrauen aufzufordern, das Sakrament zu empfangen. Sie gewöhnte sich an, rasch den Blick zu senken.

Eines Nachmittags aber klopfte es, und vor der Tür stand Peter. Er hielt einen Strauß Vergißmeinnicht in der Hand. Er trug einen grauen Anzug und eine leuchtendblaue Krawatte. Er bat Gott um Vergebung und sagte auf englisch: »Miss Helena, you are the most woman I have seen. Please come walking on me!«

Sie hielt es nur für recht und billig, nicht mehr zur Kirche zu gehen.

Helena lernte für ein Examen. Im Oktober sollte sie ein Englischdiplom ablegen, und eine Miss Gardner kam aus Petersburg, um ihr Stunden zu geben.

Miss Gardner war eine herumreisende junge Londonerin, die Onkel Priester soeben in die katholische Kirche aufgenommen hatte. Sie war erst zweiundzwanzig, hatte langes helles Haar, das sie sich bandagenähnlich um den Kopf flocht; sie trug grüne Blusen und Bernsteinketten. Helena fand den Unterricht bei ihr sehr langweilig. Sie erinnerte sie an ihre Mutter, und das nahm ihr immer alle Lust.

»Also, sprechen Sie mir jetzt nach«, sagte Miss Gardner. »›From her unhasty mule she did descend, and on the grass her dainty limbs did lay...‹«

Helena wiederholte die Verse, aber in Wahrheit waren ihre Gedanken woanders – in Petersburg, in den Lindenalleen von Wilna, bei Andrzej. Der Anblick des gezackten Horizonts aus Bäumen vom Fenster aus wurde ihr vertrauter als irgend etwas von Wordsworth, Spenser oder Chaucer.

Helena verfiel in hochsommerliche Lethargie. Zur Gesellschaft in ihrem Alter hatte sie nur Maria Pawłowska. Florian war zwar auch da, aber sein Verhalten war selbst für jemanden wie ihn sehr sonderbar. Er stand lange vor den anderen auf und stolperte zur Frühstückszeit bei der Vordertür herein, mit flackerndem Blick, den Mantel dornengespickt.

Er wollte nichts essen, und Tante Ziuta gab es schließlich auf.

Eines Abends war Helena zum Blumenpflücken ein

Stück weit in den Wald gegangen. Die Schatten lagen düster über dem Weg. Am obersten Kronensaum der Kiefern tanzten Mückenwolken vor blauem Himmel; in den Wipfeln schlugen Finken. Harzgeruch verdichtete sich in der Sommerluft.

Helena murmelte träge vor sich hin: »... And on the grass her dainty limbs did lay... and on the grass her dinty dibs did lay... and on the path the stupid *anglais pays*... and on the grass...«

Als sie sich bückte, um eine Orchidee zu pflücken, sah sie eine Gestalt durch die Bäume wandern. Es war Florian. Er sah sie und kam zu ihr her. Er sagte nichts. Seine Schläfen waren schweißnaß und seine Augen weit aufgerissen. Er stand da, hechelnd wie ein Hund, dann streckte er die Arme nach ihr aus. Helena ließ ihre Blumen fallen und rannte zum Dorf zurück.

Ein paar Tage später, in der zweiten Augustwoche, kamen Waldemar und Andrzej zur Datsche hinaus, und Helenas Tage hellten sich auf. Andrzej war gerade ins Kadettenkorps eingetreten und brachte sie alle damit zum Lachen, daß er die russischen Offiziere nachäffte.

Ungefähr zur Mittagszeit beluden sie jeden Tag ein Pony mit Eßsachen und zogen mit ihm durch den Wald zur See. Es gab dort eine Stelle mit einem kurzen Steg, wo man schwimmen konnte.

Helena, Waldemar und Florian saßen oberhalb des Wassers nebeneinander auf dem Erdwulst, der über die Felsen ragte. Andrzej schwamm, und vom Wasser wehte ein kühler Wind.

»Petersburg verändert sich«, sagte Waldemar.

Helena sah ihn an. »Was ist passiert?«

»Versammlungen, andauernd diese Versammlungen. Niemand ist glücklich über den Krieg. Ständig dieses Gerede gegen die Zarin und Rasputin. Letzte Woche habe ich drei meiner Betriebsleiter entlassen müssen, weil sie ein Arbeiterbündnis organisierten.«

»Vor einem Jahr hast du selbst noch Arbeiterbündnisse organisiert!« verspottete Florian seinen Bruder.

»Du hast ja keine Ahnung, Florian.«

»Heuchler!«

»Was weißt du vom wirklichen Leben? He? Du stopfst dir bloß den Kopf voll mit deinen Planeten und sinnlosen Summen ...«

Florians Augen verengten sich; er stand schwerfällig auf. Mit stierem Blick schaute er auf Waldemar, auf Helena, dann verschwand er im Wald. An dem Tag bekam niemand mehr ihn zu Gesicht.

Der nächste Morgen war heiter und kühl. Um das Haus lag dick der Tau. Helena ging nach dem Frühstück hinaus, hielt sich aber an die Straße, damit ihre Schuhe trocken blieben. Die Wiesengräser hingen voller Altweiberfäden; in der Frühsonne funkelten sie wie Wasser.

Ein kleines Stück unterhalb des Hauses traf sie auf Florian. Er lächelte und grüßte sie mit einer angedeuteten Verbeugung. »Panna Helena.«

Er wirkte ruhig, und Helena empfand ein merkwürdiges Mitleid mit ihm. Sie hätte ihm gern geholfen. »Was ist los, Florian?«

Er schüttelte den Kopf.

»Irgend etwas ist los. Sag's mir.«

Er brach von einer Lärche einen toten Ast ab. Sie sah zu, wie er ihn in zwei Teile knickte; dann zerbrach er die zwei Stücke in vier, und so immer weiter, bis die Stücke schließlich zu klein waren, als daß man sie noch weiter hätte zerbrechen können. Er warf sie weg.

»Was ist, Florian?« wiederholte sie.

»Du bist es, Hela.«

Sie sagte nichts.

»Ich liebe dich.«

»O bitte, nein!«

»Ich möchte dich heiraten.«

»Nein!«

»Warum nicht?« Sein Blick war wild.

»Darum nicht.«

»Ist es Andrzej? Würdest du Andrzej heiraten?«

»Ich weiß nicht. Er hat mich nicht gefragt.«

»Aber wenn er dich fragen würde?«

Helena zuckte die Schultern. »Vielleicht.«

Florian blieb abrupt stehen. Er ballte die Hände zu Fäusten, lockerte sie wieder und starrte stumm auf seine Handflächen.

Helena drehte sich auf dem Absatz um und ließ ihn stehen. Es war Zeit für Miss Gardner.

Später am selben Vormittag fand ein Finne Florian in einem Farnstreifen hinter dem Dorf. Neben ihm im Gras standen Pilze. In der rechten Hand hielt er Andrzejs Dienstrevolver; der Lauf steckte in seinem Mund.

Der Adlerfarn rings um seinen Körper fing gerade an, sich herbstlich braun zu verfärben.

Helena sagt in ihrem Bericht nichts über ihre Reaktion auf Florians Selbstmord. Sie erzählt lediglich, daß Tante Ziuta – seine Mutter – sie als erstes umarmte und zu ihr sagte: »Es war nicht deine Schuld, mein Liebling, und jeder, der das behauptet, bekommt es mit mir zu tun.«

Sie hoffte auf Trost von Andrzej, doch beide merkten sie, daß sich etwas verändert hatte. Auch als sie wieder in Petersburg waren, war es nicht mehr dasselbe. Die Augenblicke des Schweigens zwischen ihnen waren verschattet und angespannt. Florian war immer da, so wie er es im Leben gewesen war.

12

I*m Herbst* 1916 gab es viele Streiks. Die Tore der Petersburger Gießereien und Tuchfabriken blieben oft geschlossen. Gruppen von Arbeitern versammelten sich davor, wärmten sich die ausgestreckten Hände über Kohlenbecken. Bei den Docks standen gewisse Männer auf umgedrehten Fischkörben und hielten Reden über Dinge, die nur wenige ihrer Zuhörer zu verstehen schienen. Die Tage wurden kürzer; die Reden länger.

Manchmal waren berittene Polizeitrupps überall in der Stadt postiert. Sie führten lange Spieße mit sich und trugen Überzieher, die sich über den Sätteln bauschten. Die Pferde stampften ungeduldig, aus ihren Nüstern dampfte der Atem. Helena gesteht in ihrem Bericht, daß sie von den zunehmenden Spannungen nichts gemerkt habe. Immer aber habe sie die Pferde wahrgenommen.

Sie bestand die Prüfung mit Auszeichnung. Die Leiter der englischen Schule – ein seltsames Paar, bekannt als Miss Sanders und Mr. Pike – sagten, es sei im Krieg nicht möglich, Lehrer aus England zu holen, wie es ihrer pädagogischen Linie entspräche, ob sie vielleicht eine Klasse übernehmen könne?

»Die herrliche Sprache Shakespeares verbreiten«, seufzte Miss Sanders. »Gewißlich eines der edelsten Dinge, die ein junger Mensch tun kann.« Und Helena fühlte sich genügend geschmeichelt, um einzuwilligen.

Angetan mit einer grauen Strickjacke, stieß sie daher am Montag darauf um fünf Uhr nachmittags eine Milchglastür mit der Aufschrift »FORM IV – Berkshire (Only English spoken)« auf. Ein Pulk starr auf sie gerichteter russischer Augen begrüßte sie. Man hatte ihr eine Klasse mit dreiundzwanzig Kanzleibeamten zugewiesen.

Sie stellte sich auf englisch vor. Die Augen starrten weiter.

Sie stand vor der Tafel und legte die Hände auf die Lehne ihres Stuhls. »What is this?«

Die Augen blinzelten.

»This is a *chair*.«

»A *sheer... a cheer... a jair...*«

Die erste Stunde war eine zähe Angelegenheit. Keiner aus der Klasse konnte ein Wort Englisch, und Helena war schüchtern. Sie war nie mit so vielen Männern allein in einem Raum gewesen.

Doch in den nächsten Wochen machten sie Fortschritte. Die Kanzlisten erwiesen sich als wißbegierig und gutmütig. Helena fing an sie zu mögen, und manchmal dehnte sie den einstündigen Abendunterricht auf zwei oder sogar drei Stunden aus. Bald lasen sie schon die Äsopschen *Fabeln* und führten stockende Diskussionen über Ziegen, Löwen und Vögel. Der Schnee lagerte sich bogenförmig an den Fenstern ab und dämpfte die Straßengeräusche.

Vielleicht hat Miss Sanders recht, dachte Helena. Sie erwog, Lehrerin zu werden, um die »herrliche Sprache Shakespeares« verbreiten zu helfen.

In Petersburg verfügten die O'Breifnes nur über sehr wenig Geld. Ihr Leben war bescheiden und einfach, und Helena störte das. Als sie ihr erstes Gehalt bekam, sagte sie zu ihrer Mutter: »Schluß mit der Sparerei!«, ging in den Gostinyj Dwor und kaufte ihr eine Armbanduhr. Es war ein Geschenk mit Widerhaken. Die Beziehung zwischen

Mutter und Tochter verschlechterte sich zusehends. Eines Sonntagnachmittags kam Helenas Mutter dazu, wie diese sich am Telefon bei Andrzej beklagte. Sie schrie sie an: »Nur Näherinnen telefonieren mit Männern!« und riß ihr den Hörer aus der Hand.

Helena drehte sich zornig zu ihr um. »Mama, er hat etwas gesagt ... Andrzej hat gesagt, er habe Papa gesehen. Wieso weiß ich nichts davon? Warum wohnt er nicht hier bei uns?«

»Das geht dich nichts an. Er ist krank.«

»Er ist mein Vater! Ich möchte ihn sehen.«

»Das werde ich nicht zulassen.«

Doch über Tante Ziuta fand Helena heraus, daß er sich eine kleine Wohnung am Newskij Prospekt genommen hatte. Auf der Stelle ging sie dorthin. Im Hof war der Schnee nicht geräumt. Sie stieg die Treppe hinauf, und als er die Tür öffnete, mußte sie sich zusammenreißen, um ihn normal zu begrüßen. Er sah sehr krank aus. Sein Gesicht war ausgezehrt und fahl; die Uniform hing ihm lose um Schultern und Hüften. Er hatte schwarze Flecken unter den Augen, und doch wirkte er seltsam verjüngt. Er wies Helena einen Schreibtischstuhl an und setzte sich ihr gegenüber.

»Hela, meine liebe Hela!« Er lehnte sich vor und ergriff ihre Hand. »Du bist erwachsen, Helenka. Du siehst wohl, daß deine Mutter und ich nicht miteinander auskommen.«

»Aber warum, Papa?«

»Ich sollte ihr versprechen, die Frau nie wiederzusehen, die ihr Tante Janienka nennt. Das Versprechen konnte ich ihr nicht geben, also will sie nichts mehr von mir wissen. Sie braucht mich nicht mehr.«

»Wie können wir uns sehen? Ich muß dich sehen, unbedingt!«

Er hob die Hände und lächelte. »Schon gut, Hela, laß uns folgendes tun. Ich werde dich jeden Abend von der Englischschule abholen, wir gehen zu mir und essen hier zu Abend, und danach bringe ich dich nach Hause. Erzähl deiner Mutter, daß du in der Schule ißt, und niemand wird Fragen stellen.«

Seither saß er jeden Abend auf einer Holzbank im Eingangsflur der Englischschule und wartete darauf, daß Helenas Unterricht zu Ende war. Und unter den grinsenden russischen Kanzlisten und dem spärlich bestückten Kollegium begann das Gerücht umzugehen, dieser Mann, dieser schneidige Achtundvierzigjährige, sei in Wirklichkeit ihr Verlobter.

Sie tat nichts, um das in Abrede zu stellen. In ihrer Gegenwart nannte sie ihn József. Er wiederum gewöhnte sich an, ihr Geschenke mitzubringen, Pralinen oder Blumen; bisweilen warf er sich in Uniform, und Miss Sanders flüsterte Helena zu: »So ein gutaussehender Mann. 1917 wird Ihr Jahr, Miss O'Breifne, ich weiß es! Eine wunderschöne Frühlingshochzeit!«

Mr. Pike legte ihr onkelhaft den Arm um die Schulter und warnte sie vor Männern, die »Schürzenjäger und Schufte« seien.

Doch unterdessen wurde Helenas Vater immer schwächer. Weihnachten gaben sie ein Fest in ihrer Wohnung, und er kam und saß in einer Ecke. Mit zwanzig Personen war die Wohnung voll. Sie machten sich über die zwei Gänse her, die Tekla irgendwo aufgetrieben hatte. Laute Trinksprüche und lautes polnisches Singen erfüllten die Räume.

Auf dem Höhepunkt des Fests sah Helena sich um und stellte fest, daß ihr Vater fehlte. Sie ging in die hinteren Räume und fand ihn in ihrem Zimmer. Er saß auf ihrem

Bett, über einen Eimer gebückt, und erbrach sich. Er versuchte das lachend herunterzuspielen: »Die Ärzte haben mir gesagt, daß mein Magen sich verengt. Die Lösung ist ganz einfach, Hela, ich muß nur weniger essen!«

»Geschichte«, hatte Tante Ziuta an einem jener Sommerabende an der Moika gesagt, »ist wie ein Hase, der im Gebüsch wartet.«

Jetzt war es Winter. Die Moika war zugefroren. Petersburg pflügte sich durch die Eiswüsten des neuen Jahres. Die Sonne schien gelb auf der Unterseite der Wolken. Manchmal wehte ein scharfer Wind, er blies heftig über die leeren Plätze und suchte in den Straßen nach lockerem Schnee. Schlitten fuhren hin und her und hielten nur widerwillig an; niemand ging einkaufen, da es nichts zu kaufen gab. Die Newa, auf der erst etwa einen Monat zuvor Rasputin durchs Eis gerammt worden war, erstreckte sich gleich einem weißen Niemandsland durch die Stadt. Berittene Polizei hatte die Brücken abgeriegelt; entfernte Rufe hallten vom Fluß her. Der Hase wartete im Gebüsch.

Im Februar wurde Helenas Englischklasse immer kleiner. Sie lasen *The Water Babies* von Kingsley, und aus den dreiundzwanzig grinsenden Kanzleibeamten wurden zwanzig, dann fünfzehn, dann zehn. Auf dem Newskij Prospekt wurde geschossen, und danach erschienen nur noch fünf; und an einem Tag, als es heftig geschneit hatte und die Straßen voller Truppen waren, schaffte es nur noch einer durchzukommen, Iwanienko, ein ernster Russe aus dem Uralgebiet. Er zog einen Topf Himbeermarmelade aus dem Mantel und gab ihn Helena. »Oh Miss! For you the jam! You must not go to hunger ...«

In dem Augenblick wurde die große Eingangstür aufgestoßen, und Helenas Vater stand außer Atem auf der Schwelle. »Schnell, Hela ... In den Straßen wird gekämpft ...«

Draußen hörte man Artilleriefeuer. Gruppen von Männern rannten durch die Straßen; einige waren mit Eissplittern von der Moika bewaffnet.

Die drei hasteten aus der Schule. Sie überquerten offene Plätze, Kreuzungen, passierten mit Brettern vernagelte Geschäfte und vereiste Straßenbahnen; sie kamen Straße für Straße voran, Einfahrt für Einfahrt. Helenas langer Rock war steif vom Schnee und schwang wie eine Glocke gegen ihre Filzstiefel. Die beißende Kälte griff ihren Rachen an.

»Schnell!« redete ihr Vater ihr gut zu. Aber auch er hatte Schmerzen. Er hielt sich die Seite. Iwanienko lief voraus, den Topf Himbeermarmelade fest gegen die Brust gepreßt, und hielt an jeder Ecke erst nach Barrikaden Ausschau.

Auf einer Brücke über den Gribojedowkanal standen drei Männer auf einem Lastschlitten. Sie sprachen zu einer kleinen Schar von Arbeitern und Soldaten mit Gewehren. Einige feuerten in die Luft. Iwanienko hielt einen Arm vor Helena und hielt sie auf. Sie gingen ein Stück zurück.

Auf der Rückseite des Gostinyj Dwor stolperten sie über eine Gruppe, die rote Fahnen hielt. Jemand sang die Marseillaise. Iwanienko drückte Helena in eine Einfahrt. Die Männer hatten einen Halbkreis um einen Polizeioffizier zu Pferde gezogen und brüllten ihn an. Er versuchte, seinem Pferd die Sporen zu geben, aber er war umzingelt. Einer aus der Gruppe erwischte die Zügel, und die anderen zerrten ihn aus dem Sattel. Der Offizier rutschte ab. Er versuchte wegzulaufen, aber sie stießen ihn zu Boden. Einer packte ein etwa faustgroßes Stück Eis und begann es dem Mann gegen den Kopf zu schlagen. Der Kopf sackte vornüber. Jemand zog ihn am Haar nach hinten. Sie schlugen auf ihn ein, bis er tot war.

Helena vergaß diese Szene nie; nie den Blick seiner Augen, nie sein Blut im Schnee. Es war der Augenblick, in dem die Welt für sie endgültig ihre Unschuld verlor.

Eine Zeitlang herrschte in der Stadt Chaos. Helena verließ das Haus nicht, nicht einmal um ihren Vater zu besuchen. Tekla kam nach stundenlanger Lebensmittelsuche oft nur mit einem einzigen Brotlaib oder etwas eingelegtem Gemüse zurück. Sie fütterte sie mit den neuesten Gerüchten – daß das Regiment der Wolhynier gemeutert hatte, daß Chabalow einen Gegenangriff vorbereitete, daß das Kadettenkorps den Winterpalast verteidigte, daß der Zar fort war; daß der Zar abgedankt hatte.

Und dann kehrte wieder eine Art Ordnung ein. Die Straßenbahnen und Busse fuhren wieder, und einige wenige Lebensmittel fanden den Weg in die Läden. Helena nahm ihren Unterricht wieder auf, und ihre Kanzlisten kamen wieder, einer nach dem anderen, abgemagert, mit schmalerem Grinsen, bis sie schließlich wieder dreiundzwanzig waren. Sie beendeten die *Water Babies* und gingen zu Kipling über.

Eines Nachmittags – es war ein Samstag, und die Linden überzog ein zarter Grünschimmer – ging Helena über das Marsfeld nach Hause. Sie erinnerte sich an die dunklen Wolken über ihr und an das elastische Knirschen des Schnees unter ihren Füßen. Sie hatte die Hände tief in den Manteltaschen vergraben. In einer Ecke am anderen Ende des Geländes erblickte sie eine Menschenansammlung. Davor stand ein Mann auf einer Holzkiste. Er trug keinen Hut, die Kälte schien ihm nichts anzuhaben. Sie näherte sich und konnte einzelne Worte ausmachen:

»Jeder Mensch ist Herr seines Geschicks ... Er muß sein

Schicksal selber gestalten und das seines Landes zu gestalten helfen ... Eure Zeit ist gekommen ...«

Wieder zu Hause, fand sie Onkel Augustus vor dem Kachelofen stehen.

»Onkel.« Sie reckte sich, um ihm einen Kuß zu geben, und fing dann an, sich die Handschuhe auszuziehen. »Auf dem Marsfeld hat heute ein komischer Mann geredet. Aber was für eine schöne Stimme er hatte! Und er schien sehr intelligent zu sein!«

»Wer war es?«

»Angeblich heißt er Lenin.«

Aber die Lage hatte sich nicht wirklich gebessert. Noch immer lungerten überall Männer mit finsterem Blick herum, noch immer wurde auf den Straßen geschossen. Wenn Helena mit einer Feldflasche mit Teklas Gemüsebouillon zur Wohnung ihres Vaters lief, sah sie in den Toreinfahrten häufig Leichen, die man dort hingeworfen hatte wie Abfall.

Auch ihr Vater war nach wie vor in beunruhigend labiler Verfassung. Helena verbrachte die Sonntagnachmittage bei ihm. Wenn er Schmerzen hatte, hielt er sich einen handtuchumwickelten Samowar an den Magen. Sobald die Schmerzen nachließen, schlief er ein. Sie beobachtete ihn beim Schlafen. Sie lauschte auf die französische Uhr aus Goldbronze, die Stunde um Stunde läutete. Immer kam der Punkt, wo seine Hände vom Samowar herabsanken, sein Kopf auf eine Seite rutschte und die Haut um die Wangen weicher wurde; dann schien er für eine Weile friedvoll zu sein.

Im April nahm Tante Ziuta Helena in ein Ballett im Marientheater mit. Obwohl sich in der Stadt vieles in Auflösung befand, war der Zuschauerraum voll, die Aufführung makellos. Für Helena hatte das Ganze kaum etwas von einem Spektakel an sich – ohne Seidengewänder und Juwelen, ohne Großfürsten, ohne Jussupow.

Hinterher kam auf dem Theaterplatz eine *babuschka* auf sie zu. Sie hatte blaue Augen und Maulwurfsfinger. Einen davon stieß sie nach Helena. »Ich habe einen Hut für dich, Mädchen, einen Trauerhut aus Krepp.« Sie stopfte Helena ein Stück Papier in die Hand.

Tante Ziuta führte Helena weg. »C'est rien. La femme est folle.«

Später glättete Helena den Papierfetzen. Eine Adresse stand darauf, irgendwo hinter dem Theater. Mehrere Tage danach machte sie sie im vierten Stock eines rußgeschwärzten Hauses ausfindig. Im Hausflur war ein Rohr leck, und das Wasser tröpfelte unablässig den Treppenschacht hinunter. Die Zimmer waren voller Menschen, die auf Strohmatratzen lagen. Sie wollte schon wieder gehen, als ihre *babuschka* mit einem Hut in der Hand über eine Reihe von Schlafenden auf sie zuhumpelte.

»Ihr Hut, Fräulein. Ich habe ihn für Sie gemacht.«

»Aber ich brauche keinen Hut.«

»Sie werden ihn brauchen«, sagte sie lachend, nahm die Kupons aus Helenas linker Hand und ließ sie mit dem Hut stehen.

Unterdessen ging es ihrem Vater immer schlechter. Er konnte nicht einmal mehr Teklas Brühe bei sich behalten. Die Ärzte entschlossen sich, ihn zu operieren, und am 10. Mai – dem 27. April nach dem alten Kalender – wurde er in ein großes Militärkrankenhaus gebracht. Helena, ihre Mutter, Onkel Augustus und Panna Konstancja warteten draußen.

Der Nachmittag war schon halb vorbei, als der Chirurg herauskam. Er lächelte; die Operation war erfolgreich verlaufen. Helenas Vater wurde auf einer Bahre hinausgerollt, und sie warteten darauf, daß er aufwachte.

Nach einer halben Stunde schlug er die Augen auf. Er drehte den Kopf Helena und ihrer Mutter zu und lächelte. Dann fiel er wieder in Schlaf. Kurz darauf öffneten sich seine Augen plötzlich erneut. Diesmal sah er überrascht aus. Der Professor stürzte zu ihm. Er faßte sein Handgelenk, beugte sich über seine Brust. Er rief nach einer Krankenschwester, und gemeinsam hämmerten sie auf seine Brust. Dann kniff der Professor den Mund zusammen und zog seinem Patienten das Laken über das Gesicht.

Helenas Mutter starrte auf die Bahre. Sie hatte sie zuvor im Traum gesehen, nach seinen »Besuchen« in ihren frühen Ehejahren. Diese flüchtigen Begegnungen hatten sie immer mit solchem Abscheu erfüllt, daß sie danach blind war, und das einzige, was diese Dunkelheit aufbrechen konnte, war dies: die Vision von ihrem Mann, wie er, nunmehr unschädlich, in ein weißes Leichentuch gewickelt auf einem Tisch lag.

In Polen war es Sitte, die Toten zu Hause aufzubahren und eine *chapelle ardente* abzuhalten, zu der Angehörige und Freunde kommen und beten konnten, bevor der Verstorbene begraben wurde.

Helena hätte gern eine *chapelle ardente* gehabt, aber ihre Mutter lehnte es ab. »Die Zeiten sind gefährlich, Liebes. Wir lassen das besser.«

Den ganzen nächsten Tag blieb Helena in der Wohnung. Sie saß da und trennte die Stickerei auf einem Kissen auf; Liki zwitscherte über ihrem Kopf. Gegen Abend konnte Panna Konstancja es nicht mehr mit ansehen. Sie nahm sie beiseite und sagte ihr, wo ihr Vater lag.

Der *dwornik* schob die Eichentür auf. Es war zehn Uhr

nachts und sehr kalt. Sie zog sich das wollene Schultertuch über den Mund und hastete den Kanal entlang. Niemand sonst war auf der Straße.

An diesen Weg hatte Helena nur verschwommene und bruchstückhafte Erinnerungen. Mechanisch folgte sie der Strecke. Sie überquerte die Newa, der Mond war im kabbeligen Wasser in Stücke zerbrochen. Dann war da ein weißbärtiger Nachtwächter, der sie unter freundlichem Gemurmel in einen Raum mit niedrigem Gewölbe und schlichten, in Nischen verborgenen Altären einließ.

Der Raum war voller Leichen. Sie lagen auf Steinsockeln und Tischen; sie lagen zwischen den Tischen auf Bohlen und losen Laufbrettern. Einige waren in Laken und Sackleinen gewickelt, andere hatten noch ihre Kleider an.

»Konterrevolutionäre!« flüsterte der alte Mann.

Ihr Vater lag in einer Ecke für sich. Er war noch immer in das Kliniklaken gewickelt. Sie nahm eine Kerze, setzte sich zu ihm und legte eine Hand auf das Laken. Der Kattun fühlte sich auf ihrer Haut warm und klebrig an. Ihre Fingerspitzen waren voll frischem Blut. Sie sprang auf. »Sehen Sie doch, er blutet! Er lebt!«

Der Nachtwächter ging zu ihr und schüttelte den Kopf. Er ließ Helena mit einer Handvoll Kerzen zurück, und sie saß die ganze Nacht da. Immer wieder döste sie kurz ein. Dann schlief sie richtig, und als sie aufwachte, waren die Kerzen heruntergebrannt, und die Schatten hatten sich zurückgezogen. Die Dämmerung war in dieses dumpfe Gelaß eingedrungen, und das Gesicht ihres Vaters war grau.

Die Wärter kamen die Treppen herunter. Sie gingen zum Waschbecken hinüber und schwatzten, während sie sich die Unterarme schrubbten. Dann zogen sie die Toten von den Sockeln herunter auf Steinplatten.

Wie betäubt sah Helena zu, wie die Leichen gewaschen wurden. Wie betäubt sah sie Tekla eintreten und Panna Konstancja und Onkel Augustus, der in einer der höhlenartigen Nischen die Totenmesse sprach. Sie blieb reglos auf ihrem Hocker sitzen, unfähig, irgend etwas anderes wahrzunehmen als das blasse schöne Gesicht Tante Janienkas, die sich vor dem Altar verneigte, und ihre träge, katzenhaft geschmeidige Art sich zu bewegen: dies war die Frau, die ihr den Vater genommen hatte. Es war das einzige Mal, daß sie sie sah.

Und dann, schreibt Helena, kam die nächste große Gedächtnislücke. Sie erinnerte sich weder an die Beerdigung noch an die letzten Tage in Petersburg, noch an den Güterzug, der sie in Eile fortbrachte. Sie hatte nur das Bild von sich selbst vor Augen, wieder in Piesków – eine teilnahmslose Gestalt in Schwarz, zu müde, um auch nur ein Wort von Dickens' *A Tale of Two Cities* in sich aufzunehmen, das ungelesen in ihrem Schoß lag.

13

Helena *verbrachte* den größten Teil des Sommers 1917 in Piesków, etwas nördlich von Minsk. Über diese Zeit schreibt sie:

> Wenn ich an jenen Sommer denke, sehe ich nicht die Ungewißheit vor mir, nicht den Schock unserer Flucht aus Petersburg, nicht einmal die Schwermut wegen meines Vaters Tod. Nein, es sind die sonnigen Tage, die Säulen des alten Herrenhauses, das Licht im Wald, wie es durch die Bäume fällt, das nächtliche Murmeln des Bachs und die Bank, auf der ich damals saß und den wieder und wieder gesagten leidenschaftlichen Worten der Verzückung und Liebe aus dem Mund des liebenswürdigen und gutaussehenden Medeksa lauschte.

Mit der Ankunft in Piesków setzten Helenas turbulenteste Jahre ein. Die Deutschen und Russen kamen und gingen; die Grenzen wechselten wie die Gezeiten, schwemmten die Menschen in andere Städte, andere Länder. Helena schildert Fuhrwerke und Fahrten durch den Wald und Nächte in jüdischen Herbergen. Doch etwas hatte sich gewandelt. Die Fahrten waren anders als die Flucht 1915. Die war ein Abenteuer gewesen. Jetzt war die Welt ein dunklerer Ort. Jeder, den Helena gekannt oder geliebt hatte, war entweder im Krieg versprengt oder tot.

Ihre Mutter, nun Witwe, verhärtete sich. Sie gewöhnte sich an, schwarzen Kaffee zu trinken und türkische Zigaretten zu rauchen. Sie war sehr darauf aus, daß Helena heiratete, konnte aber nicht ertragen, sie in männlicher Gesellschaft zu sehen. Helena schwor sich oft, sich von ihrer ganzen Familie loszusagen und ohne sie, ohne Verehrer allein in einer Hütte im Wald zu leben, umgeben von Hunden, Pferden und wilden Bienen.

Doch Medeksas Worte der Verzückung und Liebe waren sehr angenehm – so angenehm, daß Helena nach mehrwöchigem Lauschen überzeugt war, irgendeine Sünde begangen zu haben.

Medeksa war »alt« – über achtundzwanzig. Er hatte in den Rot-Kreuz-Einheiten in der Bukowina gedient und war nun in einem Kriegslazarett bei Pieskóv stationiert. Er war sehr belesen, in englischer wie französischer Literatur, und wenn die Rede auf Lyrik kam – was immer der Fall war –, zitierte er lange Passagen aus Baudelaires *Les fleurs du mal* oder Rimbauds *Une saison en enfer*. Er wußte, daß nur Worte der Schlüssel zu Helenas Herz waren.

Mit der Zeit kam ihre Mutter dahinter. Sie war sehr zornig.

Helena beruhigte sie. »Es ist alles in Ordnung, Mama …«

»Was soll das heißen, ›alles in Ordnung‹? Der Mann ist nicht vertrauenswürdig!«

»Ich werde ihn heiraten.«

»Was?« Sie zog heftig an ihrer Zigarette. »Man heiratet keinen Arzt!«

Die scharfe Reaktion ihrer Mutter brachte sie Medeksa nur näher. Er ging dazu über, ihr lange Briefe aus dem Lazarett zu schreiben, die er immer mit einem englischen oder französischen Verspaar einleitete und mit Apfelblüten parfümierte.

Im September erklärte ihre Mutter, sie zögen nach

Minsk. Es sei dort sicherer, sagte sie. Sicherer bei Onkel Augustus.

Auch er war vor dem wachsenden Chaos in Petersburg geflohen. Er war jetzt Bischof, und man hatte ihm in Minsk ein großes Haus in der Nähe der Kathedrale zur Verfügung gestellt. Es war ein schönes Haus, die Mauern bedeckt vom Gefieder wilden Weins, die hohen Räume von bischöflicher Pracht. Doch in jener dunklen Zeit wirkte es seltsam verlassen. Helena hatte immer das Gefühl, daß jemand fehlte, daß sie die Tür aufgestoßen und sich einfach Eintritt verschafft hätten.

Sie waren ständig hungrig. Jeder war hungrig. Dieser Winter war sogar noch schlimmer als der letzte. Sie versammelten sich im Eßzimmer und wußten, wenn Onkel Bischof das Tischgebet sprach, daß das, wofür sie Gott dankten, bestenfalls ein paar Würfel Pferdefleisch waren.

Helenas Großmutter war auch bei ihnen. Sie vergaß so gut wie alles und verbrachte ihre Zeit damit, friedlich summend im Empfangszimmer zu sitzen und braune Flanellhemden für die Armen zu nähen.

Am anderen Ende des Hauses wohnte ein junger Kurat, hoch aufgeschossen und dünn wie eine Pappel. Er malte Szenen aus dem Leben Christi: große Farbblöcke mit verzerrten vogelscheuchenähnlichen Figuren. Helena sah ihm oft beim Malen zu. Sie bewunderte die Sorgfalt, die er auf etwas verwendete, das im Ergebnis so langweilig war. Er hielt ihr Interesse für Bewunderung, und als er in einer Sondermission nach Rom abreiste, schenkte er ihr ein Bild von den Jüngern, wie sie durch ein Kornfeld gehen.

»Wie hübsch«, rief sie aus, »Boote auf einem herrlichen gelben See!«

Helena führte ihre Lehrtätigkeit fort. Sie gab zwei »geistig minderbemittelten« jungen russischen Fürstinnen Englischstunden. Dabei entdeckte sie ihre lebenslange Unduldsamkeit gegenüber dem Mittelmaß. Eines Oktoberabends kamen die Fürstinnen in Tränen aufgelöst zu ihr.

»O Helena! Wir müssen noch heute abend abreisen!«

»Wohin?«

»Fort!« sagten sie.

»Wohin fort?«

»Wissen wir nicht.«

»Warum müssen Sie denn abreisen?«

»O Helena, das wissen wir nicht!«

Typisch für sie, diese Antworten, dachte sie.

Doch der Grund stellte sich sehr schnell heraus. Ein paar Tage später, noch in derselben Woche – die Bäume waren kahl und bis auf die Krähen war alles nach Süden entflogen –, übernahmen die Bolschewisten in Minsk die Macht.

Über Nacht veränderte sich die Stadt. Männer mit roten Armbinden füllten die Straßen, spuckten Sonnenblumenkerne in den Rinnstein. Der bolschewistische »Gouverneur« kam zu Onkel Bischof und forderte ihn auf, Minsk zu verlassen. Der weigerte sich, und eines Nachts zerschossen sie die Fenster der Kathedrale mit Maschinengewehren. Am Tag danach scharten sich sämtliche Polen in Minsk um das Gebäude, und die Bolschewisten, die sich ihres Rückhalts noch nicht sicher waren, ließen sie in Ruhe.

Onkel Bischof grübelte über das Problem nach. Er beschloß, einen Empfang zu geben. Er lud die Polen ein und den bolschewistischen »Gouverneur«. Niemand rechnete damit, daß er käme, doch er tat es, ein jugendlicher Mann mit runden Brillengläsern, begleitet von zwei Kommissaren. Sie bemühten sich, die roten Seidenroben der Damen und ihren Schmuck nicht anzustarren, nicht die dreieinhalb Meter hohe Schusterpalme in der Zimmerecke und nicht die staubige Autorität, die die Porträts in dem Raum ausstrahlten. Sie gingen früh.

Das Fest zog sich bis weit in die Nacht hinein. Die Trinksprüche wurden weitschweifiger, der Gesang wurde lauter, das Tanzen schneller. Der Kurat fiel hinter ein Sofa. Helena tanzte gerade mit einem entfernten Vetter, als sie Medeksa im Eingang entdeckte. Doch bevor sie zu ihm hingelangen konnte, hatte Onkel Bischof ihn schon aufgefordert zu gehen.

Am nächsten Tag traf während des Frühstücks ein Brief ein, und das Eßzimmer füllte sich mit Apfelblütenduft. Helenas Mutter nahm den Brief, zerriß ihn und streute die Fetzen ins Feuer. »Dieser Mann ist nichts für dich, Helena.«

Den ganzen Winter hindurch schmiedete Helena Pläne, wie sie ihn sehen könnte; aus keinem wurde etwas. Sie sah ihn einzig bei der Abendmesse, wo er eine Bank hinter ihr saß, seine Augen in ihrem Nacken. Doch ihre Mutter war immer dabei, und es war nicht möglich mit ihm zu reden. Sowieso, schreibt sie, sei sie viel zu sehr mit Beten beschäftigt gewesen, als daß sie etwas hätte wahrnehmen können.

Außerhalb der Kirche wurde sie zunehmend zerstreut. Sie starrte in ihre Bücher, als wären sie auf urdu geschrieben. Sie lernte einen gütigen Priester kennen, Vater Rostowski, der ihr genau zuhörte und dann sagte: »Die Liebe ist wie Efeu, Panna Helena; sie wächst auch durch die dicksten Mauern.«

Vater Rostowski ging der Fall zu Herzen. Er traf sich mit Medeksa und sagte seine Hilfe zu. Er trug das Dilemma Onkel Augustus vor. Aber Onkel Augustus war sein Bischof und gebot ihm, sich nicht einzumischen; er beschuldigte ihn, sich zu benehmen wie ein Bolschewist, wie ein Trotzki der Familienangelegenheiten.

Helena jedenfalls war entschlossener denn je. Nach einer komplizierten Folge von Briefen, die über Panna Konstancja liefen, stahl sie sich eines Nachmittags aus dem Haus und traf Medeksa am Fluß.

Es war ein strahlender Wintertag. Unter ihrem dicken Mantel trug sie ein Sommerkleid; in seinem Knopfloch steckte eine Orchidee. Sie saßen zusammen auf einer Bank. Ringsum im Park spitzte das Gras durch Streifen von Eis; an den Bäumen zeigten sich winzige Knospen. Sie redeten über alles, über Essen und Musik, über Petersburg und Gott, über die Bolschewisten und Verlaine. Sie lachten unbeschwert, und Helena fühlte sich voll Schwung und glücklich. Dann fuhr er mit seinem Arm über die Oberkante der Banklehne und küßte Helena.

Helena sprang auf. »Medeksa!«

»Was ist?«

»Hältst du mich für ein Dienstmädchen?«

»Meine arme, arme Helena ...«

»Spar dir die ›arme Helena‹! Ich bin nicht eine von deinen Krankenschwestern.«

»Du und dein Getue! Du bist auch nicht anders als deine Mutter!«

Helena drehte sich um und ging, erschrocken, daß er recht hatte.

Die Wochen vergingen, und die Bolschewisten wurden stärker. Die Straßen waren von Soldaten in grauen Uniformen verstopft, die Rinnsteine von ihren Sonnenblumenkernen. Sie waren paarweise unterwegs, gestikulierten wild, spähten durch die Fenster verlassener Villen. Mehrmals drängelten sie sich an Onkel Bischofs Butler vorbei und durchstreiften die Zimmer. Nachts verschwanden Freunde. Onkel Bischofs Leben war bedroht. Er stellte an den Kirchen Wachen auf, und Helenas Mutter rief die göttliche Vorsehung an.

Und erneut griff die Vorsehung ein. Genau an dem Tag, an dem die Rote Garde die O'Breifnes hätte verhaften sollen, eroberten die Deutschen Minsk zurück. Gefangene wurden befreit, und eine Weile gab es Lebensmittel.

Deutsche Offiziere begannen zum Tee zu Onkel Augustus zu kommen; er war auf einem Jesuitenseminar in der Nähe von Innsbruck gewesen und sprach gutes Hochdeutsch.

Eines Tages berichteten sie, am Stadtrand von Minsk sei ein Lager, ein Flüchtlingslager voll vertriebener Polen. Helena bat, es sehen zu dürfen.

»Das ist nichts für junge Damen«, sagte ein Major.

»Das bedeutet, daß es sehenswert sein muß, Herr Major.«

Am folgenden Nachmittag ritt Helena, flankiert vom Major und seinem Adjutanten, durch die Straßen von Minsk. Arbeiterkommandos säuberten die Straßen von Kriegsschutt; den Stadtrand säumten Wachtposten; Helena wurde klar, daß sie seit neun Monaten nicht aus Minsk herausgekommen war.

Aber dann wurde der Himmel schwarz. Eine plötzliche Bö wirbelte den Staub von der menschenleeren Straße, und die Pferde scheuten; von der Ebene her grollte der Donner. Als es zu regnen anfing, sagte der Adjutant gegen den pfeifenden Wind: »Miss Helena, wir müssen umkehren!«

Am nächsten Tag kam Panna Konstancja mit einem Brief für Helena herein. Der Brief enthielt kein Versspaar und duftete nicht nach Apfelblüten:

Panna Hela,

ich hatte geglaubt, daß die Liebe, die ich in mir bewahrt habe, sich kein falsches Ziel gesucht haben könne. Ich habe nichts von Ihnen gehört und sehe Sie nun mit deutschen Offizieren ausreiten. Sie und Ihre Familie sind keine wahren Polen. Der einzige anständige Mensch unter Ihnen ist Ihre Großmutter, die zu den Armen und Gefangenen geht und eine gute polnische Patriotin ist. Nähmen Sie sich doch sie zum Vorbild ...

Sagen Sie sich von den Deutschen los. Medeksa.

Helena warf den Brief beiseite. Sie beantwortete ihn nicht. Statt dessen schrieb sie dem deutschen Major und äußerte noch einmal ihre Absicht, bei der ersten Gelegenheit das Lager aufzusuchen.

Nach zwei Tagen stand er vor ihr. »Fräulein«, sagte er und verbeugte sich leicht aus der Hüfte.

Sie ritten auf der Smolensker Straße aus Minsk hinaus. Nachts hatte es geregnet. Gewitterhitze drückte das Land nieder, und die Pferde waren bockig. Sie platschten durch die Pfützen; die Zügel hinterließen Schweißstreifen auf ihren Nacken. Der Major saß aufrecht in seinem Sattel, eine Hand auf dem Knauf.

Auf der Straße war kaum Betrieb – keine Fuhrwerke (der Krieg hatte alle Pferde abgezogen) und kein Vieh. Das Getreide sah sehr dürftig aus und war von Kletten und Disteln durchwuchert.

Nach Petersburg hatte Helena sich eingebildet, den Anblick von Elend gewöhnt zu sein. Sie hatte die Armen dort gesehen und die Toten. Aber nichts hatte sie auf dieses Lager vorbereitet. Hunderte und Aberhunderte von Menschen kauerten im Schlamm. Kinder mit bloßen Beinen lagen neben ihnen. Frauen trugen ihre Babys um die Brust gebunden. Gebückte Gestalten schlurften umher, sammelten Wasser aus Pfützen. Krankheit hing über diesem Ort wie eine Gewitterwolke. Jeder hier war krank – litt an Ruhr, an Typhus, war krank und verwitwet durch anderer Leute Krieg, anderer Leute Ideen, anderer Leute Revolution.

Helena sagt, sie habe den starken Drang verspürt umzukehren, den Wunsch, sich gründlich die Hände zu säubern, am Fenster in der Sonne zu sitzen und Bücher zu lesen. Doch der Impuls zu bleiben war stärker. Sie konnte die Augen nicht abwenden. Sie ritt im Lager herum, bis sich eine Gruppe von Frauen um sie bildete, die an ihren Röcken zogen und um Kleider und Essen bettelten.

Schweigend ritt sie mit dem Major zurück. Sie fühlte sich wie betäubt. Dann wurde sie zornig, dann wild entschlossen. Sie würde ein Komitee ins Leben rufen! Sie würde bei allen wohlhabenden Polen Spenden sammeln! Onkel Augustus würde Rom um Hilfe bitten! Sie selbst würde lernen, Kranke zu pflegen, zu verbinden, zu impfen, sie würde lernen, Arzneien zuzubereiten und auszugeben ... und dann dachte sie an Medeksa.

»Ich habe einen ganzen Tag damit verbracht, den Brief zu schreiben«, berichtet sie in ihren Aufzeichnungen. »Ich erzählte ihm von meinen Plänen; gestand demütig meine Fehler ein; sprach von der zeitlosen Würde, andere zu pflegen; ich sagte ihm, ich würde gern wie er meine Mitmenschen ärztlich behandeln und darüber alt werden. Ich sagte ihm, daß ich ihn liebte und daß es mir gleich war, was meine Familie dachte. Ich schrieb den Brief wieder und wieder, schwächte ihn ab, verstärkte ihn, bis ich den Umschlag schließlich versiegelte und ihn an sein Lazarett schickte.«

An dem Abend aß sie nichts. Sie wußte, daß sie sich praktisch festgelegt hatte, Medeksa zu heiraten – falls er noch Interesse an ihr hatte. Sie blickte sich am Tisch um, blickte auf ihre Mutter und den Bischof, den langen Tisch, das Silber, die Porträts und dachte: dies könnte der letzte Abend sein.

Und so war es auch. Am nächsten Morgen klopfte es um sieben Uhr früh an die Tür. Es war der deutsche Major. »Wir haben Nachricht von einem bolschewistischen Aufstand. Sie müssen auf der Stelle abreisen!«

Helena erwog zu bleiben, aber als sie die Geschwindigkeit sah, mit der ihre Mutter packte, wußte sie, daß sie ihr folgen mußte – so wie sie es immer getan hatte.

Vom Zug aus sah sie Minsk am Fenster vorübergleiten; sie schaute auf die Kirchtürme und Villen, die Straßenbahnen und Pflastersteine; sie sah, wie die Stadt niedrigen Hügeln wich, und die Straßen, die sich in die Ferne wanden. Dann fuhr der Zug in den Wald, und die Bäume versperrten ihr die Sicht. Helena sah weder Minsk noch Medeksa jemals wieder.

14

Es *war Frühsommer* 1918, als Helena und die O'Breifnes in Wilna eintrafen. Minsk, Medeksa, St. Petersburg, Helenas Vater – zahllose Städte und Übernachtungen – lagen hinter ihnen. Sie hatten nichts mitgebracht. Sie waren Flüchtlinge wie alle anderen. Sie waren Flüchtlinge seit jenem Tag 1915, als Helena die prämierten Pferde ihrer Großmutter die Mała Pohulanka hatte herauftraben sehen, auf der Flucht vor den Deutschen. Das war in Wilna gewesen. Der Kreis hatte sich geschlossen.

Aber noch immer war nichts entschieden. Die Bolschewisten waren im Anzug, und die Deutschen zeigten Zeichen von Schwäche. Zwischen beiden hatte sich ein Streifen nichtbesetzten und halbbesetzten Gebiets aufgetan. Wilna lag in diesem Gebiet.

Sie waren gerade erst ein paar Tage in Wilna, als Helenas Mutter verkündete, sie würden abreisen: auf den *dwór* einer Großtante – ein Haus mit pompösen weinroten Zimmern und einem Garten so trostlos wie Schnee. Nach einer Woche kehrten sie nach Wilna zurück; es war die Rede von Warschau, von Krakau, doch am Ende fuhren sie wieder auf den *dwór* der Tante, wo, wie Helena schreibt, ihre Mutter »den ganzen Tag in dieser Gruft von Salon saß und rauchte«.

Ein paar Wochen danach fing Helena zunehmend häufiger den Namen Platków auf – das war das Haus ihrer Großeltern, in dem sie aufgewachsen war, und mit dem Namen kam die Erinnerung an all ihre entschwundenen Vorkriegsgewißheiten.

Eine Woche später brachen sie nach Platków auf. Die Fahrt – auf Karren – dauerte fünf Stunden. Das Haus selbst war sehr heruntergekommen. Helenas Großeltern hatten es 1915 verlassen. Von den Wänden blätterte die Farbe, und an Dutzenden von Stellen trat das Mauerwerk zutage. Szymon, Platków Verwalter seit Menschengedenken, war tot. Tot war auch sein Hund Zółtaik. Die Ställe waren leer. Die Zuchtpferde in Rußland verloren. Nur Ewa stand auf der Treppe, um sie zu begrüßen – Ewa, die Wirtschafterin, die den Krieg über dageblieben und nun verwitwet war wie alle anderen. Sie stand da und winkte mit beiden Händen. Neben ihr standen drei deutsche Offiziere.

Platków war von den Verpflegungsoffizieren requiriert worden, die für den Nachschub an Milch, Eiern und Getreide aus den Dörfern zur Versorgung ihrer Truppen verantwortlich waren. Sie waren nicht erfreut, die Fuhrwerke zu sehen.

Helena fegte an ihnen vorbei und ging hinein, wanderte von einem Zimmer zum anderen. Die Wertgegenstände waren fort – 1915 nach Rußland gerettet und jetzt in bolschewistischer Hand. Die Zimmer, viele davon mit geschlossenen Läden, sahen wie Kasernenräume aus und rochen nach ungewaschenen Männern. Sie ging in den Garten hinaus. Der Wind pfiff in den Birken, und sie fragte sich, ob es wohl irgendwo irgend etwas gab, das vom Krieg unberührt war.

An dem Abend kam ein Mann auf einem Braunen die Allee entlanggeritten. Er stieg ab, übergab die Zügel einem seiner Offiziere und verbeugte sich. Er stellte sich Helenas Mutter vor als Freiherr von Sanden, Bezirkskommandeur.

»Selbstverständlich, Gräfin. Sie müssen Ihr Haus zurückfordern. Ich sehe zu, daß meine Leute ausquartiert werden.«

Und mit einem Zusammenschlagen der Hacken war Herr von Sanden fort. Von seinen Offizieren gehorsam eskortiert, trabte er unter den Kastanien davon.

In Platków gewannen die Tage bald ihren eigenen Rhythmus. Helena, ihre Mutter und Schwester, Panna Konstancja und Tekla – die fünf, die während der vergangenen drei Jahre zusammengeblieben waren – hatten in gewisser Weise das Gefühl, heimgekehrt zu sein.

Aber sie waren sehr isoliert. Sie lebten in einem Land, das überhaupt keines war. Niemand war für irgend etwas zuständig. Die Deutschen ließen Züge und Post nur ihren Bedürfnissen gemäß verkehren, mehr nicht.

»Wie Fische«, sagte Helenas Mutter. »Wir sind wie blinde Fische, die in einem Netz schwimmen.«

Sie teilte ihnen allen ihre täglichen Aufgaben zu. Helena mußte jeden Morgen von den Dorfhütten Milch holen, dann in alten Kesseln Lauge aufkochen, um Seife herzustellen; mit Tekla fabrizierte sie Weizenstärke. Ihre Mutter hatte ein paar Streifen Kautschuk in den Ställen aufgestöbert und machte sich daran, allen die Schuhe neu zu besohlen. Sie saß da, umgeben von Kleistertöpfen und Kaffeetassen und schlangenähnlichen Gummistücken, und schon bald humpelten alle durchs Haus, unentwegt über ihre nagelneuen Gummisohlen stolpernd.

Helena hatte ein Zimmer im Erdgeschoß – einen dunklen getäfelten Raum, der auf den Park hinausging. Dort, sagt sie, verbrachte sie ihre Nachmittage mit Lernen, die Ellbogen auf einen der Bände einer polnischen Geschichte Europas gestützt oder auf Macaulays *History of England* oder Bongands *Le christianisme et les temps présents*. Sie las stetig und mit Gewinn; die Bücher, das Zimmer und diese Monate der Ungewißheit blieben für sie auf immer miteinander verknüpft als ständige Mahnung an die Wirren Europas.

Helenas Mutter hatte eine alte Wilnaer Freundin wiederaufgetan – Tante Anna. Tante Anna war einst sehr schön gewesen. Ihre smaragdgrünen Augen und ihr langer Hals hatten Helena immer fasziniert, und als Mädchen hatte sie sich gewünscht, so zu sein wie sie.

Doch nun mit beinahe fünfzig war ihr Gesicht verbittert und ihr Haar zu einer starren ondulierten Krone frisiert. Nachdem ihr Mann ein paar Jahre zuvor in Petersburg gestorben war, hatte sie einen zehn Jahre jüngeren geheiratet. Jetzt haßte sie es, mit ihren Kindern gesehen zu werden, die jedermann daran erinnerten, wie alt sie war. Sie waren alle in Wilna, ihr jetziger Ehemann war im Krieg, und Helenas Mutter und sie saßen plaudernd und rauchend beieinander, spielten Karten und tranken endlos viele Tassen türkischen Mokka.

Mitte Juni kam Helena zur Mittagessenszeit vom Stall. Ein schwacher Apfelblütenduft hing in der Diele. Ihre Mutter saß mit Tante Anna auf der Terrasse, sie hielt einen Brief in Händen.

»Dein Dr. Medeksa ist in Wilna.«

»Laß mich sehen, Mama.«

Der Brief war auf dickem, schlechtem Papier geschrieben, und die Tinte war ein wenig in die Fasern eingesickert, so daß die Buchstaben zerlaufen waren. Ganz oben standen Zeilen von Keats, auf englisch. Der Brief schloß:

... Ich bleibe noch eine Woche in Wilna, bis zum 27. Juni. Komm also vorher, Helena, ich warte. Laß mich deine Antwort wissen.

Medeksa.

Tante Anna wedelte abschätzig mit ihrer Zigarette. »Laß sie ihn heiraten! Du hast genug Ärger mit ihr gehabt. Laß sie in irgendeiner scheußlichen Stadtwohnung hocken, während er geschlechtskranke Juden behandelt.«

Helena nahm den Brief mit. Sie ging durch den Garten, an den Sträuchern vorbei und zur Holzbrücke dahinter; sie lehnte sich an das Geländer. Sie las den Brief noch einmal; er ließ sie kalt. Sie konnte Medeksa nicht heiraten, jetzt nicht. Alles geschah zu schnell. Sie hatte ihn hinter sich gelassen.

In Platków hatte Tante Anna fast die ganze Zeit Abendkleider an. Sie besaß keine Sommerkleider. Ihre Aufgabe war es, die Rosenstöcke wieder in Form zu bringen, und so wanderte sie, rauchend wie ein Schlot, in einem blauen Ballkleid mit Puffärmeln im Garten herum. Panna Konstancja, die für Tante Anna keine Zeit hatte, sagte, sie sehe aus wie eine überzählige Kurtisane.

Niemand hatte irgend etwas anzuziehen. Helenas sämtliche Kleider waren verlorengegangen. Sie war aus Minsk geflohen mit nichts als ihrem anthrazitgrauen Trauerkleid.

Einmal war Bezirkskommandeur von Sanden bei ihnen vorbeigekommen und hatte ihr einen Ballen sandfarbenes Leinen verehrt, wie man es zum Einwickeln von Brot und Käse verwendete. Panna Konstancja hatte es zugeschnitten, plissiert und einen Rock daraus gemacht, dazu eine lange lose Bluse mit Matrosenkragen. Der Dorfschuhmacher nähte ihr ein paar Leinenstiefel, die durch ein Dutzend Ösen mit einem Hanfseil geschnürt wurden. Als die deutschen Offiziere sie so sahen, tauften sie sie »Mädel im Hafersack«. Tante Anna murmelte etwas von »Aufzug für Warschauer Schankmädchen«.

Freiherr von Sanden kam in dem Sommer regelmäßig nach Platków. Er überragte alle Männer, die Helena je gesehen hatte, um Haupteslänge; er war sicher über zwei Meter groß. Saß er auf seinem ebenso riesigen Braunen, streiften die Kastanienzweige sein Teutonenhaupt, wenn er aus der Allee herausritt. Wenn er die Damen begrüßte, brachte seine tiefe Verbeugung seinen Blick auf eine Höhe mit ihrem.

Im Juli hatte von Sanden Helena einen jungen Fuchs geschenkt, den sie Lisek nannte. Er schlief, zu einem rostfarbenen Ball zusammengerollt, auf ihrem Bett. Helena gegenüber war er so anhänglich wie ein Hund. Aber außer ihr ließ er niemanden an sich heran. Wenn sich irgend jemand ihrem Zimmer näherte, sprang er aus dem Fenster.

Doch als es Oktober wurde, hatte Lisek angefangen sich herumzutreiben. Er drangsalierte die Katzen und jagte die Gänse. Nachts schlich er um die Gehöfte. Als er anfing, Hühner und Jungkatzen zu töten, sagte Helenas Mutter, er müsse fort.

Helena fuhr mit ihm und Panna Konstancja auf einem Karren tief in den Wald hinein und setzte ihn dort aus; sie scheuchten ihn weg, und er verdrückte sich. In der Nacht weinte Helena um ihn.

Am nächsten Morgen zog sie ihre Vorhänge auf, und da stand er japsend vor dem Fenster. Sie versuchte ihn im Stall einzuschließen (er bellte die ganze Nacht). Sie legte ihn an eine lange Kette (er bellte wieder). Sie baute ihm ein Drahtgehege (er grub sich hinaus).

Zwei Tage versteckte er sich unter der Veranda, in einem Kellerschacht. Helena verkündete, er wäre wieder in die Wildnis zurück, und brachte ihm heimlich Möhren und Buchweizen aus der Küche. Dann wurde eine von Ewas Gänsen tot aufgefunden.

»Um Himmels willen«, sagte Tante Anna. »Erschießt das elende Biest!«

Aber Helenas Mutter ergriff ihre Partei. Sie fuhren erneut in den Wald, in die *puszcza* hinein. Sie fuhren mehrere Stunden und hielten an einem kleinen See. Das Wasser war blaugrau, und ringsum stand das grüne Band des Waldes. Ihre Mutter blieb im Karren sitzen, während Helena Lisek nahm und ihn am Wasser absetzte. Er schlabberte ein bißchen, hob den Kopf und rannte dann ohne einen Blick zurück zwischen den Bäumen davon.

Vom Dorf sickerten Gerüchte über Grausamkeiten durch. Im ersten Besatzungsjahr hatten die Deutschen vier Männer auf dem Dorfplatz erschossen, weil sie Proviant entwendet hatten. Ewa sagte, die Diebe seien deutsche Soldaten gewesen und die Dorfwohner seien unschuldig. Andere, die die Schande der Besetzung nicht ertragen konnten, waren im Wald untergetaucht und griffen gelegentlich Versorgungskonvois an. Zur Vergeltung waren mehrere Häuser niedergebrannt worden.

Dann war da die Geschichte mit Maria. Helena erinnerte sich an Maria als ein strahlendes Mädchen mit rosigen Wangen und dunklem Zigeunerhaar, das immer Äpfel aß. Sie war in Platków Küchenmädchen gewesen. Im Sommer 1916 hatte sie angefangen, regelmäßig zum Wodalkasee hinunterzugehen, wo sich die deutschen Soldaten an den langen Abenden trafen. Einmal hatte Ewa sie geschlagen; sie hatte sie nachdrücklich gebeten, nicht zu gehen. Maria tat es trotzdem, und eines Tages fand man ihre Leiche irgendwo im Schilf. Man hatte sie mit ihrem eigenen Haarband erdrosselt.

Doch für Helena ließ sich all das schwer in Einklang mit der Gestalt Herrn von Sandens bringen. In seiner Gegenwart schien der Krieg weit weg zu sein. Manchmal kam er an späten Sommernachmittagen, führte ein zweites Reitpferd am Zügel mit, und sie ritten aus – über die niedrigen Hügel jenseits des Sees, über die Felder und in die *puszcza* hinein. Er sang mit einer Baßstimme, die zwischen den Bäumen aufstieg. Er sang von seinem Schloß am Rhein und den schwarzen Vögeln, die um dessen Türme kreisten.

Den ganzen August und September hindurch holte von Sanden Helena einmal in der Woche zu einem Ausritt ab. An einem Abend, erinnert sie sich, hatten sie den Rückweg am Fluß entlang genommen. Sie waren abgestiegen, hatten die Pferde getränkt und sich ans Ufer gesetzt. »Der Winter kommt, Helena«, hatte er gesagt. »Wir brechen bald auf.« Dann hatte er sich ihr zugewandt und geflüstert: »Kommen Sie mit mir auf mein Schloß am Rhein mit den schwarzen Vögeln und dem Nebel. Heiraten Sie mich, Helena.«

Sie war zu überrascht gewesen, um zu antworten.

»Was sagen Sie dazu, Helena?«

Sie hatte gesagt, nein, sie könne ihn nicht heiraten. Sie liebe ihn nicht. Sie mochte ihn, aber sie liebte ihn nicht. Sie wußte inzwischen, was Liebe war, wirkliche Liebe, weil sie seit mehreren Wochen in einen Mann namens Józef verliebt war.

Zu der Zeit war Józef ein Mann von etwa fünfunddreißig Jahren. Teils litauischer, teils tatarischer Abstammung, hatte er eine flache v-förmige Stirn und einen dunklen Teint. Er besaß zwei Güter beiderseits von Platków und verbrachte seine Zeit damit, in einer grünlackierten *bryczka* zwischen beiden hin und her zu reisen. Wenn er an Platków vorbeikam, stattete er jedesmal einen Besuch ab.

Alles, was von einer langen Folge hochgezüchteten Adels übriggeblieben war, waren Józef und seine Mutter, die in Wilna lebte. Laut Helena galt sie als die »bestangezogene Frau der Kresy« – obwohl sie, seit ihr Mann vor fünfzehn Jahren gestorben war, das Bett nicht mehr verlassen hatte.

Józef hatte ihre Eleganz geerbt. Da er zu Hause keine Familie hatte, pflegte er, wenn er sich langweilte, einen Nankinggehrock anzulegen, in seine *bryczka* zu springen und »auf Tour« zu gehen – ein Ausdruck, den er selbst für sein unangemeldetes Auftauchen auf einem beliebigen Nachbargut gebrauchte. Da er unverheiratet war und ein fabelhafter Erzähler, war er gewöhnlich willkommen. Doch jetzt, da die *dwóry* großenteils verlassen waren, waren seine »Touren« auf Platków beschränkt.

Ende August war eine Hitzeperiode. Zwischen den aufgeheizten Tagen lagen aufgeheizte Nächte. In Platków versammelte sich die Hausgemeinschaft am Abend in gereiztem Schweigen auf der Veranda. An dem zweiten dieser Abende ratterte Józefs *bryczka* im bleiernen Dämmerlicht aus der Allee.

»Vollmond und eine warme Nacht!« rief er, als er die Stufen zur Terrasse hinaufstieg. »Sie wissen, was das bedeutet?«

»Liebe . . .« seufzte Tante Anna.

»Krebse!«

Józef bat Tekla, ein paar Kartoffeln einzupacken, und führte sie alle, mit drei Eimern beladen, hinunter zum Wodalkasee.

Der Mond hing dick und reglos am Horizont. Schilf stand dünnbeinig am Ufersaum. Dazwischen, zwischen diesem schmächtigen Röhricht, hielten unzählige Frösche ihre schleppenden Debatten ab.

Schnell flammte das Feuer auf. Aus den Birkenscheiten sandte es Funken empor, die einen kurzen Augenblick vor den Sternen glühten. Tekla schnitt Stecken für ein Gestell und hängte zwei Henkeltöpfe mit Wasser über die Flammen. Tante Anna saß daneben mit Helenas Mutter, einer Feldflasche mit schwarzem Kaffee und zwei Schachteln türkischen Zigaretten.

Józef ging mit Helena und ihrer Schwester ans Wasser, wies sie an, unmittelbar am Uferrand auf und nieder zu springen, legte sich selbst flach hin und ließ die bloßen Arme im Wasser schleifen. Die Krebse krochen vom Uferrand weg, und er fischte sie heraus.

Józef war ein glänzender Imitator, und als sie später im Schein des Feuers die warmen Schalen aufknackten, ließ er die Wilnaer Gesellschaft mit so viel Kunstfertigkeit wiedererstehen, daß es schien, als habe es nie einen Krieg gegeben. Die Nacht hallte wider von Tante Annas Lachen.

Es war schon nach Mitternacht, als Józef Helena allein am See entdeckte. Er ergriff ihre Hand. »Hela, ich liebe dich. Ich liebe dein Seidenhaar und deine dünnen Arme und die Sommersprossen auf deiner Nase. Ich liebe deinen fernen Blick und die Sterne in deinen Augen. Ich liebe dich, ich liebe dich, ich liebe dich.«

Und damit hatte es sich. Am nächsten Tag fuhr er weg. Helena wurde nicht klug daraus. Wann immer er nach Platków kam, passierte genau dasselbe: er benahm sich ihr gegenüber völlig normal, bis sie zufällig allein waren. Dann ergriff er ihre Hände und erzählte ihr von seiner Herzensqual und seiner tiefen Liebe. Aber nicht ein einziges Mal bat er sie, ihn zu heiraten.

Es bedurfte des Kutschers Stefan, um zu merken, was vorging. »Dieser Graf Józef kommt zu oft hierher. Was soll daraus werden, Panna Helena?«

»Ich weiß nicht, Stefan.«

»Nichts Gutes, das sage ich Ihnen. Er sollte mehr Zeit damit zubringen, seine undichten Dächer zu richten, als Sie hier zu belästigen.«

»Aber wenn ich ihn nun heiraten würde, Stefan? Du könntest kommen und für uns arbeiten und deine Zeit zwischen hier und dort aufteilen!«

»Ihn heiraten? Den bankrotten alten Tataren? Den sollen die Enten treten! Er hat Schulden, die er nie los werden wird.«

Das ist es also, dachte Helena. Darum hat er mich noch nicht gebeten, ihn zu heiraten – seine Schulden! Und für dieses noble Opfer, das ihr eine so tiefe wie blinde Bewunderung einflößte, begann sie Józef nur noch mehr zu lieben.

15

Der *Sommer* 1918 war heiß gewesen. Der Krieg war zum Stillstand gekommen, und das Land schöpfte Atem. Helena sah den Erholungsprozeß seinen Anfang nehmen.

Jeden Morgen ging sie die Auffahrtsallee hinunter, durch die Kirschgärten und über die Felder zur Messe. Zuerst hatte Roggen- und Gerstenflaum die Felder bedeckt. Dann reichten die Schößlinge Helena bis zum Knöchel, dann bis zur Wade, dann bis zum Knie. Im Juli trockneten die Halme ein und wurden gelb; die *parobcy* nahmen ihre Sensen vom Haken und zogen Mitte August in einem langsam ausholenden Tanz über die Felder. Sie banden das Getreide zu Garben und stellten es in Hocken auf, bis die Sonne es getrocknet hatte. Leiterwagen in langen Reihen fuhren die Garben in die Scheunen. Im September versammelten sich alle in der Kirche, um Gott für die Ernte zu danken. Alle waren sehr nervös angesichts des bevorstehenden Winters.

Die Herbstmonate über fuhr Touren-Józef fort, Helena seine Liebe zu bekunden. Sie war mit ihm zufrieden. Seine drängenden Aufmerksamkeiten waren ihr eine Beruhigung. Sie wußte, sobald seine Güter nach dem Krieg wieder in Ordnung gebracht wären, sobald er bereit wäre, würde er sie bitten, ihn zu heiraten.

Polen wurde frei. Niemand hätte gewagt vorherzusagen, was in Warschau in jenem November geschah. Am 11. November endete die deutsche Besetzung Polens. Die Soldaten wurden auf den Warschauer Straßen entwaffnet.

Piłsudski wurde aus dem Gefängnis entlassen, kam nach Warschau und wurde drei Tage später zum Staatschef ernannt. Zum erstenmal seit dem achtzehnten Jahrhundert war Polen wieder ein souveräner Staat.

Nach Platków gelangte die Nachricht an einem frostkalten Morgen mit dem Klang von Hufen in der Kastanienallee. Freiherr von Sanden ritt auf seinem Braunen unter den Bäumen hervor. Er schwang sich aus dem Sattel. Er verabschiedete sich einzeln von allen, die sich auf der Treppe eingefunden hatten, küßte den Damen die Hand, schüttelte sie den Männern. Dann verbeugte er sich vor ihnen und saß wieder auf. Sein Hengst tänzelte rückwärts, versuchte sich aufzubäumen, und von Sanden rief: »Gott segne Polen! Gott segne Sie alle!«

Dann riß er das Pferd herum und war auf und davon, ritt fort durch die Allee, fort aus ihrem Leben, zurück zu seinen schwarzen Vögeln und seinem nebligen Schloß am Rhein.

Im Dezember traf Onkel Augustus von Warschau aus in Platków ein. Er war zum Bischof von Riga ernannt worden und überbrückte die Zeit, bis er seinen neuen Sitz einnehmen konnte, in Begleitung eines jungen Kaplans, der ihm Lettisch beibringen sollte. Der Kaplan war blaß und schmal und sehr schüchtern. Wenn Helena abends mit Onkel Augustus beim Schachspielen saß, sah sie den Kaplan um die Ecke des Salons huschen und sich mit einem Übungsbuch zur lettischen Grammatik an seinen Bischof heranpirschen.

Weihnachten wurde in der großen Diele von Platków Christmette gehalten. Onkel Bischof stand auf der Treppe. Der Kaplan stand eine Stufe tiefer und hielt den Abendmahlskelch umklammert. Drei Soldaten – zwei Amputierte und ein vom Geschützlärm ertaubter Subalterner – saßen am Fuß der Treppe, während die anderen die Diele und die von ihr abgehenden Flure bevölkerten.

Hinterher standen die Dorfbewohner Schlange, um ihm den Amethystring zu küssen. Da sie sich unsicher waren, wie man mit einem Bischof verfuhr, ließen sie ihm Honig und Eier da, was er mit Freuden annahm, nur um diese Geschenke anschließend über verschiedene Kanäle wieder ins Dorf zurückzudirigieren.

Am Tag nach Weihnachten brach Onkel Bischof von Platków zu seiner Investitur nach Wilna auf. Helena und ihre Mutter begleiteten ihn, sie reisten zu dritt in der von Stefan kutschierten alten *bryczka*.

Jahre später urteilt Helena, daß dies die kälteste Reise war, die sie je unternahm. Jeden Tag blies ein scharfer Nordostwind. Die Pferdeschnauzen erforen und wurden weiß. In Stefans Bart wuchsen Eiszapfen. In der offenen Kutsche in dicke Pelze gemummt, sah Helena vereiste Zweige, grauen Himmel und zugefrorene Seen endlos an sich vorüberziehen.

Die erste Nacht verbrachten sie in einer Herberge, die von einem älteren jüdischen Ehepaar geführt wurde. Wegen der Kälte drängten sich alle in einem Raum. Sie aßen gefüllten Hecht und tranken jüdischen Met. Die Fenster waren von Eisblumen zugewuchert. Nach dem Essen kratzte der Alte auf seiner Fiedel und sang dazu. Dann breiteten sie ihre Pelze aus und legten sich schlafen, während die Wölfe vom Wald her heulten.

In der Nacht träumte Helena von ihrem Vater. Er versuchte ihr etwas zu sagen; er stand am Saum eines reifbedeckten Waldes und rief etwas, aber seine Worte verloren sich im Wind. Sie mühte sich, näher hinzugelangen, doch der Schnee war zu hoch. Sie versuchte, die Beine frei zu bekommen; sie wand sich und schwankte. Der Schnee ließ sie nicht los. Ihr Vater stand regungslos am Waldrand und rief. Sie wachte auf und zog sich den Pelz bis unters Kinn. Eine Weile lag sie so da und schaute auf das letzte Glimmen des Feuers. Am Morgen fand man eines der Pferde erfroren in seiner Box.

Sie kamen erschöpft in Wilna an. Alles hatte sich verändert. Ihr Haus in der Mała Pohulanka war unbewohnt, alle Läden waren geschlossen. Sie mieteten Zimmer bei Madame Jelenska, die wegen ihrer Leidenschaft für gute Werke als »Päpstin von Wilna« bekannt war.

Wilna selbst war verwahrlost und grau. Die Farben der Gebäude waren verblaßt; Rostspuren zogen sich an den Mauern hinunter. Die wenigen Menschen, die durch den ungeräumten Schnee wankten, trugen zerlumpte Schals und Schultertücher. Hohlwangige Soldaten der litauischen Armee, ebenso überrascht wie alle anderen, die Uniform ihres eigenen Landes zu tragen, patrouillierten in den Straßen.

»Diese Litauer«, höhnte Helenas Mutter, »haben keine Ahnung, was Fröhlichkeit ist. Wenn sie Polen wären, wüßten sie, wie man feiert.«

Onkel Augustus' Investitur fand am nächsten Tag statt. Die Stanislauskathedrale war eiskalt, aber voller Menschen. Helena hatte sich einen langen grauen Rock geliehen und eine dunkle Filztoque. Sie trug eine Aquamarinkette. Ihre Mutter und sie standen in der Nähe des Altarraums. Sie sah Onkel Augustus sich auf den Altarstufen niederwerfen, das Kinn im Staub. Sie sah, wie die Priester ihn mit flackernden Kerzen umstanden. Sie hörte die Chöre und ihre Weisen, das Donnern der Orgel und fühlte die alte Glut ihrer Vorkriegsfrömmigkeit.

Nach drei Stunden wandte Onkel Augustus, nun Bischof von Riga, sein Gesicht der Gemeinde zu. Er hob die Arme, um den Segen zu erteilen. Am Eingang der Kathedrale erhob sich ein Flüstern und Geraschel. Es lief durch die Seitenschiffe, zwischen den grünen und weißen Säulen hindurch, breitete sich aus in der kuppelgekrönten Kasimirkapelle mit ihren blutroten Marmorwänden und den Silberstatuen polnischer Könige.

»Riga ist gefallen! Die Bolschewisten haben Riga eingenommen!«

Anstatt also sein neues Amt anzutreten, fuhr Onkel Augustus mit den anderen nach Platków zurück. Er lud seinen Bischofsmantel sowie die Schatulle mit Brustkreuz und Ring auf, zog sich an der *bryczka* hoch und stieg ein. Dann fuhren sie wieder drei Tage durch die schneeverkrusteten Wälder.

Die folgenden Tage in Platków – die letzten der Weihnachtszeit – waren turbulent. Alle holten sie ihre gute Laune hervor; sie verdrängten die Jahre der Zerstörung; kurz, sie dachten nicht mehr an die Bolschewisten. Es gab Tanzabende und Gesellschaftsspiele, und an den Nachmittagen zogen sie Rodelschlitten durch den Park zu den kleinen Hügeln. Sie liefen Schlittschuh auf dem See. Bei den Mahlzeiten standen die Leute auf und berichteten tränenüberströmt von den Jahren der Flucht, von erschütternden Odysseen und zufälligen Begegnungen, vom schwindeln machenden Schock der Heimkehr.

An einem Abend erschien Touren-Józef und schwenkte Helena im Ballsaal in einer wilden Ecossaise herum. Er bekannte seine unverminderte Liebe und schenkte ihr ein dünnbeiniges Damkitz.

Das Kitz entzückte Helena – eine Zeitlang sogar mehr als Józef selbst. Sie nannte es Pierre – sie las gerade *Krieg und Frieden.* Als sich bald herausstellte, daß Pierre ein Mädchen war, wurde er zu Natascha. Helena hielt Natascha in einem unbenutzten Stall am Waldrand und watete jeden Morgen durch den Schnee, um sie zu füttern.

Die erste Bedrohung dieser neugefundenen Harmonie erfolgte am sechsten Tag nach Epiphanias. Helenas Mutter gingen die Zigaretten aus. Wie alles, was man nicht selbst anbauen konnte, war Tabak nirgends zu bekommen. Helenas Mutter hatte von einer Großpackung italienischer Zigaretten gezehrt, die Onkel Augustus von einem durchreisenden Monsignore erworben hatte. Der ganze Haushalt sah angstvoll zu, wie sie die letzten rauchte. Onkel Augustus war es, der die Lage rettete. Er hatte ein geheimnisvolles, stark aromatisches Kraut entdeckt und rollte ihr daraus Zigaretten.

»Augustus«, sagte sie, »ich weiß nicht, was es ist, aber der Geschmack ist wundervoll. Du mußt mir dein Geheimnis verraten!«

»Bischofseid«, sagte er und tippte sich an einen Nasenflügel.

Nach einer Woche allerdings fand sie es heraus. Er hatte Heu aus Nataschas Streu genommen. Danach schnitt sie Augustus jedesmal, wenn er etwas sagen wollte, das Wort ab: »Hör bloß auf, Augustus! Bedenke, daß der Heilige Geist nur in deiner Diözese durch dich spricht.«

Doch es gab größere Bedrohungen, die Helena nach ihren eigenen Worten ziemlich gleichgültig waren. Sie war viel zu sehr mit ihrem Kitz beschäftigt. Anfang Februar, auf dem Fest zu ihrem Namenstag, trat Helenas Mutter plötzlich in den Salon, stellte sich neben das Klavier und bat um Ruhe.

»Die Bolschewisten«, verkündete sie, »sind nur noch zwei Tagesmärsche entfernt.«

Jeder, erinnert sich Helena, setzte seine ernsteste Miene auf. Tante Anna reckte das Kinn vor und machte den Rücken steif. Onkel Augustus stimmte eine kurze Folge von Gebeten an. Die Damen gaben sich Mühe, einen tapferen Eindruck zu machen; die Herren gaben sich noch mehr Mühe und gelobten die größten Opfer für Weib und Familie, von denen sie gewöhnlich keine Notiz nahmen.

Der alte Pan Romauld mit seiner Piepsstimme gab sich besonders ritterlich. »Ich werde bis zum letzten Blutstropfen kämpfen, um mein Land zu verteidigen! Ich werde nicht zulassen, daß dieser gottlose Mob meinen Leuten Gewalt antut!«

Helena und ihre Schwester knufften einander und kicherten.

Onkel Augustus sah es und murmelte: »Jugend fürchtet nichts, weil sie nichts begreift!«

Eine Zeitlang jedoch blieb alles ruhig. Mehrere Wochen später bekam Helena Fieber. Die Grippeepidemie jenes Winters erreichte sie eher als die Bolschewisten. Ihre Mutter gab ihrem »verfluchten Kitz« die Schuld, und ließ, als Helena das Bett hütete, Natascha frei.

Onkel Augustus arbeitete mit Stefan einen Plan aus. Sollten die Russen kommen, würden sie den Weg hinter dem Haus zum Dorf nehmen und sich dort als Bauern verstecken.

Doch als die Bolschewisten dann kamen, kamen sie plötzlich. Zur Flucht blieb keine Zeit. Eine kleine Einheit der Roten Armee ritt in der Abenddämmerung aus der Allee auf das Haus zu. Helena war nicht transportfähig, sie war zu krank.

Onkel Augustus wich nicht von ihrer Seite. Einen Stock tiefer hielten Stefan und Ewa die Soldaten in Schach. Diese nahmen das Speisezimmer in Beschlag, aßen fast alle Vorräte im Hause auf und tranken, weil sie ihn für einen teuren polnischen Likör hielten, den Schuhkleber von Helenas Mutter aus.

Mitten in der Nacht flohen die O'Breifnes aus Platków. Sie spannten einen Ackerkarren an und fuhren nach Westen. Helena erinnert sich, an die Seitenwand des Karrens gelehnt dagesessen zu haben, sie erinnert sich an den Regen und die kahlen Felder. Sie erinnert sich an das Geräusch der Räder im Schlamm und an die Gestalt von Onkel Bischof, schweigend und mit steinernem Gesicht im fahlen Licht der Morgendämmerung.

Im Lauf des Vormittags erreichten sie schließlich die deutschen Stellungen. Zwei Tage später saßen sie in einem Zug Richtung Warschau.

Die *O'Breifnes* verbrachten den Frühling 1919 in Warschau, einem freien Warschau. Warschau war in jenem
Frühjahr voller Leben. Auf allen Plätzen wurde diskutiert,
in allen Zeitungen regierte das Pathos; die Ufer der Weichsel waren von Löwenzahn gesprenkelt. Helena lernte viel,
ihr Ziel war die Krakauer Universität.

Unterdessen fiel die ganze Anspannung der letzten
Monate von Helenas Mutter ab. Sie entdeckte eine neue
Sorte polnischer Zigaretten und wurde auf einmal heiter
und wohlwollend. Sie kaufte Helena ein weißes Baumwollkleid und einen weißen Hut und führte sie zu einem
jüdischen Fotografen beim alten Schloß.

Zofia hat diese Aufnahme in Cornwall noch; es ist die,
auf der Helena mit ihrer Kette spielt. Ihr Kopf ist leicht zur
Seite geneigt; sie sieht scheu und verletzlich aus. Aber ihr
Blick zeugt von kühler Entschlossenheit. Das Foto hat etwas an sich, sie hat etwas an sich, das den Wunsch in einem
weckt, es wieder und wieder anzusehen, und niemand sah
es häufiger an als Helena selbst; sie gab zu, so von Eitelkeit
durchdrungen gewesen zu sein, daß sie ganz beleidigt war,
wenn sie an einer Gruppe Soldaten vorbeikam und diese
sich nicht alle nach ihr umdrehten.

Etwa um diese Zeit brach Piłsudski von Warschau auf
und zog ostwärts. Sein Plan war, Wilna zu erobern. Durch
eine Reihe schlauer Manöver und Kavallerieattacken
stürzte er die bolschewistischen Garnisonstruppen in Verwirrung. Nach zweitägigen Straßenkämpfen zog sich die

Rote Armee zurück. Piłsudski – selbst in Wilna – erließ eine Proklamation:

> Ich, der ich in diesem unglücklichen Land geboren wurde, bin wohlvertraut ... mit seinem Zustand andauernder Unterwerfung ... Nun soll endlich in diesem Land, das von Gott verlassen zu sein schien, Freiheit regieren ... Die polnische Armee bringt euch allen Freiheit und Unabhängigkeit ...

Nicht alle stimmten dem zu. Die Litauer betrachteten die Polen nicht als Befreier, sondern als Besatzer. Die Ostgrenzen des neuen polnischen Staats mochten sich zwar ausdehnen, waren aber alles andere als sicher. Helenas Mutter hatte keine Eile zurückzukehren. Im Mai ging sie mit der Familie für den Sommer nach Süden, auf das Landgut einer Kusine bei Krakau.

Das Herrenhaus, sagt Helena, war wie Platków vor dem Krieg: heil, mit verglasten Nußbaumvitrinen, bemalten chinesischen Paravents und blinkendem Silber. Sie haßte es. Es trug nur dazu bei, sie daran zu erinnern, daß sie immer noch kein Heim hatten, daß auf ihrem eigenen Grund gekämpft wurde, daß sie kein Geld hatten.

Hinzu kam, daß Tante Wanda, der das Haus gehörte, Dinge sagte wie: »Natürlich, Helenas Schönheit ist von der Art, die sich nicht hält« oder »Intelligenz ist bei einem Mann ganz in Ordnung, aber bei einer Frau bringt sie nur Unglück«.

Helena schrieb an das Ursulinenkloster in Krakau. Sie schrieb, sie habe in Petersburg Englisch unterrichtet, und Mutter Augusta war bereit, sie einzustellen. Sie fuhr mit dem Zug hin, und man gab ihr ein kleines blautapeziertes Zimmer mit einem Bett und einem Schreibtisch. Sie liebte

das Zimmer. Ihre frische Unabhängigkeit brachte ihre Ordnungsliebe zum Vorschein, und sie stapelte ihre Bücher der Größe nach, richtete ihre drei Paar Schuhe wie Soldaten bei einer Parade aus und fing ein Tagebuch an. Auf die erste Seite schrieb sie auf englisch: »The Story of Helena O'Breifne, teacher of English, lover of animals, residant [sic!] of the House of Ursuline Nuns, ancient city of Cracow, Poland.«
Und auf die nächste Seite:

Wie die liebe gute Helenka den Tag verbringt!

7.00 h	Messe.
7.30 h	Frühstück mit den Nonnen (Milch, Brot, Kirschmarmelade).
8.00 – 12.00 h	Unterricht im Kloster.
12.30 h	Mittagessen (in einer Molkerei – Suppe, Nudeln, Klöße)
14.00 – 16.00 h	Universität (Geschichte bei Professor Rydel).
16.30–22.00 h	Privatschülerinnen.
22.30 h	Kaltes Abendessen im Kloster (kiełbasa, Käse), Unterricht vorbereiten.

Sie führte Buch über ihre Einnahmen und Ausgaben in einem kleinen roten Notizbuch, nahm jeden Monat die Hälfte dessen, was ihr verblieben war, und tat sie in die Armenkasse des Klosters, *dla biednych*. Den Rest sparte sie, und hatte im November so viel beisammen, daß sie sich ein taubengraues Kleid, Glacéhandschuhe und zwei Paar Schuhe leisten konnte. Sie korrespondierte wöchentlich mit Józef, ließ sich das Haar modisch kurz schneiden und gab nie den Gedanken an ein Studium auf. Professor Rydel war zuversichtlich, daß sie im nächsten Jahr anfangen könnte.

Am Ende der Unterrichtsperiode bestieg Helena den Rot-Kreuz-Zug nach Wilna, um Weihnachten dort zu verbringen. Ihre Mutter, die die polnische Verwaltung als beruhigend empfand, war im Oktober dorthin zurückgekehrt, zusammen mit ihrem Bruder, ihrer Schwester und Panna Konstancja. Ihr Haus in der Mała Pohulanka war immer noch nicht freigegeben. Sie hatten sich wieder bei Madame Jelenska eingemietet, der Päpstin von Wilna, und Helena bekam ein Zimmer mit Blick auf einen verwilderten Garten. Eine Linde schabte mit ihren Zweigen am Winterfenster. Helena stellte einen Schreibtisch davor und machte zwei Bücherstapel, der eine englische Geschichte, der andere französische.

An Weihnachten sollte ein Ball stattfinden, ein Wohltätigkeitsball. Helenas Tante Marynia war Leiterin des Roten Kreuzes und beschäftigte sie alle in der zweiten Dezemberwoche damit, rote und weiße Papierketten zu basteln. Sie hatte den Ball einfach »Ach!« genannt und Helena gebeten, Wahrsagerin zu spielen.

Dazu legte diese die Krakauer Tracht an – schwarze Samtweste und weiße Bluse, roter geblümter Rock und hohe schwarze Schnürstiefel. Mit Lidschatten und kirschrotem Lippenstift erkannte sie sich selbst kaum wieder. Sie übte einen ukrainischen Akzent ein und lernte eine Reihe typischer Zigeunerausdrücke.

Am 18. Dezember war die Ballnacht. Zum erstenmal in diesem Winter fiel dichter Schnee. Er trieb geräuschlos gegen die Winterfenster. Die Straßen waren weich und still. Es gab weder Schlitten noch Kutschen; der Krieg hatte sich alle Pferde geholt. In der Säulenvorhalle von Tante Marynias Haus breitete sich unter den aufgereihten Filzstiefeln eine große Pfütze aus.

Die roten und weißen Papierketten waren über die

Decke des Ballsaals gespannt, sie bildeten ein Kreuz. Zu Anfang war es sehr kalt, man sah den Atem der Leute, wenn sie sich unterhielten. An einer Seite standen Krankenschwestern hinter den Stühlen kriegsversehrter Soldaten. Tante Marynia, mit einem Rot-Kreuz-Latz über dem Ballkleid, stieg auf eine Bank und klatschte in die Hände, um Ruhe zu erbitten.

»Ach!« sagte sie, und murmelndes Gelächter stieg im Saal auf. »Sie mögen sich fragen, warum dieser Abend ›Ach!‹ heißt. Vielleicht meinen Sie, mir sei kein anderer Name eingefallen. Oder er solle uns nach all diesen Jahren der Unsicherheit daran gemahnen, daß wir unsere Empfänglichkeit für Überraschungen eingebüßt haben. Ja, durchaus, dies sind Gründe. Aber eigentlich war es nur so, daß alle Leute, denen gegenüber ich den Ball erwähnte, ganz sprachlos waren. Sie sahen mich an, als wäre ich verrückt, und sagten: ›Ach!‹

Also, mit Gottes Segen, amüsieren Sie sich! Soda wird im Vestibül gereicht, und um zehn Uhr gibt es eine Lotterie – der erste Preis ist ein Schachtelmännchen aus Wien!«

Wieder erhob sich Gemurmel, und ein Quartett begann zu spielen. An Helenas Tisch bildete sich eine Schlange. Einer der ersten war Touren-Józef.

»Nun, Zigeunermädchen, sag mir wahr!«

Sie legte ihm die Karten und sah sie lange an. »Sie haben ein glückliches Leben geführt. Sie haben viele Freuden erlebt und viele hervorragende Menschen gekannt.«

»Was du sagst, ist die reine Wahrheit, Zigeunerin!«

»Aber hier sehe ich, daß Ihr Herz des Wanderns müde ist . . .«

Er lachte. »Du besitzt die Weisheit Salomos!«

»Und diese Karte, Pik Neun – wissen Sie, was die zu bedeuten hat?«

Touren-Józef hob die Hände in gespielter Verwirrung. »Sie stehen vor einer großen Entscheidung – Sie können gewinnen, Sie können verlieren.«

Józef lachte, drückte ihr die Hand und verschwand im Gedränge.

Wenig später trat noch eine vertraute Gestalt an Helenas Tisch. Es war Adam Broński.

Vier Jahre waren vergangen, seit Helena Adam zuletzt gesehen hatte, seit jenem ersten Morgen ihrer Flucht nach Rußland. Er war jetzt dreißig. Seine Schwestern hatten sie über ihn auf dem laufenden gehalten, über seinen tapferen Einsatz im Widerstand während des Kriegs, über einen Reitunfall und seine unglückliche Liebe zu einem gewissen Fräulein Gigant. Diese Frau, rothaarig und »eine berühmte Schönheit«, war die Tochter der Besitzer des einzigen Minsker Kinos gewesen. Adam hatte sich im Herbst 1917 in sie verliebt. Es war von Heirat die Rede gewesen, aber sie hatte in jenem Winter Tuberkulose bekommen. Adam saß wochenlang Tag für Tag an ihrem Bett. Er sah sie sterben. Seitdem brachte er nach Aussage seiner Schwestern seine Tage damit zu, in abgedunkelten Räumen zu sitzen und Gitarre zu spielen.

Als Adam sich an Helenas Tisch setzte, schenkte er ihr ein mattes Lächeln; er erkannte sie nicht.

Sie legte ihm die Karten. »Ich sehe hier ein Pferd ohne Reiter ... und hier, die zwei Königinnen nebeneinander ... Sie haben eine große Liebe verloren ... Ich sehe ein Gebäude, es könnte ein Theater sein, und hier, den Tod, der in den Kulissen wartet ...«

Und sie fuhr fort, Einzelheiten aus Adams jüngster Geschichte aus den Karten zu lesen, während er sie noch immer nicht erkannte und ungläubig jedem Wort lauschte.

Józef kam vorbei und legte Adam eine Hand auf die

Schulter. »Na, mein Lieber, heiratest du eine Fürstentochter oder stirbst du auf dem Schlachtfeld?«

»Es ist unheimlich, Józef, was sie alles sieht!«

Józef lachte. »Adam, bist du blind? Weißt du nicht, wer das ist? Es ist Helena O'Breifne!«

Als er sie wieder anblickte, geschah das mit einer sonderbaren Mischung aus Überraschung und Respekt. Und laut Helena behielt er diesen Blick für sie bis zu seinem Todestag bei.

Weihnachten 1919 war wie eine Heimkehr. Helena hatte das erstemal seit Jahren das Gefühl dazuzugehören. Wilna war voll vertrauter Gesichter. Es gab Feste und Tänze, und sie liefen Schlittschuh im Bernadyński Park. Kriegserlebnisse wurden ausgetauscht.

Die verstörendste Geschichte oder zumindest diejenige, die sich Helena am schärfsten einprägte, stammte von Witek, einem entfernten Vetter.

Witeks Familie hatte vor dem Krieg Pferdezucht betrieben. Als im Jahr zuvor die Bolschewisten kamen, hatten sie die Pferde auf den Stallhof hinausgeführt. Ein Pferd, ein Araberhengst, hatte plötzlich den bolschewistischen Truppenführer in Wut versetzt. Er stürmte über den Hof, sagte Witek, packte eine Sense und durchschnitt dem Hengst mit vier Streichen die Kehle.

»Warum?« fragte Helena. »Ich meine, wie kann ein Pferd solchen Zorn auslösen?«

»Weil es«, sagte Witek, »zu schön war.«

Binnen kurzem wurde Witek im Haus der Päpstin von Wilna ein häufiger Besucher. Helenas Mutter bemerkte es lange vor Helena. »Also, Helena, noch ein Opfer! Sie fallen vor dir zu Boden wie die Tauben. Du solltest wirklich besser aufpassen.«

Später nahm Onkel Bischof sie beiseite und sagte halb im Scherz: »Jetzt sind es drei – Józef, Adam und Witek. Welchen wirst du heiraten?«

»Keinen!« sagte Helena. »Ich gehe nach Krakau zurück und lerne für die Universität!«

Und sie war ehrlich überzeugt, daß es so sein werde. Doch im Februar legte sie sich mit einer schweren Erkältung ins Bett und mußte ihre Rückkehr verschieben; im März war aus der Erkältung eine Lungenentzündung geworden. Sie hütete zwei Wochen das Bett, während die Lindenzweige ans Fenster pochten. Als der Arzt kam, sagte er, auf der einen Lunge habe sie Tuberkulose.

Sie konnte nicht nach Krakau zurück. Ihre Mutter telegraphierte den Nonnen – mit einiger Genugtuung –, sie müßten sich eine Ersatzkraft suchen. Helena lag tagelang da, starrte auf die Lindenzweige, auf die Wolken. Sie dachte: »Ich kann nicht länger so leben, ich kann nicht ewig unter ihren Fittichen leben.« Und in ihrem geschwächten Zustand verwarf sie eine Möglichkeit nach der anderen, bis sie zu dem Entschluß kam: »Ich muß heiraten.«

Dies nun waren nach Helenas eigenem Bericht die äußeren Umstände ihrer Verlobung.

Es war ein klarer Frühlingstag. Sie lag im Bett. In ihr Zimmer schien hell die Sonne. Sie schrieb eine Nachricht an Touren-Józef, in der sie ihn dringend bat, sofort zu kommen. Panna Konstancja trug die Nachricht quer durch Wilna, und binnen einer Stunde war Józef an ihrem Bett. Er hatte Blumen mitgebracht und legte sie ihr auf die Bettdecke. Sie sagte ihm ohne Umschweife, was sie wollte.

»Liebe Helenka«, sagte er, »ich kann dich nicht heiraten.

Meine Liebe ist zu groß, um dir solches Leid zuzufügen. Ich bin alt und verschuldet. Ich würde einen unbrauchbaren Ehemann abgeben. Du solltest Adam heiraten.«

Doch als er fort war, schrieb sie an Witek. Panna Konstancja trabte wieder los. Diesmal kehrte sie allein zurück: Witek war an diesem Morgen zur Front aufgebrochen.

Also schrieb sie an Adam; er betrat ihr Zimmer mit einem spontanen offenen Lächeln.

Sie sagte zu ihm: »Adam, du mußt mir gut zuhören. Was ich dir zu sagen habe, ist folgendes: Ich möchte, daß wir heiraten. Ich werde dir eine gute und pflichtgetreue Ehefrau sein. Ich werde für dich sorgen und dir dienen und, so Gott will, dir eine Familie schenken. Ich werde mein Leben dieser Familie widmen. Aber ich liebe dich nicht. Ich muß heiraten, um den Fängen meiner Mutter zu entkommen.«

Sie sahen einander an, und einen Augenblick herrschte Schweigen. Dann ergriff Adam ihre Hand und sagte: »Hela! Mach dir keine Sorgen, meine Liebe reicht für zwei!«

Und damit waren sie verlobt. Helenas Mutter war entzückt. Sie schickte dem alten Pan Broński eine kurze Mitteilung, und am Tag darauf traf er ein. Er ging zu Helena ins Zimmer, um sie zu beglückwünschen. »Großartig! Ich schicke euch ein Pferd für einen Sohn, eine Ziege für eine Tochter!«

Zwei Wochen später hütete sie immer noch das Bett. Es war ein windstiller Tag. Ein Hausmädchen hängte die Winterfenster aus. Helena hörte die Vögel draußen singen und das Mädchen sagen: »Bei den Vögeln gibt es Rabenkrähen und Saatkrähen. Die da unten, sehen Sie, Panna Hela, die sind Rabenkrähen. Man erkennt sie am Schnabel, das hat meine Mutter mir gesagt...«

Die Tür ging auf. Es war Witek. In Uniform. Er schickte

das Hausmädchen weg und setzte sich vergnügt lachend auf Helenas Bett.

Sie schüttelte den Kopf und sagte ihm, sie sei verlobt. Sie löste das Medaillon Unserer Lieben Frau von ihrem Hals und drückte es ihm fest in die Hand. »Möge Gott dich beschützen, lieber Witek.« Und sie wandte sich ab und weinte.

17

Helena *verbrachte* den Frühling in Platków: »April 1920. Überall Veilchen. In den Alleen Hennen und Küken, und Enten auf dem Wodalkasee. Mit jedem Tag wird der Grünschimmer des Waldes dichter; die Birkenknospen brechen auf ...«

Sie und Adam hatten eine turbulente Verlobungszeit. Bisweilen haßte sie ihn – und sagte ihm das auch – für seine ständige gute Laune, dafür, daß er ihre Pläne, in Krakau zu studieren, zunichte machte, daß er keiner der Männer war, die sie geliebt hatte. Einmal schrieb sie ihm, sie löse die Verlobung, und er kam auf der Stelle aus Wilna, ritt über die Auffahrt mit einem Lächeln auf seinem stets vertrauensvollen Gesicht auf das Haus zu.

»*Burzyczka!* Meine stürmische Sturmschwalbe! Du brauchst keine Angst zu haben!«

Mitte April verließ Adam Wilna, um nach Süden zu gehen. Er war zum Richter in Lida ernannt worden. Außerdem hatte sein Vater ihm ein Haus samt Land überschrieben, und er hielt sich so oft wie möglich dort auf, um es für Helenas Ankunft herzurichten. Das Anwesen hieß Mantuski.

Helena kannte Mantuski; sie war 1912 dort gewesen. Sie erinnerte sich an das Haus, an seine langgestreckte, niedrige Fassade und die altmodischen dunklen Zimmer; sie erinnerte sich an die Korridore, die nach altem Fleisch rochen. Es war kein Ort, mit dem sie warm werden konnte. Das einzige, was sich ihm zugute halten ließ, war seine Lage am Ufer des Njemen.

Das Gut, sagte Adam, bezog seine Einnahmen zu ziemlich gleichen Teilen aus Holz- und Milchwirtschaft. Die Käselaibe – »wie große Kissen« – waren vor dem Krieg in den Kresy berühmt gewesen. Aber es war nicht sehr ertragreich; es hatte zu wenig Grund. Von den drei Brońskischen Gütern war es das kleinste. Adams Vater hielt ihn für »zu lässig« im Umgang mit Geld, als daß er ihm eines der größeren anvertraut hätte. Daß Adam als der Älteste auf diese Weise übergangen wurde, ließ Helena wütend werden. Doch Adam schien es nichts auszumachen, wie immer.

Er schrieb an Helena:

20. April, Mantuski.

Helenka, meine Liebste,

ich kaufe gerade Dachziegel für das Haus. Die alte Ziegelfabrik ist im Krieg zerstört worden. Aus Danzig bekomme ich neue Kühe. Wir haben Hochwasser, und morgen fangen wir an zu pflügen ... Wie wünschte ich, Du könntest hier sein und es sehen. O Hela, Hela, Panna Hela! Noch nie war die Welt für mich so wunderbar! Noch zehn Tage, bis wir uns sehen! Ich denke an Dein Haar, an die Löckchen in Deinem Nacken und an Deine Augen. Aj! Ein Blick aus ihnen tötet all meine Traurigkeit. Ich küsse Deine Hand, Deine beiden Hände. Ich sehne mich nach Dir. Hab keine Angst, mein Vögelchen, meine liebste Helenka.

Auf immer Dein,

Adam

Die Hochzeit wurde für den Juli festgesetzt. Helenas Mutter schmiedete aufgeregt alle möglichen Pläne. Tante Anna war wieder in Platków, und die beiden saßen über den

Spieltisch gebeugt, spielten Domino und besprachen die
Gästeliste, während der Zigarettenrauch wie eine Regen-
wolke über ihnen hing.

Tante Anna war voller Geschichten für Helena. »Weißt
du, mit achtzehn werden die Jungen von ihren Vätern zu
Frauen geschickt. Du wirst bald herausfinden, was für türkische Sitten sie aufgegabelt haben.«

Panna Konstancja raffte, was sie konnte, für Helenas
Mitgift zusammen, nähte baumwollene Teekleider und Ta-
schentücher und durchforstete den Dachboden nach Bett-
wäsche.

Ende Juni traf Adam ein, um die letzten zwei Wochen
vor der Hochzeit dazusein. Mit ihm kam sein Vetter Józef
Kossak.

Sie brachten beunruhigende Nachrichten. Die Rote Armee massierte sich wieder im Osten. Im Süden, in der
Ukraine, hatte Budjonnyj bereits die polnischen Streitkräfte angegriffen. Doch den Hauptstoß erwartete man
in Weißrußland. Am 2. Juli erließ Tuchatschewskij, der
Oberkommandierende der sowjetischen Streitkräfte, seinen Befehl:

Soldaten der Roten Armee!
  Die Zeit der Abrechnung ist gekommen.
  Die Armee des Roten Banners und die Armee des
verräterischen Weißen Adlers stehen einander in töd-
lichem Entscheidungskampf gegenüber.
  Über den Leichnam des Weißen Polen führt leuch-
tend der Weg zum Weltbrand.

Der Angriff auf Polen war das erste grenzüberschreitende
Wagnis der Bolschewisten. Ihr Plan war, eine Verbindung
zu den rasch angewachsenen kommunistischen Zellen in

Deutschland herzustellen, und von da aus nach Westeuropa. Nur Polen stand ihnen im Weg, ein Land, das erst seit zwei Jahren existierte, und eines, das nach allgemeiner Einschätzung schon zu groß geworden war, um sich verteidigen zu können.

Am 4. Juli überschritt die Rote Armee die Beresina und nahm acht Tage später Minsk ein. Am 14. Juli, dem Tag von Adams und Helenas Hochzeit, fielen sie in Wilna ein, und die Stadt ergab sich. Nicht einer von Adams Familie war imstande, nach Platków durchzukommen. Die Kapelle war praktisch leer.

Helena trug ein schlichtes weißes Kleid und ein Diadem aus Maiglöckchen. Sperlinge sangen im Gebälk der Kapelle; ein blinder Fiedler begleitete das »Ave Maria«. Helena wurde – genau wie die Zigeunerin vor fünf Jahren vorhergesagt hatte – von Józef Kossak zum Altar geführt.

Onkel Bischof vollzog die Trauung. Er stand vor ihnen und segnete sie. »Erwartet kein Glück, meine Kinder!« und seine Augen füllten sich mit Tränen.

»Pathetischer Pfaffe«, murmelte Tante Anna.

Hinten in der Kapelle saß einsam, mit einem Gesicht, als hätte er Gift geschluckt, Touren-Józef. Ein Jahr später war er mit einer Kriegswitwe aus Siena verheiratet und lebte fortan in Cannes. (Helena sah in nur einmal wieder, in den späten dreißiger Jahren, einen müden rotgesichtigen alten Mann. Sie wußte nicht, ob es das Exil oder die Kriegswitwe gewesen war, was ihn zerstört hatte.)

Stefan hatte die Platkówer Kutsche frisch lackiert. Da die Kavallerie alle geeigneten Pferde beschlagnahmt hatte, hatte er Siwka und Gniadka angeschirrt, Platków's Ackerpferde, die überlebt hatten.

Um neun Uhr standen Adam und Helena an diesem Abend auf der Veranda von Platków. Die Dämmerung wich der Dunkelheit, und sie betraten das Haus. Helena ging auf ihr gewohntes Zimmer. Adam war das Zimmer neben ihr zugewiesen. Ein Zimmer weiter war Helenas Mutter, ihr gegenüber Onkel Bischof. Panna Konstancja war im Obergeschoß.

Adam kam im Morgenrock zu Helena ins Zimmer. Er setzte sich auf ihr Bett und gab ihr einen Kuß. Sie küßte ihn wieder und sagte höflich: »Gute Nacht, Adam.«

Dann knieten sie zum Gebet nieder. Er küßte sie noch einmal auf die Stirn und kehrte in sein Zimmer zurück.

Helena wanderte weiterhin mit ihrem Rosenkranz durch die Alleen, starrte in die hohen Bäume, summte lebhafte Melodien, bückte sich, um im Gras Blumen zu pflücken. Es kostete Adam einige Zeit, ihr gewisse Dinge zu erklären und ihr Vertrauen zu gewinnen. Sie fand die ganze Sache etwas komisch. Ihre eigentliche Hochzeitsnacht fand in jenem Winter statt, in einer Schneenacht in einem Warschauer Hotel. Und in den Monaten davor schlossen sie zu Helenas großer Überraschung eine bemerkenswerte Freundschaft, eine Freundschaft ohne Geheimnisse oder Dünkel, deren Ausmaß mit jedem Tag zunahm und die die Grundlage schuf für die einzige wirkliche Liebe, die sie je erlebte.

Am Tag nach der Hochzeit war es wieder heiß. Helena und Adam saßen am See. Adam las Passagen aus Majewskis *Kapital* vor und sang die *dubinoczka*. Sie unterhielten sich über die Zukunft. Mittags spazierten sie zum Haus zurück.

Fünf litauische Soldaten standen auf der Treppe; sie waren gekommen, um Adam zu internieren.

Niemand konnte etwas dagegen tun. Sie nahmen ihn mit, und Helena sah den Wagen in der Allee verschwinden und zwischen den Kastanien aufblinken wie eine Forelle im Bach.

»Diese verdammten Litauer!« Helenas Mutter warf ihre Zigarette zu Boden.

Am Nachmittag suchten sie und Helena den Bezirkskommandeur auf, einen Mann mit winzigen Augen, der seinen Haß gleichmäßig zwischen Polen und Gutsbesitzern aufteilte. Helena sah deutlich, daß er sich über ihr Unglück freute.

»Pani Hrabina«, sagte er mit gekünstelter Ehrerbietung, »Sie müssen Verständnis haben. Die alten Länder gibt es nicht mehr. Rund um Ihr geliebtes Polen toben sechs Kriege, und wenn sie vorbei sind, wird ganz Europa geeint sein. Bitte haben Sie Geduld.«

Geduld war etwas, was Helenas Mutter nicht leicht fand. Drei Tage tigerte sie pausenlos rauchend die Veranda auf und ab, bis Adam eines Morgens zwischen den Bäumen auftauchte. Er hatte vorgegeben, Arzt zu sein, und war so dem Internierungslager entkommen.

In derselben Nacht verließen sie alle Platków, wie im Jahr zuvor flohen sie auf Ackerkarren. Adam drängte es, sich seinem Regiment anzuschließen. Sie fuhren westwärts, überquerten die Grenze nach Ostpreußen und erreichten Danzig auf einem kleinen Fischkutter; Helena war auf der ganzen Reise entsetzlich übel. Einige Tage später waren sie in Warschau, wo Adam Helena auf die Wange küßte und sich zu den 13. Ulanen aufmachte.

Das war die erste Woche ihrer Ehe gewesen.

Die Rote Armee kreiste Warschau ein: sechs Armeen, über 100 000 Mann, marschierten rasch darauf zu. Alle Versuche, sie aufzuhalten, waren fehlgeschlagen. Polens kurze Unabhängigkeit lag in Trümmern. In Helenas Bericht jedoch steht nichts von dieser Bedrohung, sie zählt nur auf, wen sie gesehen und wo sie gewohnt hat, und erwähnt, daß sie Warschau »ziemlich heiß« fand.

Lord d'Abernon, als Kopf einer alliierten Delegation in Warschau, verzeichnete in seinem Tagebuch die gleiche augenscheinliche Nonchalance:

26. Juli. Ich bewundere immer noch das Fehlen von Panik, ja, das offensichtliche Fehlen irgendwelcher Ängste ... die besten Truppen sind sämtlich nach Lwow in Marsch gesetzt, so daß Warschau ohne Schutz ist.
27. Juli. Der Ministerpräsident, ein landbesitzender Bauer, ist fort, um seine Ernte einzubringen. Niemand hält das für außergewöhnlich.
2. August. Die Sorglosigkeit der Menschen hier spottet jeder Beschreibung. Man könnte meinen, dem Land drohe keine Gefahr und die Bolschewisten wären tausend Meilen weit weg.
3. August. Die hiesige Bevölkerung hat so viele Invasionen erlebt, daß sie sie einfach nicht mehr beachtet.

Als Piłsudski zwei Nächte später seine Möglichkeiten durchging, wurde ihm klar, daß die einzige Hoffnung auf Verteidigung im Angriff lag. Auf seinen Befehl hin wurde ein Großteil der polnischen Truppen abgezogen und entlang der Front eilig nach Süden in Marsch gesetzt, um der Roten Armee in den Rücken zu fallen und sie von der Nachhut abzuschneiden. Der Plan schien absurd, doch er funktionierte.

Das »Wunder an der Weichsel«, so der spätere Name, war ein entscheidender Sieg. Nie wieder wurde die sowjetische Armee so eindrucksvoll geschlagen. Es folgte ein ungeordneter, blutiger Rückzug der Roten Armee. Das

Gebiet der Kresy wurde niedergetrampelt, von hungernden führerlosen Kosaken wie von nach Vergeltung dürstenden Polen.

Im Oktober 1920 wurde ein Waffenstillstand ausgerufen, zu einem Zeitpunkt, als Polen eine über achthundert Kilometer lange Ostgrenze hielt. Als Augenzeuge lieferte Lord d'Abernon eine hyperbolische Wertung des polnischen Siegs:

> Die Schlacht bei Tours hat unsere Vorfahren vor dem Joch des Korans bewahrt; es ist anzunehmen, daß die Schlacht von Warschau Mitteleuropa und Teile Westeuropas vor einer größeren Umsturzgefahr bewahrt hat – der fanatischen Diktatur der Sowjets.

Tatsächlich erwies sie sich nur als Aufschub, ein Aufschub von zwanzig Jahren, in denen die landbesitzenden Familien Ostpolens überwiegend so weiterlebten wie zuvor.

Im November wurde Adam demobilisiert. Er kehrte nach Warschau zurück und platzte mit seinem gewohnten Enthusiasmus zur Tür herein. Helena und er faßten den Plan, nach Mantuski zu fahren. Helena hatte nichts anzuziehen außer Sommerkleidern. An einem dieser Tage begegnete sie auf der Straße ihrem Onkel Nicholas O'Breifne, und der gab ihr Geld für einen Wintermantel. Doch das Geld ging statt dessen für den Erwerb eines schwarzäugigen Dackelwelpen drauf. Helena nannte den Dackel Haust.

Am nächsten Morgen verließen sie, Adam und Haust Warschau mit einem der ersten Züge in die wiedergewonnenen Gebiete Ostpolens. Zwei Tage lang saßen sie auf amerikanischen Getreidesäcken, während Helena ihren Hund an sich drückte, um ihn warm zu halten.

In Lida wohnten sie bei einer jüdischen Familie. Als die alte Frau hörte, wohin sie wollten, schlug sie entsetzt die Hände zusammen. »Einsam im Wald? Wie können Sie jetzt dort leben?«

Am Morgen brachen sie früh auf. Sie luden ihre geringe Habe auf einen alten Wagen mit niedrigen Seitenwänden und einem hohen Kutschbock. Sie versicherten der jüdischen Familie, ihre Pferde seien in wenigen Tagen zurück.

Helena erinnerte sich gut an die Fahrt. Es war bitterkalt. Ein Eisnebel lähmte das Land. Nichts regte sich in jenem toten November; die Straße war nur eine Folge hartgefrorener Wagenspuren, der Narben Dutzender von Armeen. Und doch, sagte sie, schien alles hoffnungsvoll und neu: ein neues Heim, ein neues Polen, ein neuer Dackel, ein neuer Adam.

Sie fuhren schweigend. Die Zügel lagen leicht in Adams behandschuhten Händen. Sein Schnurrbart war in der Armee kräftiger geworden. Seine hohe Stirn stieg steil auf, bevor sie unter dem Schirm seiner bäuerlichen *czapka* zurückwich. »Wie sehr er diese *czapka* liebt!« dachte Helena. Und immer waren da seine grauen Augen mit den Falten in den Winkeln, seine Augen, die eine beständige unkomplizierte Freude ausstrahlten.

Den ganzen Morgen schlummerten die Wälder unter dem Nebel. Gegen Mittag lichteten sich die Bäume, und sie gelangten auf eine Ebene. Milchiges Sonnenlicht sickerte durch die Wolken; um die unbearbeiteten Felder zogen sich dicke Grasfransen. Die Straße führte über mehrere niedrige Hügel.

Sie kamen an einen kleinen Fluß; die Brücke war zerstört, und die beiden Pferde setzten ihre Hufe probeweise auf das dünne Eis, das nachgab. Sie durchquerten den Fluß, brachen allerdings bei jedem Schritt bis knapp über die Fesseln ein. Adam stand auf dem Kutschbock und feuerte sie an, und schon bald sprangen sie das andere Ufer hinauf.

Er setzte sich wieder und begann von Mantuski zu reden. Er erzählte von seinen Besuchen dort im letzten Jahr und den Schäden, die er vorgefunden hatte. Die Russen hatten das Haus als Hauptquartier benutzt, und viele Möbel waren kaputtgegangen. Er hatte Reparaturen und einen Neuanstrich veranlaßt und neue Möbel bestellt. »Was ich gemacht habe, wird dir gefallen!«

Es wurde Nachmittag. In dem farblosen Zwielicht bogen sie von der Hauptstraße ab auf eine matschige Fahrspur, die sich durch die Bäume schlängelte und bei den Anwesen des Dorfs Mantuski endete. Die Häuser waren niedrig und braun, jedes von einem Lattenzaunkarree eingefaßt. Kahle Bäume standen verstreut zwischen den Häusern; dünne Rauchsäulen stiegen von den Schornsteinen auf. Helena konnte kaum erwarten, ihr neues Haus zu sehen.

Ein kalter Wind wehte durch die Kiefern. Geborstenes Eis lag auf dem Njemen. Der Himmel war schwarz, als sie durch das Dorf auf das Haus zufuhren. Es war kein Haus da. *Nie ma domu.* Nur der Schornstein der Ziegelei war stehengeblieben. Nicht ein einziges anderes Gebäude. Das Haus war bis auf die Grundmauern niedergebrannt worden.

Helena sagt nichts über Adams oder ihre Reaktion. Sie schreibt nur, daß es schon dunkel war, als sie den Njemen überquerten, und daß sie in die Nacht hinein weiterfuhren nach Druków.

Ein oder zwei von Onkel Nicholas' Leuten waren in Druków – Rymszewicz (der 1915 den Konvoi angeführt hatte), seine Frau und Janówa, die Köchin. Sie begrüßten Adam und Helena unter Tränen.

Adam brach am nächsten Morgen früh auf. Er mußte die Pferde nach Lida zurückbringen. Eine Woche später war er wieder da – kam aus dem Wald marschiert, stapfte durch den frischgefallenen Schnee im Park und stieg zum Haus hinauf. Über seiner Schulter hingen zwei Hasen. Er hatte ein, zwei Nächte in Mantuski verbracht; die meisten Gutsarbeiter hielten sich noch versteckt. Der Wiederaufbau, sagte er zu Helena, würde sofort beginnen.

18

Es *dauerte genau* drei Jahre, bis Mantuski wieder aufgebaut war. In der Zwischenzeit wohnten Adam und Helena in Druków, im alten Gutskontor von Onkel Nicholas, einem Gebäude, das allgemein die *oficyna* hieß.

Der erste Winter war der schlimmste, den sie je erlebt hatten – schlimmer noch als die Kriegswinter. Die kumulierten Auswirkungen von Besetzungen, Offensiven, Invasionen und Rückzügen hatten das Land ausgesaugt. Es gab nichts. Weder Kühe noch Pferde noch Schweine noch Hühner noch Getreide; es gab weder Post noch Züge.

Zunächst hatte Helena noch ein paar amerikanische Konserven, die hauptsächlich an Haust verfüttert wurden. Danach gab es nur noch Buchweizen. Dieser wurde zu einer wäßrigen Grütze gekocht, der *kasza*, dem bewährten Puffer gegen Hunger. »*Kasza* ist unsere Hoffnung«, war eine volkstümliche Redensart, und Adam wurde nie müde, sie bei Tisch scherzhaft zu wiederholen, wenn er Rymszewiczs junger Tochter Kasia ihr Schüsselchen reichte.

Doch Adam war nur selten in Druków. Jeden Montagmorgen marschierte er in jenem Winter durch den Schnee nach Mantuski. Dort wohnte er die Woche über bei einer Bauersfamilie in einer *chata* und machte sich daran, auf dem *dwór* Schutt zu räumen.

Man war sich nicht einig, was mit Mantuski passiert war. Adam trug unterschiedliche Berichte der Dorfbewohner zusammen. Es schien so zu sein, daß nach der Schlacht am Njemen, gegen Ende September 1920, eine große Anzahl russischer Einheiten auf dem südlichen Flußufer den Rückzug angetreten hatte. Polnische Kavallerie hatte ihnen nachgesetzt und sie vor sich hergetrieben. In Mantuski, wo eine Fähre lag, hatte es beim Übersetzen einen Stau gegeben, und es war zu einer Art Schlacht zwischen Polen und Russen gekommen. Als sie vorbei war, stand der *dwór* in Flammen. Niemand konnte ihm sagen, wer dafür verantwortlich war – die Polen, die Russen oder plündernde Dorfbewohner.

Für Helena, die in Druków praktisch allein war, schleppten die Wochen sich hin. Sie vermißte Adam. Jeden Samstagabend kam er für zwei Nächte von Mantuski zurück, schüttelte sich den Schnee von den Stiefeln und legte sein Gewehr auf den Tisch. Für sie waren diese Nächte in jenem düsteren Winter die einzige Zeit, in der sie sich wirklich lebendig fühlte.

Im Februar 1921 fing Helena an, die Dorfkinder zu unterrichten. Sie brachte ihnen Lesen und Schreiben bei, und kleine Geschenke fingen an, bei ihr einzutrudeln: ein Stück Speck, etwas spelziges Brot, Getreide, das einer hatte verstecken können, eine Knolle rote Bete. Und eines Tages ein Zettel in nahezu unverständlichem Polnisch mit der Bitte, die Großmutter eines Mädchens zu besuchen.

Die Großmutter war eine unförmig breite Frau, und sie war sehr krank. Sie lag in einer kleinen Hütte im Wald auf dem Ofen. Ihre Familie war, weil tatarisch, in den Kriegsjahren nach Osten geflohen, und jetzt war nur noch dieses eine Mädchen da.

»Bitte, helfen Sie ihr«, flüsterte die Frau im Liegen. »Mit mir ist es bald vorbei.«

Helena tat, was sie konnte. Sie schickte ihnen etwas zu essen, wenn es irgend etwas gab. Die Tatarin blieb am Leben. Ihr Zustand war immer gleich, wenn Helena kam, sie lag bleich und teilnahmslos, wenn auch lebend, auf ihrem warmen Lager.

An einem nebligen Märztag kehrte sie in der Dämmerung von der Hütte der alten Frau zurück. Ein Soldat in zerlumpter Uniform trat aus dem Nebel und ging neben ihr her.

Es war ein polnischer Soldat. Er hatte im Wald gelebt, seit seine Einheit beim letzten russischen Vormarsch zerschlagen worden war. Er hatte gehört, es sei Frieden, glaubte es aber nicht.

»Gott hat dieses Land verlassen«, sagte er.

»Gott ist noch immer da, wenn man genau hinsieht.«

»Zwischen den Bäumen sehe ich nur Gespenster. Die Männer, die gefallen sind. Nur die kenne ich. Gespenster.« Er schaute auf seine Bastschuhe und schüttelte den Kopf. »Ich habe niemanden. Niemanden, nur Gespenster. Bleib stehen, hier bei mir.«

Sie sagte nichts.

»Bleib stehen«, wiederholte er und baute sich vor ihr auf. Sie war gezwungen anzuhalten. Er streckte seine geschwärzte Hand aus und griff nach ihrer Schulter.

Der Wind seufzte in den Zweigen über ihr; es dunkelte. Helena sah ihm in die Augen. »Auch ich bin ein Gespenst. Und wer sich mit einem Gespenst einläßt, kann nie ins Land der Lebenden zurück.«

Der Arm fiel herunter.

Tage danach hörte Helena die Geschichte eines Deserteurs, der mit weit aufgerissenen Augen aus dem Wald gerannt war und zähneklappernd von einem Gespenst erzählte, einem seltsamen und liebebedürftigen Gespenst, das versucht hatte, ihn anzusprechen.

Um diese Zeit traf Stefan aus Platków ein. Er führte zwei Stuten mit, Siwka und Gniadka, dieselben Pferde, die Helena und Adam nach ihrer Hochzeit gezogen hatten. Helena erkannte sie kaum wieder; sie standen im Hof, und die Reifen ihrer Rippen stachen aus ihren von Ausschlag bedeckten Flanken hervor. Stefan sagte, sie wären reif für die Wölfe, aber er wußte, sie würde Verwendung für sie haben.

»Oioioi!« Sie schlug sich mit der Hand ans Kinn. »Diese Gerippe!«

So krank sie auch waren, Siwka und Gniadka waren die beiden einzigen Pferde überhaupt in diesem toten Landstrich. Helena säuberte die Drukówer Ställe von altem Stroh und Spinnweben. Dreimal täglich schrubbte sie die Pferde mit einer Tabaklösung; sie betupfte die wunden Stellen mit Borsäure. Ihre Freundin, die Tatarin, förderte etwas Leinöl zutage, und damit rieb sie sie ein; jemand anders brachte Salz, und so bekamen sie Salz. Sie wechselte die Streu, pflegte sie, fütterte sie, redete mit ihnen, betete für sie – und allmählich, ganz allmählich, kehrte ein wenig Leben in ihre müden Augen zurück.

Mitte März drehte der Wind auf Süden; die Schneeflecken im Park tauten; ein, zwei milde Tage schlichen sich zwischen den Frösten ein. Die unbeweideten und ungepflügten Felder schienen den Wechsel der Jahreszeiten nicht wahrzunehmen.

Unterdessen regte sich in den Kresy erstes Leben. Einmal pro Woche fuhr ein Zug nach Wilna, und hin und wieder brachte jemand aus Nowogródek einen Brief mit. Helena erhielt einen ihrer Mutter. Er war vom 20. März datiert und kam aus Wilna:

... Tante Anna ist hier, schrecklich unglücklich. Alle Welt gereizt wegen der allgemeinen Knappheit. Wir haben das Haus in der Mała Pohulanka zurückerhalten. Komm nach Wilna, Liebes, solange Adam Mantuski wieder aufbaut. Dein Zimmer ist noch da. In ein paar Jahren bist du runzlig wie eine alte *baba*, wenn du weiter da draußen lebst ...

Helena lehnte ab.

An einem Samstag Ende April tauchte Adam nach einer Woche in Mantuski mit langen Schritten auf der Auffahrtsallee auf, unter dem Arm eine sechs Tage alte Zeitung. Er rief den Haushalt zusammen – Pan Rymszewicz und seine Frau und die Familien einiger von Helenas Schülern. In der niedrigen Nachmittagssonne stand Adam auf den Stufen und schob seine Mütze nach hinten.

»Vom Sejm in Warschau! ›Im Namen Gottes des Allmächtigen!‹« las er. »»Wir, das Volk Polens, voll Dank gegen die Vorsehung für die Befreiung aus anderthalb Jahrhunderten der Knechtschaft, in dankbarem Gedenken an die Tapferkeit, die Ausdauer und die selbstlosen Kämpfe vergangener Generationen ... wir verkünden und genehmigen hiermit dieses Verfassungsstatut in der Gesetzgebenden Versammlung der Republik Polen.‹«

Ein zögerndes Hurra stieg von der kleinen Schar auf, und die Frauen küßten einander. Pan Rymszewicz eilte ins Haus. Mit Wodka und einem Tablett klirrender Gläser kam er wieder heraus.

»Ein Hoch«, rief Adam, »auf Piłsudski! Auf Polen!«

»Auf Polen! Auf die Republik!«

Doch ein oder zwei Nichtpolen waren dabei, die seine Begeisterung nicht teilten und sich murmelnd ins Dorf, in ihre Häuser mit den leergefegten Regalen davonstahlen.

Nach jenem Winter hatten Helena und Adam das unausge-
sprochene Gefühl, daß es nie wieder so schlimm kommen
würde. Zwischen ihnen war nur von der Zukunft die Rede.
Die Vergangenheit war ein Schattenort, und keiner von
beiden hatte den Wunsch, ihn wieder aufzusuchen.

Im April wanderte Helena mit Adam nach Mantuski.
Es war eine Woche vor Ostern. Der Njemen führte Hochwasser, und der Fährmann Gregory mußte ziemlich
kämpfen, um sie über den Fluß zu setzen.

Am Bauplatz waren kaum Fortschritte zu sehen. Er war
geräumt; neben den Bäumen lag ein Stoß verkohlter Balken; die alten Mauern waren abgerissen, und die *parobcy*
hatten angefangen, die Steine zu sortieren. Aber es man-
gelte ihnen an allem – an Material, Werkzeug und Zeit.
Helena war ganz elend bei dem Gedanken, wie lange es
dauern würde. Sie kehrte voller Pläne nach Druków zurück, und einer davon war, eine Bienenzucht anzufangen.

Etwa eine Woche später entdeckte Pan Rymszewicz
einen Schwarm im Stamm einer alten Eiche. Sie hackten
den Teil nachts heraus, setzten ihn im Obstgarten auf
Holzständer und bauten am frühen Morgen einen Bienenkorb und drei Rahmen. Nun ging Helena daran, den
Schwarm in den Bienenkorb umzusiedeln. Während sie
ein rauchendes Schilfbündel schwenkte, schnitt sie das
Wachs mit den Eiern darin heraus, trug es zum Bienenkorb und legte es hinein. Dann ließ sie das Schilf fallen
und floh.

Aber die Bienen waren unter ihren Schleier geraten; sie
wurde böse gestochen. Noch drei Tage danach konnte sie
kaum sehen. Ihre Temperatur stieg auf 40 Grad. Nach einer
Woche kam ein Arzt aus Nowogródek. Pani Rymszewicza
führte ihn zur Bibliothek, wo Helena auf dem Sofa lag. Er
untersuchte sie, wusch sich die Hände und sagte, sie werde

sich bald erholt haben. Und er verkündete zudem, daß sie im dritten Monat schwanger war.

»Großer Gott!« Pani Rymszewicza mußte sich setzen. »Und das nach all den Bienenstichen! Was für eine Art von Geschöpf werden Sie zur Welt bringen?«

»Ein leidgewöhntes«, meinte Helena scherzend.

Doch in Wahrheit hatte sie schreckliche Angst. Sie schickte eine Nachricht nach Mantuski, und zwei Morgen später stürmte Adam in ihr Zimmer, nachdem er die Nacht hindurch marschiert war. Sein Haar war strähnig, und als er seine *czapka* abnahm, standen einige Büschel kreuz und quer ab. »Ich will ein Dutzend Kinder!« rief er.

»Nein, Adam Broński! Ich bin keine Maschine.« Aber auch sie lächelte.

Adam breitete die Arme aus und stieß einen Juchzer aus.

Zunächst war Helena häufig übel. Sie nahm ab, und ihre Wangenknochen traten spitz unter ihrer blassen Gesichtshaut hervor; sie wurde sehr schlechter Laune.

Im Mai wurden in Druków die Kartoffeln ausgegraben; die schlammverkrusteten weißen Knollen waren das erste wirkliche Lebenszeichen des toten Landes. Am See blühte der Flieder auf, und Helena wurde etwas kräftiger; sie ging spazieren, so oft sie konnte, und ließ ihre Hände durch das hohe Gras schleifen.

Um die gleiche Zeit war das Leben in Druków auf dem Weg zu seiner alten Vorkriegsnormalität. Onkel Nicholas kehrte von Warschau zurück. Das Hausmädchen Helenka und die Angorakatzen Kiki und Risetka kamen mit dem Zug aus Wilna; Pan Rymszewiczs Bruder, der 1916 in den russischen Schützengräben einen Arm verloren hatte, war wieder da. Rymszewicz selbst reiste Richtung Westen nach Posen und kehrte nach drei Wochen mit zwanzig Kühen und drei Pferden zurück. Onkel Nicholas schenkte Adam eines der Pferde und drei Kühe für Mantuski. Den restlichen Sommer über gab es in Druków Milch und Butter und den ersten Käse, und Helenas Wangen rundeten sich wieder; sie wurde kurzatmig und schwerfällig.

Im September schließlich erschien, von Helenas Mutter geschickt, Panna Konstancja in einer zerbeulten alten *taczanka* mit zwei zehnpfündigen Schinken auf dem Sitz neben sich.

Man kam überein, daß das Baby in Wilna geboren werden sollte, und Anfang Oktober machte Helena sich mit Adam und Haust dorthin auf. Sie wohnten in dem Haus in der Mała Pohulanka. Mit den ersten Frösten setzten Helenas Wehen ein, und Adam brachte sie in die Dr.-Rymsza-Klinik. Den ganzen Nachmittag hielten die Wehen an. Die Schmerzen entsetzten Adam. Bei Einbruch der Dämmerung, als er es nicht länger mitansehen konnte, stahl er sich fort, in die St. Jakobskirche, um dort zu beten. Er betete, betete und betete. Dann schlief er ein. Als er aufwachte, stellte er fest, daß man ihn eingeschlossen hatte. Die ganze Nacht saß er in der Kirche fest, und als er endlich erlöst wurde, um acht Uhr morgens, eilte er zum Krankenhaus in der sicheren Erwartung, Helena tot vorzufinden.

Aber sie saß aufrecht im Bett. Sie hatte ein neuneinhalbpfündiges Baby bekommen, eine Tochter. Adam fiel neben dem Bett auf die Knie und weinte.

Adams Vater und Helenas Mutter, ihre beiden noch lebenden Elternteile, waren die Paten. Das Mädchen wurde in Wilna getauft: Zofia Aleksandra.

Als sie nach Druków zurückkamen, erwartete sie dort im Hof eine Kutsche. Aus dem Fenster schaute ein Gesicht, das an einer Möhre kaute. Es war das bärtige Gesicht

einer Ziege. Der Kutscher händigte Helena einen Brief
aus, der im Kopf das Brońskiwappen trug:

»Eine Ziege zur Geburt Eurer Tochter Zofia Aleksandra. Stanisław Broński.«

Dritter Teil

Mantuski

19

A*nfang Januar* 1993 erhielt Zofia einen Brief von einer in Polen lebenden Kusine. Ob sie in diesem Sommer mit ihr für ein paar Wochen in einen litauischen Kurort ginge?

Sie rief mich an, um meine Meinung zu hören. »Weißt du, Phiilip, was ich wirklich gern tun würde? Ich würde gern nach Wilna fahren, wo ich geboren bin. Soviel ich weiß, liegt dieser Kurort nur ungefähr hundertfünfzig Kilometer weiter westlich. Wenn ich einen Bus oder sonstwas fände ...«

Ich mußte in jenem Sommer nach Rußland. Ich sagte ihr, ich könne hinkommen und sie abholen, und wir könnten zusammen fahren.

Am Vorabend des längsten Tages im Jahr stieg ich also in Birstonas, einem kleinen Litauer Heilbad, aus einem zerbeulten sowjetischen Bus. Ich überquerte den Platz und ging in Richtung Fluß. Die Pappelblätter flatterten im Wind; über der Stadt war gerade ein heftiger Regen niedergegangen, und auf der Straße standen schwarze Pfützen.

Jenseits der Stadt befand sich ein Komplex von Betonhotels. Ich fand das richtige, nahm den Fahrstuhl zum fünften Stock, ging einen schummerigen Korridor entlang und klopfte an die Tür von Zimmer 511.

»Phiilip! Ich habe gedacht, du schaffst es nie!«

Ich küßte Zofia auf beide Wangen und folgte ihr ins Zimmer. Sie trug einen hellblauen Rock, einen marineblauen Pullover und eine Plastikperlenkette. Sie drehte sich um und setzte sich. Ihr Gesicht mit seinem Netz feiner Fältchen, dem eingravierten Vermächtnis eines langen Lebens voll Zauber und Leiden, war gebräunt und leuchtete. Ich sagte ihr, sie sehe gut aus.

»Ja, das tue ich. Aber ich sage dir, zwei Wochen hier, und es reicht! Man ver-blö-det hier. Hätte ich nicht meine Bücher und den Njemen, ich wäre bestimmt wahnsinnig geworden.«

Auf dem Tisch vor ihr lagen zwei oder drei Bücherstapel. Ich entdeckte die Gedichte von Zbigniew Herbert, ein neues Buch von Kapuściński und eine Biographie von Daphne du Maurier: polnisch und englisch, Polen und Cornwall, ihre beiden Welten. Ich fragte sie, ob sie etwas geschrieben habe.

»Ja, ein paar Verse. Aber nur auf polnisch.«

Den Abend verbrachten wir mit ihrer Kusine und einigen anderen polnischen Witwen. Wir saßen in einem ihrer Zimmer und tranken eine Flasche Dubonnet und aßen Schokolade. Die späte Sonne schien zum Fenster herein und fiel auf das graue Haar und die altmodischen Kleider der Witwen; die Flasche machte die Runde, und sie erzählten ihre Geschichten, die fünfzig Jahre alten Geschichten, die immer gleichen Geschichten, auf die früher oder später jedes Gespräch hier hinauslief – die Geschichten von Verschleppung, Exil und Tod –, bis es so schien, als gebe es nichts mehr zu sagen. Schweigen legte sich zwischen uns. Von draußen drang das Geräusch eines Lastwagens herein, der den Gang wechselte, und Zofia sagte lächelnd: »Schluß mit dem Trübsinn! Jetzt wird gesungen!«

Sie sang ihr weißrussisches Lied, und dann stimmte eine der Frauen den »Roten Gürtel« an, und nach und nach fielen die anderen ein. Ihre Stimmen erfüllten den Abend, strömten aus dem offenen Fenster und hinunter zum Fluß.

Sie bildeten ein seltsames Gemisch, diese polnischen Witwen, die eine mit einem manierierten Sopran, eine andere mit nuschelnder Klagestimme, noch eine andere lebhaft und schrill. Während sie so sangen, dachte ich an ihre Geschichten und sah in ihre Gesichter – in das derjenigen, die vor einem Monat ihren Mann verloren hatte, derjenigen, deren Schwiegermutter von einem deutschen Panzer zerquetscht worden war, derjenigen, deren gesamte Familie in Auschwitz umgekommen war, und derjenigen, die auf der Deportation nach Kasachstan eine Frau im Viehwagen sich den eigenen Hals hatte aufschlitzen sehen.

Das Singen hörte auf, und ich bemerkte in Zofias Augen den vertrauten Tränenschleier. »Mein Gott«, sagte sie, »denk nur, wieviel Glück wir alle gehabt haben! Was für ein verzaubertes Leben wir hatten!«

»Glück?« platzte ich heraus. »Wie kannst du das nur sagen, Zosia!«

Sie schüttelte den Kopf. »Nein, Phiilip. Bedenk doch. Warum sind denn wir verschont geblieben, wo all die anderen zugrunde gegangen sind?«

Am nächsten Morgen verließen wir Birstonas und die polnischen Witwen und nahmen einen Bus in ein Gebiet von Seen, Kolchosenfeldern und bewaldeten Horizonten. Zofia war neugierig auf Vilnius. Sie gebrauchte den polnischen Namen Wilno.

»Das zeigt dir ganz gut, wie dumm und gedankenlos ich als Mädchen war. Ich bin gar nicht auf die Idee gekommen, daß Wilna irgend etwas anderes als Polen sein könnte. Nie hat uns jemand in der Schule erzählt, daß Piłsudski einfach daherkam und es von Litauen annektierte – und das nur ein Jahr vor meiner Geburt!«

Wir fuhren über eine Hügelkuppe, und vor uns breitete

sich Vilnius aus – ein Archipel alter Kirchtürme in einem Meer neuer grauer Hochhäuser.

Wir suchten nach dem Krankenhaus, in dem Zofia geboren worden war, aber ohne Erfolg. Wir überquerten den Platz vor dem alten KGB-Hauptquartier und gelangten zur St. Jakobskirche. Sie wurde gerade restauriert. Innen wuchs ein Netz hölzerner Baugerüste gleich einer kunstvollen Treppe bis zu den Gewölbedecken hinauf. Eine Gruppe von Frauen fegte den Baustaub vom Steinfußboden.

Zofia ging zu ihnen hin. »Wissen Sie«, sagte sie, »daß mein Vater vor zweiundsiebzig Jahren in der Nacht vor meiner Geburt hierher, in diese Kirche, gekommen ist und so intensiv gebetet hat, daß er über Nacht eingeschlossen wurde? Stellen Sie sich das vor!«

Die Frauen lächelten Zofia an und schauten auf ihre Kleidung. Sie verstanden keine Silbe Polnisch.

»Wenn ich nur wüßte«, sagte Zofia, als wir aus der Kirche traten. »Irgendwo hier war die Mickiewicz-Straße. Wir hatten da eine Wohnung – Nummer 62.«

Ich fragte einen Eisverkäufer nach dem Namen der Straße.

»Gedimino.«

»Und davor?«

»Davor?« höhnte er. »Stalin, Lenin, Hitler, suchen Sie sich's aus . . .«

»Und vor dem Krieg? In der polnischen Zeit?«

»Ach damals! Damals hieß sie Mickiewicz.«

»Dann also«, sagte Zofia, »steht der Block am anderen Ende. Der letzte vor dem Fluß.«

Es war ein langer Weg. Kleine blaue Plaketten verkündeten die Nummern. Wir folgten den geraden auf der linken Seite. Nummer 60 war gegenüber dem neuen Parlamentsgebäude. Aber eine Nummer 62 gab es nicht, nur einen weiten Platz, die Straße und den Fluß.

Wir gingen zur Mitte des Platzes vor. Er war leer. Zofia blickte sich um und schüttelte den Kopf.

»Es ist alles so sonderbar, Phiilip! Weißt du, wenn ich mich jetzt als Sechzehnjährige hier über die Straße spazieren sähe, ich glaube wirklich, das Mädchen wäre mir vollkommen fremd.«

Wir gingen im Halbkreis am Fluß entlang zurück in die Altstadt. Zofia wollte die Wundertätige Muttergottes sehen. Die Kapelle, in der sie hängt, steht oberhalb eines der alten Stadttore, dem »Spitzen Tor«, der Ostra Brama. Davor tummelten sich Scharen von Bettlern und eine Gruppe autistischer Kinder. Eine Frau mühte sich auf den Knien die Stufen hinauf.

Im Innern der Kapelle stand Zofia mehrere Minuten vor dem Bild. Das Kerzenlicht spielte auf ihrem Gesicht. Um sie war das Andachtsgemurmel der Alten, Kranken, Neugierigen, der wenigen neuen Anhänger des postsowjetischen Katholizismus.

Das Bild selbst war ganz außergewöhnlich. Wenn man es betrachtete – das von Silber umschlossene, talgig verblaßte Gesicht mit den halbgeschlossenen Augen und der leicht geneigten Kopfhaltung (das angeblich das Gesicht der Barbara Radziwiłłóna zum Vorbild hat) –, wurde es immer trauriger und trauriger und noch trauriger, bis es schien, als sei keine Traurigkeit zu umfassend, kein Leiden zu groß, als daß die Heilige sie nicht auf sich nehmen könnte. Die Andächtigen und die Pilger hielten die Perlen ihrer Rosenkränze zwischen den Fingern und wiederholten inbrünstig Beschwörungsformeln, während sie sie wie in unentrinnbarer Trance anstarrten.

Zofia stand abseits, ohne Rosenkranz in der Hand, ohne Beschwörungsformeln auf den Lippen; ihr Gesicht zeigte einen Ausdruck von Verlorenheit, der so typisch für sie war, daß er einer Signatur glich. Ich habe nie entscheiden können, ob er dem Weinen näher war oder dem Lachen.

Unter dem Bild hing gleich einem Lächeln eine silberne Mondsichel. Rundherum waren Täfelchen über Täfelchen mit Gold- und Silberherzen, eingravierten Namen, betenden Figuren, silbernen Armen, Beinen, Händen und Füßen – und Mitteilungen: »Dank für die Erhörung meiner Herzensgebete. St. Petersburg 1912.«

Das war das Jahr gewesen, in dem Helena erstmals allein hierhergekommen war. Sie war dreizehn und hatte eben angefangen, mit ihrer Mutter die Klingen zu kreuzen. In der Ostra Brama, schrieb sie später, hatte sie ihre jugendliche Wut in einer Atmosphäre offensichtlichen Verständnisses herauslassen können.

Draußen regnete es, ein sanftes Nieseln, das die Umrisse der Gebäude verschwimmen ließ und wie Tautropfen an Zofias grauem Haar hängenblieb. Sie setzte einen wasserdichten Hut auf, den sie unter dem Kinn zuband.

»In den schlimmsten Kriegsjahren in London habe ich ein Gedicht über diese Muttergottes geschrieben. Es hat irgendeinen Preis bekommen. Ich weiß eigentlich nicht, warum, so gut war es nicht...« Und sie lächelte, als wir über das Kopfsteinpflaster zum Tor hinausgingen.

An einem Abend in Vilnius trafen wir uns mit einem polnischen Geschäftsmann und dessen Frau. Sie waren Freunde von Warschauer Freunden. Sie hatten eine Firma gegründet, die erfolgreich Fertignahrung aus Frankreich und Deutschland importierte. Nein, sagten sie, es gebe für die polnische Minderheit in Vilnius keine Probleme, jedenfalls nicht, solange man gute Geschäfte mache.

Wir aßen in einem neuen Restaurant. Die Zahl der Kellner übertraf die der Gäste mindestens im Verhältnis zwei zu eins. Wir saßen auf ledergepolsterten Stahlrohrstühlen an Rauchglastischen. Der Geschäftsmann tupfte sich den Mund mit der Serviette ab, berührte Zofias Arm und sagte: »Nachher möchten wir eine kleine Fahrt mit Ihnen machen, wir würden Ihnen gern die Neubauten zeigen.«

Es dämmerte. Wir fuhren aus der Altstadt hinaus, an der Allee vorbei, wo Helena 1915 gewohnt und die Ankunft der Zuchtpferde erlebt hatte; vorbei an der Kirche, in der sie 1918 fromm gebetet hatte, das Chaos möge enden, und wo sie ihren Rosenkranz so fest umklammerte, daß er, wie sie sich erinnerte, tiefe rote Male in ihrer Hand hinterließ.

»Meine Mutter hat hier irgendwo gewohnt«, sagte Zofia zu dem Geschäftsmann. »1915 und dann wieder 1918.«

»Tatsächlich?« sagte er.

»Und ich bin in einem Krankenhaus irgendwo dort geboren…«

»Interessant!«

Aber er verlangsamte keineswegs das Tempo.

Zum Stadtrand hin begannen die Neubauten. Sie füllten den Horizont, standen reihenweise vor dem dunkler werdenden Himmel, die Fenster schwach erhellt, die starr angeordneten Fassaden trotzig und kalt, eine Reihe hinter der anderen, wie Heizkörper, die darauf warten, eingebaut zu werden.

Die Frau des Geschäftsmanns drehte sich zu uns um. Sie lächelte. »Schön, nicht?«

Ich nickte.

Und dann waren wir mittendrin. Überall waren Kräne,

Stapel von Spannbetonblöcken, aufgerissener Boden. Das Grau der Gebäude verschmolz mit dem Grau des Himmels. Die Bauten schienen endlos. Wir fuhren um einen Komplex von Häuserblocks herum, und dann kam der nächste und wieder der nächste, bis ich mir vorstellte, wir wären in einer Art finster-modernistischem Labyrinth, wo der Minotaurus ein gelber Erdbagger, Theseus ein Bauaufseher und das Wollknäuel nichts anderes als das verlängerte Maßband eines Baumeisters wären.

»Wenn Sie bedenken«, sagte der Geschäftsmann, vor Freude grinsend, »vor fünf Jahren war das hier nur ein Dorf. Ein Dorf! Und sehen Sie jetzt!«

Wie um seine Bemerkung zu veranschaulichen, erreichten wir den Ausgang des Labyrinths, und plötzlich sank der Horizont wieder bis zu den Waldwipfeln herab. Und da, zwischen aufgetürmten Grassoden und Betonrohren, stand auf einem höher gelegenen trockenen Eiland unberührten Bodens, von Obstbäumen halb verborgen, ein Holzhaus. Ein Hund war an einer Wand angekettet, und in einem der Fenster leuchtete ein einzelnes Licht durch die Vorhänge.

20

Weihnachten 1921, als der Schnee gegen die Ufer des Njemen wehte, mußte der Wiederaufbau in Mantuski unterbrochen werden. Adam kehrte nach Druków zurück. Er übernahm in der Dorfversammlung den Posten eines Richters. Im Frühjahr behielt er ihn bei und übertrug Bartek die Arbeiten in Mantuski.

Adam und Helena verbrachten weitere zwei Winter in der *oficyna*. Es waren strahlend helle, aber karge Jahre. Polen zog sich in dieser Zeit aus dem Sumpf von Krieg und Revolution und fand zu einer harmloseren Routine politischen Gezänks. In Druków nahm kaum jemand wahr, was außerhalb des Dorfs geschah.

In Mantuski kam man schubweise voran. Die Ziegelei war wieder in Betrieb, ebenso die Sägewerke. Aber manchmal lag die Baustelle wochenlang brach, wenn sie auf Zement warteten, auf einen Eimer, eine Schachtel Nägel, oder alle verzogen sich, um zu pflanzen oder zu pflügen und dem wichtigeren Geschäft, die eigene Versorgung zu sichern, nachzugehen.

Adam und Helena fügten sich in den langsamen Genesungsrhythmus des Landes. Nur eines beeinträchtigte den Erholungsprozeß, und das war Helenas Gesundheit. Im Frühjahr 1922 holte sie sich eine Rippenfellentzündung, im Sommer hatte sie eine Blutung in einem Lungenflügel. Adam vertraute Zofia Panna Konstancja und der Ziegenmilch an und brachte Helena in ein Sanatorium in Südpolen. Die Ärzte sagten, sie müsse ein halbes Jahr bleiben.

Das Rabka-Sanatorium war ein alter *dwór* mit hohen Decken und langen hallenden Korridoren. Über Helenas Bett hing ein Ölbild von Krakau, und die Läden am Schiebefenster waren kaputt. Die Tage waren trübselig und bedrückend, und Helena fühlte sich wie in einer Falle – in der Falle ihrer eigenen Anfälligkeit, eingesperrt von den fernen Bergen, von den frischgesichtigen Krankenschwestern. Sie sehnte sich nach den Wäldern und nach Druków und Mantuski; sie sehnte sich nach Adam, nach Zofia und nach den Tieren. Sie schrieb Briefe:

Rabka-Sanatorium, 19. Mai.

Adam, Liebster,

es kommt mir vor, als wäre ich schon hundert Jahre hier, jeder Tag ist genau wie der Tag davor. Ich gehe zu den Mahlzeiten. Ich gehe in mein Zimmer zurück. Ich lese, bis mir die Augen vom Lesen weh tun. Ich fühle mich besser, obwohl ich nachmittags so schrecklich müde werde …

Adam, ich habe Dich im Stich gelassen. Was für eine Mutter werde ich abgeben, immer krank und weit weg von meinem Kind? Schreib mir, was es Neues gibt, bitte. Ich denke jeden Augenblick an Dich und meine süße Zofia und Haust und an alle in Druków. Gib ihnen allen einen Kuß von mir.

Helena.

*

Druków, 27. Mai.

Wundertätige Helena! Dein Brief kam heute, und ich habe ihn mit hinausgenommen und im Wind geschwenkt. Sei nicht hart mit Dir, *kochana*, sieh Dich nicht so scheel an … Denk Dir, heute nachmittag hatte ich einen zottelhaarigen Räuber im Gerichtssaal. Er hatte versucht, das Pferd des Pfarrers zu stehlen. Während er aussagte und eine rührende Geschichte auftischte von den Ställen des Pfarrers und von seiner gerade verstorbenen Mutter, merkte ich plötzlich, daß ich überhaupt nicht zuhörte, sondern an Dich dachte! Du standest in Deinem Pelzmantel vor der *oficyna*, und Deine Wangen glühten im Schnee. »Helutka!« murmelte ich. »Helutka!« Der arme Räuber dachte, ich wäre verrückt! Ich mußte ihn laufen lassen... Haust hat ein sehr trauriges Gesicht und vermißt Dich sehr...«

*

Rabka-Sanatorium, 1. Juni.

... Heute habe ich den Nachmittag auf der Terrasse zugebracht. Die Bienen waren unermüdlich – was für einen Lärm sie gemacht haben! Ich habe eine Menge gelesen. Es gibt sonst nichts zu tun. Einige dieser polnischen Schriftsteller mit ihrer unentwegten Parteinahme sind es wirklich nicht wert, aber ich liebe die Skandinavier. Ich habe Ibsen gelesen. Ich habe eine liebe Frau aus Wilna kennengelernt, die irgendwelche fürchterlichen Verschleißerscheinungen hat, aber wir heitern einander mit Gesprächen über Wilna und Mickiewicz auf. Wie geht es den Pferden?

*

Druków, 11. Juni.

... Ich habe versucht, Gniadka einzuspannen, sie hat einen Schwingstock zerbrochen und sich dann geweigert zu pflügen, aber Siwka hat sich wie ein Engel anschirren lassen. Ich habe heute acht Hennen nach Mantuski geschickt! Der Pfarrer ist sehr wütend wegen des Räubers, aber ich konnte es ihm doch nicht erklären! Haust geht es gut. Dem Baby geht es gut. Aber wir alle

fragen – wo bist Du? O meine Liebste! Mein Zugvogel!
Wir denken alle an Dich. Die Welt ist herrlich, wenn ich
bei Dir bin. Wohin ich meine Augen wende – überall sehen sie Dich! Ich werde jetzt auf die Felder gehen und
im Buchweizen, zwischen den Kiefern, auf den Lichtungen im Wald nach Deinem Gesicht Ausschau halten.
Ich küsse Deine Lippen, mein Liebling. Meine Lippen
schmerzen richtig vom Küssen ...

*

Rabka, 20. Juni.

Adam, Liebster, alles ist fast genauso wie zuvor. Ich
sehe aus dem Fenster. Ich beobachte die Wolken über
den Hügeln. Was für eine Qual das alles ist! Ich muß unbedingt von hier fort. Ich denke an Zofias weißes Ge-
sichtchen und frage mich, warum Gott mir ihre ersten
Monate verweigert hat. Heute ist hier ein junger Soldat
gestorben, an einer Beinwunde, die er sich im Kampf gegen die Bolschewisten zugezogen hat. Er sah wie siebzehn aus. Es wurde eine Messe für ihn in der Kapelle gehalten ...«

*

Druków, 1. Juli.

Liebste Helena, ich bin in unserem Schlafzimmer in
der *oficyna*. Es ist mitten in der Nacht. Ich habe einen
Schlafrock von vor dem Krieg gefunden. Die Stille
summt in meinen Ohren. Zofia schläft. Vor zwei Tagen
bin ich in Mantuski gewesen, das Dach ist fast fertig!
Eine Henne ist gestorben, aber die anderen legen gut.
Morgen muß ich einer Autopsie beiwohnen. Die Ärzte
werden den Leichnam aufschneiden, und ich werde Fragen stellen. Uff!

... Gute Nacht, meine Hela, die Hähne fangen an zu
krähen. Überall sind Mäuse. Wir müssen Mausefallen

kaufen. Ich bin sehr müde, und meine Hand wird immer langsamer. Gute Nacht, meine teure Liebste,
Adam.

*

Rabka, 16. Juli.
... Ich habe beschlossen, nach Hause zu kommen, Adam. Der Arzt wird mich noch einmal untersuchen, aber er hat gesagt: »Ich kann Sie nicht zwingen zu bleiben.« Ich lege das so aus, daß ich nach Hause kann. Ich lasse Dich wissen, wann ich komme ...

*

Als Adam schließlich begriff, daß sie nach Hause kommen wollte, reiste er zum Sanatorium. Er trug einen neuen Mantel und blankgeputzte schwarze Schuhe. Er sah schmaler aus. Sie saßen lange auf Helenas Bett und redeten zu viel und zu schnell. Dann gingen sie zum Arzt.

Der Arzt trug halbrunde Brillengläser. Er sah sie beide an, nahm dann die Brille ab. Er deutete auf zwei Korbstühle. »Bitte, nehmen Sie Platz ... Pani Brońska, Ihre Lunge ist jetzt ausgeheilt. Ich würde Sie gern noch ein paar Wochen hierbehalten, aber wenn Sie darauf bestehen zu fahren, was kann ich dann tun?«

»Danke, Doktor.«

»Aber ich muß Sie warnen, daß es sehr riskant für Sie wäre, weitere Kinder zu bekommen.«

Daheim in Druków konsultierten sie Onkel Bischof. Der konsultierte Rom. Monate vergingen, und Helena kam, für sich selbst zumindest, zu dem Schluß, daß es gerechtfertigt war, Empfängnisverhütung zu praktizieren: weil sie dadurch gerettet und in den Stand gesetzt würde, Zofia eine Mutter zu sein.

Doch die Antwort aus Rom war unmißverständlich:

»Der Soldat stirbt auf dem Schlachtfeld, die Frau im Kindbett.« Und binnen weniger Monate erwartete sie wieder ein Baby.

Dieser zweite Winter in der *oficyna* war kalt und düster und sehr lang. Helena lag tagelang unter ihrer Steppdecke. Sie sah die schwarzen Buchenzweige den Himmel streifen. Halbfertige Kissenbezüge stapelten sich neben ihr. Zofia, in Windeln, lag im Kinderbett in der Ecke, Haust zusammengerollt in seinem halbmondförmigen Körbchen vor dem Feuer; der Wind zerrte an den Dachrinnen.

Helena wartete. Sie wartete während der langen Vormittage und der gelben Dämmerungen; sie wurde träge vor lauter Warten; in ihren dunkleren Augenblicken, allein in der hölzernen Festung des Hauses, war sie überzeugt, daß ihr ganzes Leben so gewesen war: eine Verurteilung, ein Warten auf Erlösung.

Im März wurde ihr Erlösung gewährt. Sie brachte, ohne jegliche Komplikationen, einen Sohn zur Welt; eine Woche später stand eine dreijährige Stute, das Geschenk von Adams Vater, im Drukówer Hof.

Helenas Bericht über ihre frühen Jahre endet etwa um diese Zeit. Bilder der zwanziger und frühen dreißiger Jahre – der ersten zehn Jahre in Mantuski – steigen aus ihren Unterlagen von damals auf: aus Briefen, Geschichten, Tagebuchfetzen, all jenen Teilen und Stücken, die die Flucht überlebt haben. Bestimmte wichtige Ereignisse beschloß sie, im Detail aufzuschreiben, und eines davon war der Umzug nach Mantuski. Sie hatte dafür die Seiten eines kleinen, in grünes Leder gebundenen Notizbuchs gewählt. In Braganza hatte Zofia mir diese Passage einmal vorgelesen, wobei sie im Lesen übersetzte.

Ich rief sie an und fragte, ob wir sie noch einmal durchgehen könnten. Zofia sagte, sie werde das Notizbuch ausgraben und mich zurückrufen.

Ich hörte nichts von ihr, weder am Nachmittag noch am Abend. Am Morgen rief sie an und sagte: »Phiilip, ich verstehe es einfach nicht. Ich habe gesucht und gesucht und gesucht!«

Ich sagte ihr, sie solle sich keine Sorgen machen.

»Nein, ich bin wie ein Hund mit einem Knochen, wenn ich in diesen Zustand gerate – ich muß immerzu darauf herumkauen.« Sie lachte in sich hinein. »Ich habe sogar gebetet, einmal zu Mama, einmal zum Heiligen Antonius! Ich habe fünf Pfund für die Armen versprochen, falls es wieder auftaucht. Bist du sicher, daß du es nicht hast?«

Ich sagte, ich würde nachsehen, aber ich wußte, daß ich es nicht hatte. Am nächsten Tag rief sie wieder an. »Gut gemacht!«

»Was?«

»Du hast doch das Buch gefunden, oder? Es lag hier, als ich zurückkam ...«

Das Buch war auf dem Stuhl in ihrem Zimmer aufgetaucht. Während ihrer zweitägigen Suche hatte sie oft auf diesem Stuhl gesessen. Ob es nun Helena war, die das Buch dort hingelegt hatte, oder der Heilige Antonius, konnten wir nicht entscheiden. Aber wer auch immer, jedenfalls waren er oder sie eindeutig dafür, daß die Geschichte erzählt wurde. Und die Armen bekamen ihre fünf Pfund.

Es war der 8. November 1923, ein schneidend kalter Herbsttag. Zwei Ackerkarren und eine *bryczka* standen unter den Drukówer Linden bereit.

Auf dem ersten Wagen stapelten sich Matratzen, Schrankkoffer, Gefäße mit Eingemachtem und landwirtschaftliches Gerät; dazwischen stand Helenas versiegelter

Bienenkorb; an einer Karrenseite war ein Paar Holländerkühe angebunden. Die Zügel der *bryczka* lagen in Adams Händen; zu seinen Füßen lagerte die Retrieverhündin Elta mit ihren vier Wochen alten Jungen.

Der zweite Karren, dem Siwka und Gniadka vorgespannt waren – die zwei Pferde, die ihre Hochzeitskutsche gezogen hatten –, war innen mit Kissen und Teppichen ausgelegt. In ihm saßen Tekla und die Kinder – Zofia in einen Wieselpelzumhang gewickelt, ihr Bruder im Schoß seiner Amme.

Und neben ihnen allen her ritt Helena auf der neuen Stute: »... vierundzwanzig Jahre alt, ernsthaft, aufgeregt, pflichtbewußt ... Ich trabte neben den Karren auf und ab, als sie anfuhren, redete auf Adam ein, mahnte die Mädchen, die Kinder vor dem Wind zu schützen ...«

Den ganzen Morgen fuhren sie durch Wald. Im Lauf des Nachmittags lichteten sich die Bäume, und zwischen ihnen tauchte das glitzernde Band des Njemen auf. Sie überquerten den Fluß und fuhren auf das Haus zu.

Helena ritt voraneg. Das neue Haus hatte zu jeder Seite der Vortreppe fünf Fenster und an einem Ende einen dreistöckigen Turm. Sie saß ab und ging hinein. Die Luft war kühl und feucht; es roch nach Kalk und frischer Farbe. Alles war so sauber und weiß wie in einem Krankenhaus. Die Zimmer waren leer, und die tiefstehende Sonne schien ungehindert auf die nackten Dielenbretter. »Wir müssen seine Seele finden«, erinnert sie sich, gedacht zu haben, »wir müssen die Seele des Hauses finden und es mit Stimmen füllen ...«

Draußen hatte sich eine kleine Gruppe von Dorfbewohnern versammelt, um die Ankunft der Brońskis zu beobachten. Mit steinernen Mienen ließen sie ihre Augen über den Inhalt der Karren wandern.

Adam sprang von der *bryczka* und begrüßte sie.

»Na, Panoczek«, sagte einer von ihnen und lachte, »da haben wir ja wieder was zum Plündern.«

Helena schrieb, wie es sie bei diesen Worten kalt überlief, und schloß ihren Bericht mit dem Gedanken:

In den ersten Jahren in Mantuski lebten wir wie in einem brodelnden Kessel – umgeben von Bauern, Deutschen, Bolschewisten … wohin treibst du, Polen, wohin?

Diesen Winter machten sie zwei oder drei Zimmer auf der Flußseite des Hauses bewohnbar. Adam und Bartek zimmerten ein paar Bettstellen aus Birkenbrettern, einen Tisch und einen Waschtisch aus Birke. Helena schrieb: »Wir führten den ersten Winter ein Kosakenleben, aber es gab nur wenig, das uns Sorge machte …«

Einen Abend hielt Helena in ihrem Notizbuch fest. Es war Mitte Dezember, und Adam und sie saßen in ihrem provisorischen Eßzimmer. An einer Wand hing ein Wolfsfell. Der Tisch war von Abendbrotresten übersät – ein paar Äpfel, Käse, eine Schüssel Salzheringe, ein Brocken Schwarzbrot.

Adam erzählte, was er den Tag über getan hatte, daß er den Schnee vom neuen Scheunendach geräumt hatte, erzählte von seinen Plänen, im Frühling den Obstgarten einzuzäunen, und von der Jagd im Moryner Wald.

»Und der neue Schlitten«, fragte Helena, »hast du die Kufen gewachst?«

»Längst erledigt, *kochana*!«

Der Samowar gurrte in der Ecke; das Holz knisterte im Herd; Haust lag ausgestreckt davor.

Helena stand auf und ging zum Fenster hinüber. Sie zog die Vorhänge zurück. Der Mond war beinahe voll. Sie legte eine Hand auf das Glas und sagte: »Adam, warum probieren wir diesen neuen Schlitten nicht aus?«

Sie tranken jeder einen großen Aufmunterungsschluck, dann verließen sie das Haus. Sie gingen über die Einfahrt zum halbfertigen neuen Stall. Die Nachtluft prickelte auf ihren Wangen, aber es war windstill. Über den südlichen Himmel zog sich die lange Kartusche einer Wolke, die am oberen Rand silbrig im Mondlicht schimmerte.

Der Schnee war funkelnd weiß. Der Fluß sah aus wie ein langes, mit Zuckerbröseln bestreutes Tischtuch; und hier, nur Zentimeter oberhalb des Njemen, probierten sie den neuen Schlitten in jeder Gangart aus.

Helena lenkte. Sie fuhr flußaufwärts Richtung Osten, auf die russische Grenze zu. Der Mond stand wenige Grad südlich von ihrem Kurs, doch als der Fluß eine Biegung machte, schwenkte das Licht über ihren Pfad und löste sich vom Schnee, um ihnen in die Augen zu scheinen.

Adam rief lachend über den Fahrtwind hinweg: »Schneller, Helutka!«

Sie schnalzte mit den Zügeln, und die Pferde steigerten ihr Tempo noch einmal. Die Kufen durchschnitten den Schnee; die Pferde zogen mit wehenden Mähnen die Spur. Ihre Hufe trommelten unisono auf dem Schnee, und ihre Bewegungen spiegelten sich ineinander.

»Ai-ai!« rief Adam. »Die beiden laufen zusammen, als wären sie elektrisch geladen!«

Der Fluß führte an schneebedeckten Auwiesen vorbei. Eiswülste hingen über das Ufer, darunter hatten sich Hohlräume gebildet. Der Schlitten stürmte voran – zwischen dunklen Feldern, zwischen Kieferngruppen, die den Sternenhimmel zackten, zwischen geistergrauen Birken, zwischen dem Weiß des Flusses und dem Schwarz des Waldes.

Dann tat sich eine Lücke zwischen den Bäumen auf. Der gefrorene Njemen lief hindurch, und sie befanden sich auf einer weiten Ebene. Der Himmel zog sich bis auf einen schmalen Streifen am Horizont zurück. Irgendwo fern im Norden glühte orangefarben ein winziges Feuer, ein Farbedelstein in der farblosen Nacht.

Helena holte Atem. Sie zog ruckartig an den Zügeln. Die Pferde wurden langsamer, liefen eine Weile im Trab weiter. Dann verengte sich die Ebene, und der Wald drängte an die Ufer heran. Sie zog wieder an den Zügeln, und der Schlitten hielt.

Stille. Zwei Atemwölkchen hingen über dem Schlitten. Siwka warf den Kopf in den Nacken und wieherte, und Bäume und Schnee nahmen den Laut in sich auf.

Adam sagte: »Wenn wir weiterfahren, sind wir morgen früh in Rußland!«

»Ich weiß.«

Adam zog die Wolldecke über Helenas Schultern. Lange Zeit lagen sie so da, atmeten flach und schwiegen, bis die Kälte zwischen ihnen aufstieg und sie den Schlitten wendeten und heimwärts fuhren.

21

In *einem* der ersten Winter – es ist nicht klar, in welchem
– verzeichnet Helena die Rückkehr von Onkel Alek nach
Mantuski. Sie und Adam saßen spätabends allein in ihrem
neuen Wohnzimmer, als eine Reihe dumpfer Geräusche
ertönte.

»Wer ist das, Liebster?« fragte Helena, ohne von ihrer
Lektüre aufzublicken.

Adam hob stirnrunzelnd die Hand. Beide hörten sie,
wie die Türen im Flur zur Küche eine nach der anderen
geöffnet und wieder geschlossen wurden. Dann lächelte er.
»Onkel Alek … Es ist Onkel Alek! Er ist wieder da!«

Aleksander Broński war ein sehr entfernter Verwandter.
Er war im ersten Teil des vergangenen Jahrhunderts geboren, wenige Jahre, nachdem Napoleon über den Njemen
zurückgejagt worden war. Mit dem siegreichen Zaren als
Namenspatron schlug er die Militärlaufbahn ein, zeichnete
sich im Kaukasus aus, wo er wagemutige Spähtrupps die
Nachschublinien entlangführte, und hielt im Krimkrieg
ein uneinnehmbares Reduit, wo er und ein griechischer
Pulverbursche als einzige überlebten. 1856 nahm er, hoch-
dekoriert und mit Ruhegehalt, seinen Abschied und kaufte
Mantuski.

Aleksander war es, der das alte Haus gebaut hatte. Er
riß einen bescheidenen *dwórek* ab, errichtete ihn neu und
erwarb zusätzlichen landwirtschaftlichen Grund und Wald.
Er beteiligte sich an den üblichen Kartenspielrunden, Jag-
den und Banketten und machte Stippvisiten in St. Peters-

burg, wo er in der Regimentsmesse Wodka trank und »die Zigeunermädchen aufsuchte«. Dann fiel sein Auge auf eine junge Russin, eine nicht allzu vermögende Erbin, die nördlich der Pripjetsümpfe zu Hause war.

Einen ganzen Herbst lang ritt er von Mantuski aus zweimal im Monat dorthin und versuchte sie zu überreden, ihn zu heiraten.

»General Broński«, sagte ihre Mutter zu ihm, »Sie sind ein Mann von Format. Aber Sie sind unpassend für meine Tochter. Sie sind Pole und Katholik und haben schon zu viele Stuten in Ihrem Stall gehabt.«

Doch er blieb hartnäckig. Im Januar stürmte er bei Schneegestöber in einem knöchellangen Wolfspelzmantel ins Haus. Das Mädchen war allein. Er warf den Mantel ab und kniete vor ihr nieder. Unter dem Mantel trug er nichts.

»In all meiner Blöße«, rief er, »bitte ich Sie, mich zu heiraten.«

Nachdem das arme Mädchen ihn so gesehen hatte, fühlte sie sich moralisch verpflichtet, seinen Antrag anzunehmen. Sie zog nach Mantuski. Sie gebar Broński fünf Söhne und führte seinen Haushalt. Aber es dauerte nicht lange, bis der alte General wieder zu vagabundieren begann. Er blieb wochenlang in St. Petersburg und brachte in späteren Jahren eine seiner Geliebten als »Gouvernante« mit nach Mantuski. Um das Gerede der Diener zu unterbinden, mußte seine Ehefrau im selben Raum hinter einem Wandschirm schlafen.

In den Augen der Mehrheit war es Onkel Aleks lasterhaftes Leben, das ihn dafür bestimmte, in Mantuski zu spuken. Aber es gab noch eine andere Theorie. Um seine russische Braut heiraten zu können, hatte Aleksander Broński seinem katholischen Glauben abschwören müssen. Er wurde auf dem orthodoxen Friedhof beigesetzt.

Von solch einem heidnischen Ort aus, betonten die gottesfürchtigeren Familienmitglieder, konnte ein Broński unmöglich in den Himmel gelangen.

Laut Zofia war Aleksander Broński ein trauriges Gespenst. Er wanderte in den Fluren des neuen Mantuski, drückte Türklinken herunter, schlurfte durch die Diele, brachte die Treppenstufen zum Knarzen. Die Standuhr in der Diele ging während seiner Besuche immer nach – die einzigen Momente, in denen sie versagte.

Zofia erinnert sich, ihn an ihrem Bettende sitzen gesehen zu haben, in seinem Wolfspelzmantel, eine Kerze in der Hand. »Er sah so unglücklich aus!« Sie begann sich vor seinen Besuchen zu fürchten.

»Wir müssen ihn loswerden«, sagte Helena zu Adam.

»Helena!«

»Nein, Adam. Er muß weg. Das wäre das Beste für ihn wie für die Kinder. Ich schreibe an Onkel Bischof.«

Also kam Onkel Bischof von seinem Amtssitz angereist. Er hievte seinen stattlichen Korpus von Zimmer zu Zimmer, in den Händen Gebetbuch und Aspergill; in jedem Raum schlug er das Kreuzzeichen, murmelte ein Gebet und sprengte Weihwasser auf den Boden.

Den ganzen Winter hindurch machte das Gespenst sich nicht mehr bemerkbar. Den folgenden auch nicht. Zofia schlief gut. Die Nächte waren ruhig. Und man nahm an, daß trotz aller weltlichen Sünden, trotz des nackt vorgetragenen Heiratsantrags, des Ehebruchs und des Abfalls von Rom sich im Himmel doch noch ein Winkel für den armen alten Onkel Alek und seinen Wolfspelzmantel gefunden hatte.

Doch mehrere Jahre später bemerkte Helena eines Morgens, daß die Uhr fünfunddreißig Minuten nachging. In der folgenden Nacht sah sie draußen ein Licht, das sich zwischen den schneebedeckten Büschen bewegte. Sie hörte das Knarren der Dielenbretter und dann einen Schrei aus Zofias Zimmer. Sie öffnete die Tür.

»Er war da, Mama, an meinem Bett ... Warum kann er nicht fort? Warum, Mama? Wenn er tot ist, warum kann er dann nicht in den Himmel?«

In Mantuski trafen Zofia und ich eine Frau namens Pani Cichonia, die in einem neuen Haus gegenüber der Ruine des *dwór* wohnte. Sie hatte knallrote Backen und immer einen ängstlichen Gesichtsausdruck.

»O ja, das Gespenst. Es wurde etwas von einem Gespenst gemunkelt, als wir hierherzogen. Und wissen Sie, Pani Zofia«, ihre Stimme wurde zu einem Flüstern, »im Winter ist manchmal ein Licht dort in den Bäumen, ein Licht, das da drüben hin und her schwingt ...« Und sie nickte in Richtung des Gestrüpps, das auf den Trümmern von Mantuski gewachsen war.

Zofia seufzte im Weggehen. »Er hat immer eine Windlaterne dabeigehabt, wenn ich ihn sah ...«

Also schien der arme alte Onkel Alek trotz allem, trotz Krieg, Niederbrennen des Hauses und Jahren des Kommunismus noch immer keinen Ausweg aus seinem ruhelosen Umherirren auf Erden gefunden zu haben.

In Zofias Wohnzimmer in Braganza hängt ein Bild von Mantuski. Es ist die Kopie einer Fotografie und wurde nach dem Krieg in Auftrag gegeben. Es zeigt die langgestreckte, niedrige Fassade, den Turm mit den Fenstergauben, den von Geißblatt und Rosen umrankten hölzernen Vorbau. Das Bild hat ein wenig von der glatten Hübschheit einer Pralinenschachtel. Als es 1946 gemalt wurde, wußte keiner, daß das Haus schon zerstört war. Nun ist es alles, was davon übrig ist.

Eines Nachmittags in Braganza, als Zofia unter diesem Bild saß, erzählte sie mir, sie habe eine Reihe von Notizen gefunden, die ihre Mutter vom Alltagsleben in Mantuski gemacht hatte. Sie holte aus den Tiefen eines Schranks einen Ordner mit maschinegeschriebenen Blättern. Die Blätter waren mit den Jahren vergilbt, und auf dem Umschlag stand »Der Gutsbetrieb in Mantuski«:

Im März 1924 brachen Adam und Bartek von Mantuski nach Westpolen auf. Nach sechs Wochen kamen sie mit einem Dutzend junger Holländerkühe und einem Stier zurück, die sie vor sich hertrieben. Der Stier hatte ein schwarzes Mal auf dem Rücken, das genau der Form eines Sattels entsprach. Diese Rinder bildeten die Grundlage der Milchviehherde von Mantuski. 1939 lag der Bestand bei 120 Kühen und 60 Färsen. Die Milch wurde zu Käse verarbeitet, den Broński-Käsen, die jede Woche in Kisten verpackt und mit Pferdewagen nach Lida transportiert wurden und von dort in die Läden von Wilna und Warschau gelangten.

Zu Mantuski gehörten zweitausend Hektar Kiefernwald und etwa eintausend Hektar Heuwiesen und Weideland, hauptsächlich entlang des Njemen. Die Krume war magerer Sandboden; das war der Grund für die allgemeine Armut der Dörfer. Hafer und Buchweizen waren am einfachsten zu ziehen, aber da es reichlich Rindermist gab, wurde immer wieder mit neuen Feldfrüchten experimentiert.

In den ersten zwei Jahren wurde nur genug Käse für das Haus und die *parobcy* hergestellt. Helena selbst befaßte sich damit, brachte die Milch zum Gerinnen, teilte den

Bruch mit einem Käsespatel in Würfel, preßte sie und wendete sie täglich auf ihren Regalen in dem Spezialkeller nahe dem Flußufer.

Der *dwór* hatte keinen Strom. Adam hatte gesagt, wenn das Dorf Strom bekomme, dann auch Mantuski, aber nicht vorher. (Letztlich erreichte die Stromversorgung erst 1961 die Kolchose Mantuski.)

In der Küche regierte Urszula. Den Sommer über legte sie Gurken ein und kochte Kompott aus Kirschen, Pflaumen und Birnen. Sie war eine hervorragende Köchin, beklagte sich jedoch beständig über Helenas Hunde. »Zu was sind Hunde nütze?« war ihre Rede. »Sie geben weder Pelz noch Milch, noch Fleisch.«

Helena legte die Obstgärten 1924 an. Sie gediehen rasch. Apfelbäume, Birnbäume, Kirschbäume und mittendrin die von Druków mitgebrachten Bienenstöcke. Zur selben Zeit pflanzte sie auch eine Lärche (die als einziger Baum den Krieg überstand und uns zu den Trümmern des Hauses geleitet hatte). Es gab Gewächshäuser mit Tomaten und sogar Melonen. Jeden Mittwoch verkaufte Waldek den Überschuß in Iwje auf dem Markt und kam mit Salz, Paraffin, Petroleum und »Kolonialwaren« wie Zucker und Kaffee zurück.

In Mantuski gab es einen Zimmermann und einen Hufschmied. In gemeinschaftlicher Arbeit bauten sie alle Karren und Kutschwagen und in den Anfangsjahren einen Großteil der Möbel. Von Lida wurden jeden Winter Eisenstangen geliefert, die geschmolzen und zu Ofentüren, Teilen fürs Pferdegeschirr und Nägeln geschmiedet wurden. Der Schmied war ein hochgewachsener und ernster Mann, der zurückgezogen lebte und dem man das Zweite Gesicht nachsagte.

Pferde. Mantuski war berühmt für seine Pferde. Jeder der *parobcy* war für zwei Arbeitspferde verantwortlich. Helena bot einen hohen Bargeldbonus für das am besten gehaltene Paar. Sie war gewöhnlich entsetzt von den klapperdürren Tieren, die sie auf anderen Gütern sah. Der gute Gesundheitszustand der Pferde von Mantuski habe sie 1939 gerettet, sagte Zofia.

Es waren immer Bücher im Haus, paketweise aus Wilna mitgebracht. Bücher auf französisch, englisch, deutsch und polnisch. Wochenzeitungen kamen mit der Post, und in späteren Jahren lag stets ein Exemplar der Pariser *Revue des deux mondes*, die sie abonniert hatten, auf einem runden Holztisch in der Bibliothek. Dies, fügte Zofia hinzu, war die Zeitschrift, die immer die interessantesten Gespräche auslöste.

Nach dem Frühjahrshochwasser im April weidete die Herde auf den Flußwiesen. Sie verließ die Kuhställe jeden Morgen nach dem Melken um 4 Uhr früh. Zum Mittagsmelken wurden die Milchkannen zu den Weiden hinausgefahren, die Kuhmägde saßen auf den Wagen. Unmittelbar danach wurde die Milch aufgeteilt, ein Teil wurde für das Haus, die Kälber und die *parobcy* beiseite getan, der Rest zum Käsen verwendet.

Im Sommer schwamm Helena jeden Morgen im Fluß. Nach dem Frühstück machte sie ihre »Runden« –

ritt zur Käserei, den Kuhställen und besuchte Kranke im Dorf.

Mehr als alles andere zeigen Helenas Aufzeichnungen aus dieser Zeit ihre innige Beziehung zum Land. Wenn sie vom Land sprach, dann immer mit Leidenschaft, wenn nicht Ekstase. Und doch schrieb sie 1933:

Die Einsamkeit von Mantuski! Sie ist kein Spaß. Niemand kommt im Winter. Keine verwandte Seele, mit der man reden könnte. Niemand, den man um Rat fragen kann. Adam ist immer fort, und wenn er sonntags zurückkommt, stehen die Leute Schlange, um ihn zu sprechen. Ich bin noch jung und Geselligkeiten, Theater und Unterhaltung gewöhnt. Und alles, was es hier gibt, sind Dörfer mit weißrussischen Bauern, die einen Groll auf uns haben. Ich bin für jedes menschliche Wesen und für jedes Tier im unmittelbaren Umkreis und für die Lösung jedes Problems verantwortlich. Die eisige, weiße, schweigende Einsamkeit dieser Winter, die endlosen grausamen Winter. Sie haben mich gebrochen, und ich fühle mich ständig krank und unglücklich …

Mehrere Jahre später fand sie zu einer gemäßigteren Einschätzung:

In diesen letzten Jahren habe ich gelernt, Mantuski zu führen. Ich habe gelernt, mit den Leuten umzugehen. Alles ist gut gelaufen, alles geht glatt und leicht. 1937–38 hat sich die Lage des Guts stetig verbessert, es ist zu Wohlstand gekommen. Ich bin jetzt glücklich, wenn ich hier allein bin, mehr als glücklich, umgeben von Freunden und Liebe. Gezähmte Menschenwesen, gezähmte Tiere.

Und das ist der Eindruck, der bleibt. Trotz des »brodelnden Kessels«, trotz Mühsal und Enttäuschungen, trotz des Murrens in den Dörfern war Mantuski Helenas Leben. Das Land, das Haus, ihre Familie, das neue Polen gehörten zusammen, waren miteinander verbunden in einem dichten Zusammenwirken von Erneuerung und Wachstum, das sich während der zwanziger Jahre Bahn brach. Und erst gegen Ende und in ihren dunkleren Momenten gestand sie sich ein, daß sie alle von geborgter Zeit lebten.

Zofia hat ein paar ganz deutliche Erinnerungen an die frühen Jahre in Mantuski.

In der ersten bringt eine Gouvernante sie zu Bett. Die Gouvernante sagt zu ihr, sie müsse immer mit den Händen auf der Decke schlafen. Auf der Decke! So! Das verwirrte Zofia, und sie fragte, warum. Um Unreinlichkeit zu vermeiden! Aber es bedeutete doch nur, daß die Hände kalt wurden. Sie steckte sie unter die Decke, sobald die Gouvernante gegangen war. Das ergab alles sehr wenig Sinn.

Dann erinnert sie sich an die Ankunft ihres ersten Ponys. Zofia werden gerade die Haare gewaschen. Sie sieht das Pony vom Fenster aus und rennt hinaus, mit klitschnassem Haar, aus dem das Wasser rinnt und tropft. Sie springt auf und kantert rund um den Rasen unter der Lärche. Das Pony ist sehr klein; es heißt Karmelek, was Karamelbonbon bedeutet.

Die dritte Erinnerung ist die früheste. Sie liegt in einem Kinderwagen in einer Art Laube. Es ist Herbst, und die Blätter fallen; sie fallen auf den Kinderwagen, in den Schlafsack, rund um ihren Kopf – papierene Kastanienblätter, die vom Himmel herabschweben.

»Weißt du«, sagte sie zu mir, »wenn ich an Mantuski denke, habe ich dabei immer dieses Unterwassergefühl. Diese Blätter haben etwas von flachen Steinen, die in einem Fluß zu Boden sinken … Alles ist in Grün getaucht, die riesigen Linden, alles in langsamer Bewegung …«

An noch eine Szene erinnert Zofia sich aus jenen frühen Jahren. Sie stand bei der Lärche vor dem Haus. Sie war neun oder zehn Jahre alt. Der Gärtnersohn kam über den Rasen auf sie zu. Er schlug mit einem Stock gegen den Lärchenstamm und sagte dann: »Weißt du, woher die kleinen Kinder kommen?

»Ja«, sagte Zofia.

»Woher denn?«

»Die Störche«, antwortete sie. »Die Störche bringen sie in ihren Schnäbeln aus Afrika.«

Der Gärtnersohn lachte. »Und das glaubst du?«

Sie nickte lahm.

»Das ist Quatsch!«

»Woher denn dann?«

»Willst du das wirklich wissen?«

»Ja.«

»Bestimmt?«

»Ja.«

Er beugte sich vor, um es ihr ins Ohr zu flüstern. Sie fühlte seine gewölbte Hand an ihrer Wange und seinen warmen Atem auf ihrer Haut.

»Oi-oi!« rief sie aus.

»Es stimmt! Ich habe es selber gesehen!«

Zofia runzelte die Stirn. »Und was kostet es?«

»Hundert Złoty für ein Mädchen, dreihundert für einen Jungen.«

Sie konnte es sich nur schwer vorstellen. Was für ein unglaubliches Bild! Aber, schloß sie, nicht weniger plausibel als Störche. Sie verwünschte die Gouvernante, die ihr dieses Märchen eingeredet hatte, und glaubte noch Jahre danach, daß es wirklich eine alte Frau gab, die auf dem Markt in Iwje kleine Kinder verkaufte.

22

I*m Juli* 1925 bot man Adam das Richteramt in Iwje an. Es bedeutete, daß er den größten Teil der Woche nicht in Mantuski war, aber, wie er es in einem Brief an Helena ausdrückte: »Durch die Richtertätigkeit verdiene ich genug, um Mantuski wieder auf die Beine zu helfen. Fünfhundert Złoty im Monat ist ein gutes Gehalt!«

Und von da an lebte Adam immer fern von Mantuski und kam nur an den Wochenenden und gelegentlich für ein paar Wochen nach Hause.

Zofia besitzt ein Foto ihres Vaters aus etwa jener Zeit. Er sitzt in Hemdsärmeln und Krawatte zurückgeneigt im hohen Gras. Zofia lehnt an seinem Knie. Er hat kleine Augen und einen kräftigen Kopf, und seine Statur und sein offenes Gesicht lassen die Güte, die er ausstrahlt, übergroß erscheinen.

Seine Briefe bestätigen diesen Eindruck. Aus ihnen spricht die offenbare Freude an allen Dingen. 1924 schrieb er, während einer kurzen Reise Helenas nach Wilna:

Mantuski, 15. April.

Helena, meine Liebste!

Die allerletzten Tage waren wundervoll. Auf dem Njemen bricht das Eis auf, und man kann das Wasser darunter sprudeln sehen. Der Frühling kommt! Wir haben mit dem Einzäunen begonnen. Morgen fangen wir an, dreimal täglich zu melken ... Die Kühe sind trächtig, die Pferde sind trächtig, und im Hühnerhaus quietschen ein Dutzend kleiner Küken wie Wagenräder! Ich habe in den alten Schuppen nach Ofenkacheln gesucht, aber alles scheint kaputt oder verschwunden zu sein.

Anfang der Woche hatten wir drei Tage Wolken und Regen mit erbsengroßen Hagelkörnern. Und heute – ein herrlicher Apriltag. Nicht ein Wölkchen. Ich bin durch die Felder geritten. Ich habe das erste Kollern des Birkhahns gehört. Die Lerchen tirilieren laut im Himmelsblau. Ich fühle mich bester Laune, so gesund wie ein Fisch im Njemen, ein Auerhahn auf dem Ast, ein Wolf im Moor!

Ich habe die Rosen abgeholt, und wir können sie sofort pflanzen – es sind hervorragende Exemplare mit langen, dicken Wurzeln! ... Wie gesund die Pferde jetzt aussehen – wenn ich daran denke, wie sie nach dem Krieg beieinander waren – uff! Ganz gewiß, Hela, die Dinge auf Erden bessern sich. Die Welt eilt dem Glückszustand entgegen ...

Adam hatte immer ein aufmerksames Auge für das, was sich in Warschau tat, und war stets begierig, über Staatsangelegenheiten zu reden. Wo Helena pragmatisch war, war er optimistisch; wo sie über die Korruption des Sejm schimpfte, blieb er überzeugt, mit der Zeit werde alles ins Lot kommen. »Zeit, Hela, mein Schatz. Du kannst ein Pferd nicht über Nacht zureiten. Polen ist nichts anderes als ein ungebärdiges junges Fohlen!«

Dabei hatte er mit angesehen, wie sich das polnische Parlament seit den Wahlen von 1921 von Jahr zu Jahr stärker in ein Mosaik zankender Grüppchen aufsplitterte. Ein Minister löste den anderen ab, ein Kabinett das andere; und stets erwiesen sie sich als noch inkompetenter als ihre Vorgänger.

Adam verfolgte das Kommen und Gehen, die Koalitionen, die geplatzten Koalitionen und die kraftlosen Versprechungen mit wachsender Enttäuschung. Vielleicht hatte Helena recht. Dies war nicht das Polen, für das er gekämpft hatte. Um sich herum, in den Dörfern, spürte er einen zunehmenden Groll unter den Weißrussen; seine Autorität bei Gericht stand bisweilen auf wackligen Füßen. Auf allen Seiten wurde das nationalistische Grummeln lauter.

Im Mai 1926 hatte Marschall Piłsudski das Gezänk satt. Entschlossen, das ungebärdige junge Fohlen zu zügeln, tauchte er aus dem Ruhestand wieder auf, marschierte gegen den Sejm in Warschau und setzte ihn an die Luft. Tausend Menschen starben bei den Kämpfen. Obwohl der Marschall das Amt des Präsidenten ablehnte, gelang es dem Zentrum aufgrund seines Eingreifens, seine Autorität erneut zu behaupten. Die Politik der *sanacja* – der »Sanierung« – wurde gegen die der *partyjnictwo* – der »Cliquenwirtschaft« – in Gang gesetzt.

In den Kresy kam der Sommer 1926 früh. Die Nachricht von Piłsudskis Putsch erreichte Mantuski mit den ersten Staubwolken, die von Holzfuhrwerken auf der Dorfstraße aufgewirbelt wurden. In der reglosen Luft ließ der Flieder schlaff die Blütenrispen hängen; die Uferschwalben flogen über dem Njemen hin und her.

Es war heiß; windstill, heiß und stickig. Die Hunde lagen den ganzen Tag im Schatten, trotteten mit der wandernden Sonne von einem Schattenfleck zum nächsten. Funkelnde Harzklumpen blähten sich auf den Schalungsbrettern der Hütten; die Nächte waren schwül und drückend.

Kurz nach St. Anton, an einem weiteren heißen Junimorgen, erschien Bartek mit schweißglänzendem Gesicht und ohne Hut im Eingang von Adams Büro in Iwje.

»Ärger, Pan Adam.«

»Was für Ärger, Bartek?«

»Die Dorfleute, Pan Adam. Sie haben die Holzfuhr-werke blockiert. Sie sagen, die Bäume, die wir fällen, seien ihre. Sie sagen, Sie hätten sie ihnen gegeben.«

»Um welche Bäume handelt es sich?«

»Die oben hinter der Kreuzung. Zwischen dort und der Kirche.«

»Aber ich habe ihnen den Wald oberhalb davon gege-ben!«

Adam fluchte. Er starrte Bartek einen Augenblick an. Dann schaute er weg, auf den Lichtstreifen, der in sein Büro fiel, auf den Stadtplatz dahinter. Er griff nach seinem Hut und ging mit Bartek hinaus.

Am Dorfrand von Mantuski war die Sache bereits ent-schieden. Die Holzarbeiter, denen die Durchfahrt ver-sperrt worden war, hatten vor den streitbaren Männern vom Dorf klein beigegeben. Deren Ausrüstung, bestehend aus Mistgabeln und drohend geschwungenen Dreschfle-geln, hatte ihnen angst gemacht. Sie waren zum Gutshof zurückgekehrt. Die Rebellen saßen nun in Siegerpose bei-sammen. Ein oder zwei lagen am Ufer, den Hut über die Augen gezogen. Eine Gruppe junger Männer saß im Schatten und redete hitzig mit dem *wójt*, dem gewählten Dorfvorsteher, über ihren Sieg.

Der *wójt* stand auf, als Adams *bryczka* sich näherte. Er war ein besonnener älterer Mann. Adam hatte ihn immer als aufrechten Menschen erlebt und glaubte, daß sie beide die gleiche Liebe zum Land empfanden.

Der *wójt* legte die Hand auf den Radkranz und beugte sich zu Adam vor.

»Ich kann nichts dafür, Pan Adam. Das liegt an der Politik.«

»Was können wir tun?«

»Ich habe mit ihnen geredet, aber sie wollen den Weg nicht freigeben. Es sind die Jüngeren mit ihren Ideen.«

Adam stieg von der *bryczka* herunter und ging auf die Gruppe zu. Die jungen Männer stützten die Ellbogen auf und blickten ihn ausdruckslos an.

Adam stellte sich vor sie hin. »Ich habe euch den Wald zwischen der Kirche und den Wiesen gegeben. Der Wald hier gehört dem *dwór*.«

Die stoppelbärtige Schar rührte sich nicht. Fliegen summten um ihre Gesichter. Schweigen.

Adam hielt inne und sah von einem zum anderen. »Morgen früh komme ich mit den Fuhrwerken wieder hierher und erwarte, daß ihr mich durchlaßt. Wenn ihr euch wieder dagegenstellt, werde ich gezwungen sein, von den zuständigen Stellen in Nowogródek Unterstützung anzufordern.«

Am nächsten Morgen waren sie immer noch da. Adam redete kurz mit dem *wójt* und ging dann mit ihm zum Fernmeldeamt, um mit Nowogródek zu telefonieren.

Der Bezirkskommissar war ein pensionierter Major der polnischen Kavallerie. Für die weißrussische Sache hatte er nicht viel übrig; er hatte Piłsudskis Putsch begrüßt. Er knurrte Adam über das Telefon zu: »Bis mittag bin ich in Mantuski.«

Adam holte ihn an der Fähre ab. Vier Konstabler ritten an seiner Seite. Jeder von ihnen hatte ein Gewehr in einem Sack hinter dem Sattel dabei.

Es war nicht die erste Demonstration von Stärke, mit der sich der Bezirkskommissar konfrontiert sah. Er ging sehr unpersönlich vor und verlas eine Aufforderung an die Männer, den Weg freizugeben.

Sie rührten sich nicht von der Stelle.

Er warnte sie, wenn sie den Weg nicht freigäben, werde er seinen Konstablern befehlen, über ihre Köpfe zu schießen.

Sie gaben den Weg nicht frei.

Er befahl seinen Leuten abzusitzen. Sie luden ihre Waffen und gingen in Position. »Feuer!«

Die Schüsse hallten im Wald. Ein Schwarm von Saatkrähen flatterte krächzend aus den Linden auf. Die Männer rotteten sich etwas enger zusammen, aber keiner brach aus.

Der *wójt* ging zu den Rebellen, um mit ihnen zu verhandeln; die Gruppe lockerte sich. Der *wójt* kam zurück und verkündete, sie würden die Fuhrwerke durchlassen.

Adam fragte: »Was haben Sie zu ihnen gesagt, *wójt*?«

»Ich habe nicht lange herumgeredet, Pan Adam. Ich habe ihnen gesagt, wenn ihr wegen ein paar Bäumen sterben wollt, gut und schön, aber denkt an eure Familie.«

Noch Wochen nach diesem Vorfall, schreibt Helena, war Adam in brütendes Nachdenken versunken. Noch nie hatte sie ihn so in sich gekehrt gesehen, so still. Seine gute Laune kehrte zurück, sein unbegrenzter Optimismus jedoch nicht. Und in den Jahren darauf hörte sie ihn immer häufiger von Landreform sprechen.

Bei Gericht, schreibt Helena, konnte Adam ziemlich streng sein. Nach 1926 wurde er besonders unerbittlich gegenüber dem, was er Verbrechen aus *nienawiść* – aus Haß und Verbitterung – nannte und sich entweder zwischen *szlachta* – Adligen – und Bauern oder zwischen Weißrussen und Polen abspielte. Seine Urteilsbegründungen waren um so überzeugender, da sie von einem sanftmütigen Menschen formuliert waren, und sie trafen die Verurteilten hart. Aber irgendwie beeindruckten seine Urteile die polnischen Stellen nie.

Im Sommer 1927 mußte er über eine etwa neunzehnjährige junge Frau zu Gericht sitzen, die der Polizeichef ihm vorgeführt hatte. Sie trug ein verwaschenes Baumwollkleid. Ihre dünnen Arme baumelten daraus hervor, schlenkerten wie Weidenzweige um ihre Hüften. Ihre Nase war mit kaffeebraunen Sommersprossen gesprenkelt, und sie hatte sehr große Augen, Kaninchenaugen. Sie hieß Tessa Stanicka und war des versuchten Mordes angeklagt.

»War mein Baby, Herr Richter.«

»Dein Baby? Du hast dein Baby umbringen wollen?«

»Ja, Herr Richter. Ja, Euer Ehren.«

Adam war so rasche Geständnisse nicht gewohnt.

»Warum hast du dein Baby töten wollen, Tessa Stanicka?«

»Ich hab's nie haben wollen, Herr Richter. Ich wollte keins.«

»Und was hast du mit ihm gemacht?«

»Ich hab's in der Nacht auf unsern Müllhaufen getan. Unter Kohlblätter. Aber am Morgen ist der Pfarrer, Vater Jerzy, zu meiner Mutter gekommen, weil sie so schrecklich krank war, und sein Pferd hat die Kohlblätter gefressen, und da drunter lag das kleine Baby noch ganz warm und lebendig. Wie Hochwürden in der Früh gekommen ist ...«

Der Schreiber hatte Mühe, ihrem Geständnis zu folgen, und hob die Hand, um eine kurze Unterbrechung herbeizuführen.

»Du leugnest es also nicht?«

»O nein, Herr Richter!«

»Obwohl es ein schweres Verbrechen ist und streng bestraft wird?«

»Das muß sein, Herr Richter, wenn einer ein Verbrechen begeht, so seh ich das.«

Adam nickte. »Und wo ist das Kind jetzt?«

»Im Waisenhaus, Euer Ehren Herr Richter.«

»Und ist dir klar, daß du das Kind nicht sehen darfst?«

»Wie ich gesagt hab, ich hab's nie gewollt.«

Adam sah sie über den Gerichtssaal hin an. Ihre Kaninchenaugen hielten blinzelnd seinem Blick stand. Er konnte nichts darin erkennen: weder Furcht noch Gewissensbisse, noch etwas Böses.

»Tessa Stanicka, du hast nicht nur ein schweres Verbrechen gegen den Staat begangen, sondern auch eine Sünde vor Gott. Dir wurde ein Kind geschenkt, und du hast es weggeworfen wie ein verkümmertes Ferkel. Würdest du das wieder tun?«

»Nein, Herr Richter.«

»Wie können wir da sicher sein?«

»Ich kriege kein Baby mehr, Herr Richter. Ich will keins.«

»Nein –« Ihre Logik brachte Adam einen Augenblick aus der Fassung. Er fuhr fort: »Ich kann jedoch keine Bosheit an dir entdecken und habe das Gefühl, daß du unter den rechten Umständen ein tugendhaftes Leben führen könntest. Hältst du das für möglich, Tessa?«

»O ja, Herr Richter!«

»Und tut dir leid, was du getan hast?«

»O ja, Herr Richter!«

Adam winkte den Polizeichef zu sich her und befragte ihn mit gedämpfter Stimme nach ihrer Familie.

»Ihre Mutter hat sie verstoßen«, flüsterte dieser. »Wenn sie in ihr Dorf zurückgeht, lassen sie sie da verhungern.«

Adam trommelte mit den Fingern auf den Eichentisch. Dann beugte er sich zu dem Mädchen vor. »Sag mal, Tessa, hast du schon mal in Stellung gearbeitet?«

Als Adam ein paar Tage darauf mit Tessa nach Mantuski zurückkehrte und verkündete, sie werde bei ihnen als Kindermädchen arbeiten, reagierte Helena ungläubig. »Bei unseren eigenen Kindern, Adam? Wie hast du nur diese Mörderin einstellen können?«

Doch Tessa fügte sich schnell in ihre neue Rolle. Mit der Zeit erwies sie sich als das beste von allen Kindermädchen Helenas. Andere kamen und gingen, ließen sich vom Altar verlocken oder der Stadt, aber Tessa zeigte für nichts Interesse außer für Vögel – sie hielt sich Kernbeißer, Buchfinken, Stieglitze, die sich gleich Schülern vor ihrem Fenster scharten. Sie blieb in Mantuski, unwandelbar naiv, unwandelbar loyal, von den Kindern bedingungslos geliebt und umgeben von einem ständig anschwellenden Chor von Zeisiggesang.

Helena liebte dieses Vogelgezwitscher. Es erinnerte sie an Petersburg, an Liki, ihren chinesischen Singvogel, an Tante Ziuta, den Heringsgeruch an verschneiten Straßenecken, an die Astrachanmützen im Gostinnyj Dwor; und an den Anblick ihres Vaters, wie er gebrechlich und lächelnd an der Moika stand, auf den Elfenbeinknauf seines Stocks gestützt, und ein Gedicht von Mickiewicz rezitierte.

Gegen Ende der zwanziger Jahre, schreibt Helena, war Mantuski »wieder auf den Beinen«. Die Ernteerträge hatten stetig zugenommen, und die Käselaibe wurden inzwischen zum Verkauf nach Wilna, Warschau und Krakau versandt. Das Haus sah nicht mehr neu und spartanisch aus, sondern war voll Leben – drei Kinder und die Hunde tobten darin herum; die Lärche vor dem Haus hatte die Höhe der Dachrinne erreicht.

Und doch war es immer noch ein rauhes Leben, und Krankheiten waren häufig. Eines Herbsts, als Zofia acht oder neun war, hatte ihr Bruder plötzlich hohes Fieber, und als es gefallen war, fing er an, Blut zu husten. Nach drei Tagen kam der Arzt und sagte zu Helena, das Kind habe kaum Aussicht, den Winter zu überleben, es sei denn, es könne ihn im Süden verbringen, in Frankreich oder Italien.

Da sie in Mantuski das Geld für eine solche Reise nicht hatten, redete Adam mit seinem Vater. Stanisław Broński hatte mit Erholungskuren wenig im Sinn.

»Kinder sind wie Gläser«, sagte er zu Adam. »Wenn eins hin ist, schafft man sich einfach ein neues an.«

Helenas Onkel Nicholas war verständnisvoller. Er gab ihnen das Geld, und Helena fuhr mit Tessa und den Kindern in eine kleine Villa in Juan-les-Pins. Mit Hilfe eines sehr netten belgischen Arztes wurde Zofias Bruder wieder gesund, und Anfang März reiste die Gesellschaft quer durch Europa zurück, alle Kinder von Kopf bis Fuß in nagelneue Leinenkleidung verpackt und mit unzähligen kleinen Sommersprossen auf den nußbraunen Nasen.

Die Krankheit hatte Helena mitgenommen. Sie hatte die französischen Krankenhäuser erlebt, die neuen Medikamente, die Operationssäle. Ostpolen erschien im Vergleich dazu mittelalterlich. Sie, der die eigene schwache Gesundheit ständig zu schaffen machte, erklärte nun Adam, sie werde eine Klinik für das Dorf einrichten.

»Aber Hela, du verstehst doch gar nichts davon!«

Sie sagte ihm, daß sie in Wilna früher einmal Krankenpflege gelernt hatte. Seine Miene blieb skeptisch.

Aber für die meisten Fälle erwiesen sich ihre Kenntnisse als ausreichend. Die Leiden, mit denen die Leute aus dem Dorf zu Helena kamen, waren einfacher Natur. Gravierende Dinge kurierten sie mit Gebeten oder den Wundermitteln herumziehender Quacksalber.

Zweimal pro Woche öffnete sie die Tür auf der Seite des

Hauses, und die Dorfleute betraten ein kleines Hinterzimmer, in dem sie das Schild MANTUSKI KLINIKA angebracht hatte. Zu Anfang kamen sie hauptsächlich aus Neugier, musterten die Gefäße in den Glasschränken, die nierenförmigen Becken, die Stahlscheren und Helena in ihrem weißen Kittel. Die Frauen vom Dorf blieben ihren Fähigkeiten gegenüber auf der Hut, doch die Männer waren bald ganz versessen auf das Rascheln von Helenas gestärktem Kittel und darauf, ihre sauber gebürsteten Hände auf ihrer Haut zu spüren.

Sie hatte einen kleinen Fundus an Heilmitteln, der der geringen Bandbreite an Beschwerden entsprach. Sie erfand einen Gerstenbreiumschlag für Hexenschuß, einen Zitronen-Honig-Balsam für Erkältungen und Halsweh. Sie tupfte Jod auf Brandwunden. Für Fleischwunden trieb sie in der Molkerei ungesalzene frische Butter auf und machte unter Zusatz von Kräutern einen Verband, den sie aus zerzupfter Leinwand herstellte. Als schweißtreibendes Mittel verwendete sie einen Extrakt aus getrockneten Himbeeren. Das »Dreitagesfieber«, ein in Mantuski verbreitetes Leiden, behandelte sie mit regelmäßigen Gaben von Chinin. Ansinnen, das »schwarze Blut« von Blutegeln absaugen zu lassen, lehnte sie rundweg ab und hielt einen Vorrat an Placebos bereit – Kräutersalben und Kräutertees. Wer ihr die Zeit stahl, dem kam sie ziemlich unangenehm, und besonders barsch war sie zu einer gewissen Pani Kasia, die ihr allmonatlich ihre Katze brachte, um sie von ihrer »schrecklichen Niedergeschlagenheit« kurieren zu lassen.

23

V*om Jahresbeginn* 1933 an haben sich Helenas Tagebücher mit ihren täglichen Einträgen erhalten. Sie umfassen, mit Unterbrechungen, den Zeitraum bis zum Kriegsausbruch.

1933 scheint ein anstrengendes Jahr gewesen zu sein, eine Art Jo-Jo-Jahr, ein Wechselbad der Stimmungen und Schicksalsschläge. Der Frühling hatte spät eingesetzt. Man war im Verzug mit dem Pflanzen. Mai und Juni waren sehr naß. Dann kam der Juli, wolkenlos, warm und ideal zum Mähen. Offene Kähne fuhren heubeladen über den Njemen. Die Scheunentore wurden weit aufgemacht; lange Reihen von Leiterwagen rollten quietschend durchs Dorf auf sie zu. Es war eine Rekordernte.

Am 11. Juli notierte Helena:

Was für leuchtende Tage! Die ganze Welt platzt einfach vor Aktivität, silbrige Sensen schimmern in den Wiesen, die Kirschen sind besser denn je. Das Haus ist voll Wärme und Sonne ... Adam ist zum Wochenende hier, und ich bin irrsinnig irrsinnig glücklich, wenn er da ist. Er ist so gut, so loyal, so rücksichtsvoll und so unglaublich freundlich. Ich liebe ihn mit jedem Jahr mehr. Wir haben immer mehr gemeinsam. Ich vermisse ihn so schrecklich unter der Woche ...

Sonntagmittags aßen Adam und Helena an einem großen Tisch am Fluß. Sie grillten Brachsen oder einen Njemen-hecht, und manchmal waren sie bis zu vierzehnt um diesen

Tisch versammelt – die drei Kinder, Vettern und Kusinen auf Besuch, Onkel Nicholas, Helenas alternde Mutter, Panna Konstancja aus Wilna, die neue Erzieherin aus Grodno.

Eine Weile war alles, wie es sein sollte: die Milcherträge waren hoch, der Käse hatte seinen charakteristischen Vorkriegsgeschmack zurückgewonnen, und Buchweizen und Roggen, frei von Quecke, wehten seidig in der Julibrise.

Dann passierten mehrere Dinge. Zuerst entdeckte man, daß die Erzieherin aus Grodno nachts mit einem der verheirateten *parobcy* schwimmen ging. Als Helena ihre sofortige Abreise verlangte, schloß sie sich in ihr Zimmer ein. Fast zwei Tage lang weigerte sie sich herauszukommen. Bartek mußte ihre Tür ausheben, und das letzte, was man von der Erzieherin aus Grodno sah, war, daß sie in ihrem Bett liegend auf einem Karren zum Bahnhof verfrachtet wurde.

Im August erkrankte Smok, Helenas Lieblingszuchtstier. Sie wachte die ganze Nacht bei ihm und bestrich seine schwitzenden Flanken mit einer Seifen-Molke-Lösung.

Im September dann sah sie vier ihr unbekannte Fuhrwerke in den Hof von Mantuski einfahren. Ein junger jüdischer Kaufmann aus Iwje sprang herunter und sagte, er sei gekommen, um das Heu abzuholen. Adam hatte es für jemanden, den er kaum kannte, als Sicherheit für ein Darlehen angeboten.

Helena war wütend. Sie schickte die Kaufleute mit einem Brief zu Adam. Sie schrieb ihm, sie würde ihnen nur zwei Fuhren Heu geben. Den Rest solle er mit seinem eigenen Geld ausgleichen; sollten ihre Kühe diesen Winter Hunger leiden, fügte sie hinzu, werde sie sich von ihm scheiden lassen.

Gegen Ende des Sommers machte Helena folgenden Eintrag:

Endloser Ärger mit diesem Anwesen! Smok, mein geliebter Rotbunter, liegt im Sterben. Ein anderer Stier, Paw, ist bereits tot. Die Kühe sind fortwährend krank. Adam schneit dann und wann herein, haßt es, mit Problemen behelligt zu werden, gibt unsinnige Anweisungen, läßt die *parobcy* die Pferde einsetzen, wie sie gerade Lust haben, hinterläßt mir das absolute Chaos und verschwindet. Es schüttet. Stefania, das Waschmädchen, ist krank. Wir haben keine saubere Wäsche mehr. Es ist genug, um einen zum Heulen oder um den Verstand zu bringen ...

Gegen Weihnachten 1933, als der Winter langsam sein Netz über das Land breitete, hatte der Betrieb von Mantuski sich beruhigt. Es war klar, daß genügend Heu da war; die Kühe würden nicht verhungern; Helena dachte nicht mehr an Scheidung:

Das Leben hier ist friedlich, geruhsam, gemütlich. Adam ist aus Iwje zurück und füllt das Haus wieder mit seiner guten Laune. Wir sind liebevoll zueinander. Er spielt Spiele mit den Kindern. Wäre er doch nur häufiger hier! Letzte Nacht saßen wir auf und betrachteten den Mond und redeten. Welch ein Glück habe ich, eine solche Liebe zu besitzen! Auf dem Fluß hat das Schlittschuhlaufen angefangen und das Skifahren. Ich finde Sport etwas Herrliches ...

Am Weihnachtstag wurden Adam wie Zofia krank. Zofia hatte es sehr viel schlimmer erwischt. Binnen zwei Tagen stieg ihr Fieber auf fast 40 Grad, und sie phantasierte. Der Arzt sagte, es sei Scharlach.

»Aber sie hat Scharlach gehabt!« protestierte Helena.

»Sie hat es noch mal«, sagte er. »Das kommt vor.«

Zwei Tage lang saß Helena an Zofias Bett, während diese sich herumwarf und unsinniges Zeug redete und schwitzte. Am dritten Tag sank ihr Fieber etwas, und die ganze Familie begab sich nach Wilna. Adams Krankheit, lediglich eine Erkältung, war schnell vorbei.

Zu dieser Zeit gingen alle Kinder in Wilna zur Schule. Adam war zum Direktor einer Bank in der Stadt ernannt worden, und die Familie hatte für die Schulwochen eine Wohnung gemietet, von der aus man einen Blick auf die Wilija hatte.

Die Wilija war den ganzen Januar zugefroren, und auf dem Gelände unterhalb des Dreikreuzhügels wurde Schlittschuh gelaufen. An einem Sonntag Anfang Februar waren sie alle auf dem Heimweg von der Messe. Der Schnee im Park reflektierte das strahlende Sonnenlicht und erhellte ihre Gesichter. Zofia und ihre Brüder gingen hinter ihren Eltern her. Plötzlich mußte Adam innehalten. Er schleppte sich zu einer Bank, setzte sich und blickte Helena wortlos an. Nach ein oder zwei Minuten sagte er, er könne jetzt weitergehen, aber am nächsten Tag drängte Helena ihn, einen Arzt aufzusuchen.

Um vier Uhr nachmittags kehrte er in die Wohnung zurück. Er ließ sich schwer in einen Sessel in Helenas Ankleidezimmer fallen. Wie sich herausgestellt hatte, hatte er ebenfalls Scharlach gehabt und das war ihm »aufs Herz gegangen«. Der Arzt hatte ihm gesagt, er brauche vollständige Ruhe.

Helena war entsetzt. Sie stellte sich vor, er könne nicht mehr jagen oder Tennis spielen. Sie bat ihn inständig, sich hinzulegen. »Bitte, bitte, bitte«, schluchzte sie, und unter Anrufung aller Heiligen, auf die sie sich besinnen konnte, flehte sie ihn an, auf sich aufzupassen und in den Süden in das Heilbad Krynica zu fahren.

Adam ergriff ihre Hände. »Erst jetzt, *kochana*, erkenne ich, daß du mich wirklich liebst!«

»Du weißt, daß ich dich über alles liebe! Aber bitte, achte auf deine Gesundheit! Geh nach Krynica!«

Am nächsten Tag bestellten sie ihm beim Schneider einen neuen Anzug für den Süden. Sie nahm ihm das Versprechen ab, täglich zu schreiben und zu tun, was die Ärzte sagten. Sie suchten den Spezialisten auf. Er hatte die jüngsten Röntgenaufnahmen gesehen und schüttelte den Kopf: Adam sei nicht reisefähig. Die Aufnahmen zeigten, daß sein Herz erschreckend vergrößert war.

Er hütete das Bett in der Wohnung. Das Zimmer hatte einen Blick auf den Fluß. Helena las ihm vor, aus dem *Buch von San Michele* und aus *Edouard VII et son temps*. Sie spielten Halma und Schach. Ganz langsam besserte sich sein Zustand, und im März konnten sie wieder hinaus, in Pelze gewickelt fuhren sie mit einer Droschke durch den Wald. Aber Helena bemerkte jetzt in seinen Augen eine sonderbare Leere. Sie suchte erneut den Spezialisten auf, um mit ihm zu reden, diesmal allein.

»Was ist los, Herr Professor?«

Der Arzt rutschte unbehaglich in seinem Sessel hin und her. Sie wiederholte die Frage.

Er nahm einen Bleistift auf und sagte: »Wenn der Tod Warschau ist, Madame Brońska, dann verläßt der Zug gerade Wilna.«

Als sie wieder in die Wohnung kam, waren die Räume vom orangefarbenen Licht der Nachmittagssonne erfüllt. Helena sagte Adam nichts. Sie selbst weigerte sich zu begreifen, was der Arzt ihr mitgeteilt hatte, was sie alle wußten. Adam saß teilnahmslos in einem Sessel. Sie sprachen von Mantuski. Sie gingen jeden Winkel des Landes ab, inspizierten jedes Gebäude, jedes Waldstück; sie jagten Auerhähne, schwammen im Njemen, und sie wies sein stillschweigendes Eingeständnis zurück, daß er nichts von alledem wiedersehen würde.

»Ich hinterlasse dir Mantuski«, sagte er.

»Unsinn!« Helena ergriff seine Hand. »Du wirst auf meiner Beerdigung weinen und dann ganz schnell die Zboromirska heiraten!«

Pani Zboromirska war eine junge Witwe, die in Adams Gegenwart immer sehr munter wurde. Helena ließ ihm Blumen schicken und unterschrieb mit »Zboromirska«. Sie tupfte Wasser auf die Karte, damit es aussah wie Tränen. Adam glaubte es; verschämt behauptete er, der Strauß sei von einer Tante.

Das war in der Karwoche gewesen. Sein Zimmer stand voller Blumen. Die Kinder kamen zweimal täglich zu ihm; ihre Palmkätzchengebinde waren an die Wand geheftet. Ein Kranz von Zeitungen lag ums Bett. Spät in der Osternacht ging Helena noch einmal zu ihm, um ihm den Puls zu fühlen, und er schlug die Augen auf.

»Helena, mein Liebes.«

Sie schlief mit ihm, ein letztes Mal, voll Angst, es könne ihm schaden. Aber hinterher fiel er in tiefen Schlaf, und sie lauschte auf seine Atemzüge, wartete darauf, sie von seinen Lippen kommen zu hören, sammelte sie. Sein Gesicht war friedvoll wie eine Ikone.

Sie stand behutsam auf, um ihn nicht zu wecken, und ging im Dunkeln zum Fenster. Weit unten glänzte der Fluß silbergrau im Mondschein.

»Panta rhei«, murmelte sie. »Alles vergeht.«

»Panta rhei«, wiederholte sie Wochen später, während sie in Mantuski durchs Fenster auf den Njemen blickte und Tränen in ihren Kaffee tropften. »Panta rhei …«

Zofia war im Wilnaer Haus allein. Sie war zwölf. Sie saß auf ihrem Bett und machte Hausaufgaben. Plötzlich hörte sie ein Geräusch durch die Wand. Sie stürzte zu ihrem Vater ins Zimmer.

»Er bekam keine Luft. Ich habe ihm die Hand gehalten und etwas zu ihm gesagt, aber er hörte nichts. Da war nur dieses Geräusch, das aus seiner Kehle kam. Ich habe den Arzt angerufen, aber dort hat niemand abgenommen. Er wohnte nur zwei Busstationen weiter, und so bin ich aus dem Haus gelaufen, dem Bus hinterher, der gerade abfahren wollte. Ich weiß noch, wie der Schaffner gesagt hat: ›Vorsichtig, Kleines! Bei dieser Rennerei kriegst du ja einen Herzklaps!‹ Der Arzt war da, und wir sind eilig zu uns nach Hause, aber natürlich war Papa schon tot.

In seinem Zimmer standen Dutzende und Aberdutzende von Hyazinthen; bis zum heutigen Tag kann ich keine Hyazinthen sehen, ohne an seinen Tod zu denken.«

Adam wurde ein paar Tage später in der Familienkapelle in der Nähe von Nowogródek beigesetzt. Es war ein grauer, windiger Morgen. Onkel Bischof stand am Grab. Der Wind fegte durch die Kiefern und riß an den Seiten seiner Bibel. Bevor der Sarg geschlossen wurde, legte Helena Adam das Taschenmesser auf die Brust, das er ihr 1915 geschenkt hatte, und einen Brief. Von dem Brief hatte sie eine Abschrift gemacht:

Leb wohl, *moj ptaszyku*. Leb wohl, mein teuerstes Herz. Ich werde für Deine Kinder sorgen, wie Du es Dir gewünscht hättest, und ich werde tapfer sein. Ich werde Dich stolz auf mich machen. Möge Gott Dich segnen, mein Liebster, und möge die Erde leicht auf Dir ruhen. Ich danke Dir für das, was Du mir gewesen bist. Gott wird mir helfen. Ich werde Dich immer lieben. Ruhe in Frieden, mein Teurer, ruhe in Frieden ... «

*

1992. Nowogródek. Zofia wollte das Grab ihres Vaters suchen. Sie war sehr müde. Ich schlug ihr vor, damit zu warten, aber sie sagte, nein, sie wolle es hinter sich bringen.

Wir fuhren durch tropfnasse Wälder. Die ungeschotterte Straße war verlassen. Dunkelheit hing über allem.

»Ich erinnere mich an die Kapelle«, sagte sie. »Eine Familienkapelle auf einem niedrigen Hügel.«

Wir ließen die Bäume hinter uns, die Straße verlief jetzt zwischen Roggenfeldern. Es regnete immer noch. Ungefähr achthundert Meter nach den Feldern schloß das Dunkelgrün des Waldes sich wieder. Linker Hand war eine kleine Kuppe. »Ja, dort.«

Da stand eine Lärche, gleich der, die die Ruine von Mantuski gekennzeichnet hatte – wieder eine Lärche, die die Haselsträucher überragte. Neben ihr stand die Kapelle.

Sie war noch vorhanden, wenn auch in einem traurigen Zustand. Wir ließen das Auto stehen und gingen zu ihr hinauf. Eine der vier Säulen war zusammengebrochen, das Dach war eingestürzt.

Adams Grab befand sich außerhalb. Ein Eisengitter umgrenzte die Stelle. Innerhalb des Gitters gähnte ein Loch. Das Grab war ausgeraubt worden.

Eine kleine Gruppe von Dorfbewohnern hatte sich versammelt, um uns zu beobachten. Der Regen tropfte von ihren Hüten. Es war im Krieg, sagten sie, im Krieg – Banditen ... Partisanen ... der Schatz, die Ringe und Goldzähne ...

Minutenlang stand Zofia vor dem Gitter; sie brachte kein Wort heraus. Sie starrte in die Dunkelheit des väterlichen Grabs. »Es geht alles drunter und drüber, Phiilip, diese ganze schreckliche Welt steht kopf. Wir suchen das Grab, und es ist wieder ans Tageslicht gelangt, und wir suchen unser Haus, und es hat sich selber begraben. Alles ist auf den Kopf gestellt ...«

24

Den *ganzen Sommer*, den Sommer 1934, blieb Helena in Mantuski. Ein Strom von Besuchern zog durch das Haus. Alle wußten sie guten Rat und erteilten ihn reichlich: Onkel Bischof mit geflüsterten Andachtsübungen, Helenas Mutter (»Du hast eine Treuepflicht gegenüber deinen Kindern«), Panna Konstancja (»dieser Knochenmann«), Onkel Nicholas (»Wir sind die nächsten, die gefällt werden«).

Helena machte weiter. Sie machte mechanisch weiter. Sie stand jeden Morgen auf, zog sich an, verbrachte Zeit mit den Kindern, sah nach dem Rechten in den Pferdeställen, bei den Kühen, in der Käserei. Sie bewegte sich auf Mantuskis staubiger Sommererde wie ein Geist. Vom Geruch der Ställe wechselte sie zum Eimergeklirr beim Melken und von da in die Mittagskühle des Hauses. Doch nach ihrer eigenen Erzählung fühlte, hörte und roch sie nichts.

Der Juli war unerträglich heiß. Das Vieh wälzte sich in den Untiefen, stand knietief im Schlamm. In der gelben Nachmittagsödnis, wenn es zu hell war zum Arbeiten, unternahm Helena Spaziergänge und schwamm im Fluß – ein hoffnungloses Sichklammern an die Zipfel ihres alten Lebens.

An einem Augusttag ging sie an den brachliegenden Feldern entlang. Sie blieb stehen und schaute zurück, über die wirren Knäuel verdorrter Quecke, über den Roggenflaum; sie fühlte sich eins werden mit dem Hitzeglast, aufsteigen wie Dunstschwaden, sich hinaufschrauben wie eine Windhose. Sie schloß die Augen, reckte den Kopf, und alles war wieder orange – wie die Wilija, wie das Zimmer, in dem Adam gestorben war, in dem sie sich verlobt hatten, orange wie der Tag 1914, als sie in Klepawicze unter den Birkenzweigen gelegen hatte, der Tag, als der Krieg begonnen hatte und die Mauern ihrer ersten Welt gefallen waren.

Mit der ersten Herbstkühle kehrte Helena zur Erde zurück. Ein kleines Feuer hatte eine der Scheunen beschädigt. Ein neuer Stier wurde geliefert. Pflugscharen rissen die Stoppeln und die oberste Bodenschicht auf, und Winterroggen wurde gesät. Aus Warschau kam eine neue Erzieherin.

Helena wußte, daß ihre Mutter recht hatte; ihre erste Pflicht galt ihren Kindern. Sie schrieb eine Liste mit guten Vorsätzen:

1. Bete gegen negative Gedanken (schlimmer als böse Gedanken).
2. Sei nach außen fröhlich und heiter.
3. Bete für Adam, bete für die Kinder.
4. Sprich mit jedem Haushaltsmitglied, mach Besuche im Dorf.
5. Beklage dich nicht.
6. Beschäftige dich! Geh so oft wie möglich spazieren, reiten, schwimmen.

An einem Tag Anfang Oktober ritt sie am Njemen entlang und dann in den Wald, wobei sie ein Büschel Birkenzweige beiseite schob. Einige wenige Vögel sangen noch, und einen Augenblick lang fühlte sie sich davon emporgetragen. Sie spürte das vertraute Einswerden der Sinne, eine Empfindung, die der Wald ihr immer bereitete, und wußte, daß sie zumindest hier, inmitten der Bäume, sicheren Trost fände. Dann hörte sie das Tocktock einer Axt. Es war Sonntag: da hätte nicht gefällt werden dürfen.

Sie ritt dem Geräusch nach, und stieß auf einer Lichtung auf drei Männer neben einer frisch gefällten Birke.

»Was tun Sie da?« fragte sie. »Das Holz hier gehört dem *dwór*.«

Einer der Männer sah kurz zu ihr auf, bevor er seine Arbeit wiederaufnahm. »Der *dwór* hat jetzt keinen Herrn mehr.«

»Ich bin verantwortlich für den *dwór*!«

Der Mann schwang seine Axt, und sie blieb im Stamm einer anderen Birke stecken. Er hebelte sie heraus. »Mantuski ist kein Platz für eine alleinstehende Frau.«

»Es hat sich nichts verändert!«

Der Mann ließ die Axt sinken. Er sah wieder zu Helena auf, sagte aber nichts.

»Wenn ihr Brennholz braucht«, sagte sie, »dann kommt zum *dwór*. Es ist reichlich da. Aber dieses feige Stehlen werde ich nicht zulassen!«

Der Mann lächelte flüchtig. Auf seinem Gesicht zeigte sich ein Anflug von Mitleid. Er rief seine Männer, und sie gingen miteinander weg. Es wurde nicht mehr gestohlen.

Wie ein stummer Fremder schob sich die Vereinsamung unmerklich immer näher an Helena heran. Der Winter war erträglich, doch im Sommer, dem zweiten Sommer nach Adams Tod, spürte sie das erste Flüstern des Wahnsinns.

»Arbeit«, sagte sie zu sich. »Ich muß in Arbeit ertrinken.« Und sie konnte nicht umhin zu lächeln: Adam hatte derartige Heilmittel immer »die Zuflucht der Kalvinisten« genannt.

Sie verbrachte die Zeit damit, einen genauen Aufforstungsplan für die Wälder auszuarbeiten. In Wilna entdeckte sie eine bestimmte Sorte russischer Pflaumen und setzte neue Obstbäume. Sie kaufte zwei neue Bienenstöcke, schwamm am Morgen, ging abends spazieren, besuchte die Messe; und es gab Abende, an denen sie für eine ganze Stunde vergessen konnte.

Doch Anfang September traf sie in Lida einen Arzt, der sich die dunklen Flecken unter ihren Augen ansah und sagte: »Madame Brońska, Sie leiden an nervöser Erschöpfung.«

Er empfahl eine Heilquelle. Karlsbad, meinte er, ein sehr gepflegter Kurort. Sie fuhr mit dem Zug dorthin und nahm ein Zimmer in einem Hotel mit hohen Decken und scheppernden Leitungen. Seit einem Besuch mit ihrer Mutter vor etlichen Jahren hatte Karlsbad in ihrer Vorstellung in zwei zufälligen Bildern überlebt: die zündholzschachtelgroße Stadt, wie man sie von der schwankenden Seilbahnkabine aus sah, und eine Ziege, die sie in der Nähe des Hotels beobachtet hatte, wie sie sich durch die Seiten einer Bibel fraß.

Der Speisesaal ihres Hotels war voller Gäste, die allein an Tischen mit rosa Tischdecken aßen. Neben der Tür standen Schusterpalmen, Decken und Wänden trugen Kaskaden von Rokokostuck. Abends thronte ein Schwan aus Eis auf dem angerichteten Büfett.

Tagsüber saß sie auf der Terrasse. Sie trank schlückchenweise Heilwasser und sah Europas müßige Horden an ihrem Tisch vorbeiflanieren: geschniegelte Deutsche, Tschechen, Österreicher, Schweden und, ein wenig abseits vom Rest, Juden und Engländer, denen man die innere Distanz ansah.

Helena fand es angenehm, an einem Ort allein zu sein, wo alle anderen auch allein waren. Aus irgendeinem Grund kam sie besser damit zu Rande als die Menschen um sie her. Morgens bekam sie Dampfbäder und, nach einer Woche, den Heiratsantrag eines schnurrbärtigen Pariser Anwalts. Sie sagte nein, sie habe Kinder und ein Haus in Polen – aber noch Tage danach spürte sie einen steinschweren dicken Knoten in ihrer Brust.

An einem Nachmittag wanderte sie in den Bergen. Sie ging an der letzten Seilbahnstation vorbei und weiter in den Wald hinein. Die Dämmerung nahte; kein Mensch weit und breit. Der Abend war erfüllt von ersten schalen Herbstgerüchen. Ein Hase schoß über den Weg, und sie hielt inne, um eine enge Schlucht hinunterzusehen, wo das V der Hänge sich zu einem weiten dunklen Meer von Baumwipfeln öffnete. Wie sehr sie Mantuski vermißte! Sie dachte an die Kinder, die Kuhställe, die Käserei, die Feuchtigkeit an den Flußufern und den letzten Herbst mit Adam vor zwei Jahren.

Als sie wieder aufblickte, sah sie, daß der Weg hangaufwärts eine scharfe Biegung machte. Ein Stein rollte in Sprüngen durch das Unterholz. Sie bemerkte die Gestalt eines Mannes in einem flaschengrünen, langen Mantel, der rasch den Weg in ihre Richtung heruntermarschierte. Sie begegneten sich in der Kehre. Trotz der anbrechenden Dunkelheit konnte sie seinen kahlen Rundschädel erkennen. Sie wollte ihn schon grüßen – da sah sie, als er um die Biegung kam, daß er eine schwarze Samtmaske trug, die nur Augen und Lippen frei ließ.

Helena war starr vor Schock. Der Mann stand vor ihr. Sie sah, wie er mit beiden Händen in den Mantel fuhr. Er schlug ihn auf; sein runzlig-bleiches Geschlechtsteil war entblößt. Er keuchte irgend etwas in einem viehischen Deutsch – und stürzte sich auf sie. Er stieß sie gegen einen Kiefernstamm, fummelte an ihrer Kleidung herum, preßte seine Hüften heftig an ihren Körper. Und die ganze Zeit,

nur Zentimeter von ihrem Gesicht entfernt, starrte die un-
bewegte schwarze Maske sie lüstern an.

Sie versuchte, sich ihm zu entwinden. Der grüne Man-
telstoff rieb rauh an ihrer Wange. Er nahm eine Hand von
ihrer Schulter, und sie duckte sich; der Mann strauchelte,
und sie war frei.

Sie rannte. Sie rannte den Berg hinunter, an der Seilbahnstation vorbei. Im Hotel ging sie auf ihr Zimmer
und ließ sich ein Bad ein; sie hatte das Gefühl, ihre Haut
wäre eine dicke Schmutzschicht, und sie verbrachte lange
Zeit damit, sich im Wasser von oben bis unten abzu-
schrubben.

Zwei Tage danach sah sie den flaschengrünen Mantel
wieder, wie er einen der kopfsteingepflasterten Plätze
überquerte. An seinem Arm führte er eine Tschechin, mit
der Helena sich im Hotel unterhalten hatte. Auch ihr
Mann war kürzlich gestorben.

»Witwenschaft«, hatte sie Helena anvertraut, »ist etwas,
was man nicht allzu lange ertragen möchte.«

Helena war im Wald, unweit vom Dorf Mantuski, an
einem Frühlingstag, an dem der Frost der ersten richtigen
Wärme des Jahres gewichen war. Sie ging mit einer Frau
aus dem Ort spazieren, und sie redeten über Hunde, Bücher und die unaufhörlichen Prüfungen des Lebens.

Diese Frau war angeblich die uneheliche Tochter eines
weißrussischen Generals. Sie war nach dem Krieg in Mantuski erschienen und hatte einen schweigsamen Waldarbeiter geheiratet. Wegen ihres plötzlichen Auftauchens heg-
ten die Dorfbewohner einen leisen Argwohn gegen sie und
nannten sie nie anders als »die Russin«. Doch hatte sie in
der Unbedingtheit ihres Auftretens etwas von einer weisen
Frau, und viele – Helena eingeschlossen – hatten gelernt, in

Krisenzeiten ihrem Wort zu vertrauen. Unter einem Kopftuch trug sie eine Krone sandblonden Haars, und ihre Augen waren von einem auffallenden Zartbraun.

Im selben Monat, in dem Adam in Wilna gestorben war, hatte man den schweigsamen Waldarbeiter der Russin aufrecht stehend in einem Graben in der Nähe des Njemen erfroren gefunden. Zwei Tage war er darin gewesen. Sein Arm ragte aus einer tiefen Schneewehe vor, zu einer Birkenwurzel gereckt, die ihm geholfen hätte freizukommen.

»Nein«, sagte die Russin ruhig. »Ich werde nie wieder heiraten.«

»Wie können Sie nie sagen?«

Sie zuckte die Schultern.

»Aber wir sind nicht dazu gedacht, allein zu leben!«

»Das glaube ich nicht, Pani Helena. Ich halte mein Leid und meine Freude jetzt für zu groß, als daß ich sie mit irgendwem außer Gott teilen könnte.«

»Und was fängt Gott damit an?«

Die Russin warf Helena einen Blick zu. »Verlieren Sie nicht den Glauben. Verlieren Sie ihn nie.«

Wie dieser Rat sie wütend machte! Sie hatte ihn von einem Dutzend Priestern gehört; sie hatte ihn von Onkel Bischof gehört. Sie wußte, daß sie recht hatten, und das machte sie nur noch rasender.

Im Herbst 1936 kam Helenas Mutter zu einem längeren Aufenthalt. Arme Mama! Wenn Helena jetzt an ihre Mutter dachte, dann immer als »arme Mama«, diese zerbrechliche Frau, die von nichts anderem redete als von Polens großen Familien – den Radziwiłłs, Potockis, Zamoyskis – und nur die frühen Mystiker las – Teresa von Avila, Johannes vom Kreuz, Thomas von Kempen. In Mantuski verbrachte sie ihre Tage in einem Ledersessel am Fenster.

Sie schaute blinzelnd auf den Fluß, während sie Helena drängte, wieder zu heiraten.

Helenas Mutter lebte in der ständigen Furcht, die Russen würden kommen. In Wilna, wo sie eine große Wohnung unterhielt, suchte sie die beruhigende Gesellschaft von Priestern und Obersten. Freunde und Familie hatten sich als Enttäuschung erwiesen. Sie hatte sich schließlich auch mit Tante Anna zerstritten, die nach Südamerika gegangen war und einen jüdischen Komponisten geheiratet hatte.

Helena hatte alles mögliche versucht, um ihre Mutter aufzuheitern. Sie hatte Bridgeeinladungen und Mittagessen mit Gästen arrangiert, hatte die Kinder eine Reihe biblischer Szenen aufführen lassen. Es glitt alles an ihr ab.

Erst als sie anfing, sie in den Gutsbetrieb mit einzubeziehen, zeigte sie so etwas wie Interesse. Helena ging die Bücher durch, die Milcherträge, die Käseherstellung, den Holzeinschlag, besprach die Fruchtfolge mit ihr, Viehfutter, Löhne, neue Maschinen.

An einem Nachmittag bei tiefhängendem stahlgrauen Himmel wickelte Helena ihre Mutter in Pelze und nahm sie mit hinaus, um sich die Herde anzusehen. Die Kühe waren für den Winter eingestallt. Ein Ende des Stalls war gerade ausgebaut worden, weil geplant war, etwa zwanzig Färsen von den Frühjahrskälbern zusätzlich unterzubringen. Die neuen Boxen waren noch leer mit Ausnahme der letzten, einer größeren, in der die dösende Gestalt Goliaths stand.

Goliath hatte Smok als Mantuskis Zuchtstier ersetzt. Er war als verspieltes rotbuntes Kalb gekommen und dank der bewährten Ernährung mit Rüben und Vitaminen zu gewaltiger Größe angewachsen. Er war tief kupferrot gezeichnet, um die Augen hatte er weißen Flaum und weiter oben einen Puschel, der ihm auf der Stirn tanzte. Er stand in seiner Box wie ein großes Schiff im Trockendock.

Die alte Dame lehnte sich an die Querstange, tätschelte seine Lende und lächelte seit Wochen zum erstenmal. Helena erglühte vor Tochterstolz.

Von irgendwo weit her im Stall kam das gedehnte Stöhnen einer Kuh, und Goliath schnaubte.

»Achtung, Mama!« rief Helena. Goliath warf den Kopf hoch, drehte sich um und drückte dabei mit dem Hinterteil gegen die Stange. Metall rasselte, und Holz ächzte. Helenas Mutter machte einen Schritt zurück. Ihr Fuß verfing sich in der Abflußrinne, verdrehte sich, und sie fiel auf den Steinboden. Ihr Kopf landete ungefährdet auf Stroh. Aber ihr Bein steckte sonderbar abgewinkelt fest.

»Jesusmaria!« zischte sie. »Ich kann mich nicht bewegen.«

Mit Hilfe Barteks und eines Stallknechts transportierten sie sie in einem Schubkarren in die Klinika. »Hab's ja gewußt, Pani Brońska«, sagte der Stallknecht, »daß das mit den neuen Ställen nix is, die sin ja gar nich geweiht worden.«

Helenas Mutter hatte sich das Bein gebrochen. Sie schienten es und brachten sie auf einer Strohunterlage zum Bahnhof. In Wilna ließ sie sich den Bruch einrichten, und nach drei Monaten konnte sie wieder gehen. Aber nach Mantuski kam sie nie wieder.

Im Dorf hatte sich die Nachricht schnell verbreitet. Ein solcher Unfall geschah zweifellos nicht zufällig, und die übereinstimmende Meinung war, daß irgend etwas nicht in Ordnung war.

Der Stallknecht hatte nicht ganz unrecht: Sie hatten nicht die vorschriftsmäßige Prozedur durchgeführt, bevor das Tier eingestallt wurde. Kein Gebet war auf der

Schwelle gesprochen, kein Besen oder Beil in die Fundamente eingemauert worden. Entweder das Gebäude war schuld oder der Stier.

Widerstrebend holte Helena einen Priester, um den ausgebauten Kuhstall und die verschiedenen Gegenstände und Amulette segnen zu lassen, die nun darunter verborgen waren.

Doch im folgenden Frühjahr breitete sich eine merkwürdige Krankheit in der Herde aus, und vier Kühe mitsamt ihren ungeborenen Kälbern starben in schneller Folge. Die *parobcy* begannen dunkel etwas von einem »bösen Stier« zu murmeln. Da sie ihn nicht verkaufen konnte, war Helena gezwungen, ihn schlachten zu lassen.

25

Ende Mai 1937 wurde bei dem Geistlichen von Mantuski – einem orthodoxen Weißrussen – eine selbstgebastelte Bombe gefunden. Er hatte geplant, so gestand er, den *dwór* in die Luft zu jagen. Er wurde von den polnischen Behörden seines Amts enthoben.

In jenem Sommer wurde Helena mehr und mehr dessen gewahr, was sie »die bedrohliche Atmosphäre« nannte. An einem heißen Julimorgen führte sie gerade die Hunde aus, als der Fährmann Gregory die Auffahrt heraufgelaufen kam. Er blieb vor ihr stehen und zog die Mütze.

»Was ist, Gregory?«

»*Proszę* Pani...« Er war noch immer außer Atem. »Zwei Russen ... am Fluß ...«

»Russen? Soldaten?«

»Sehn aus wie Stadtleute ... in Mantel und so.«

»Was wollen sie denn, Gregory?«

»Wollen?« Gregory blinzelte. »Gar nichts wollen sie.«

»Ich gehe hin und rede mit ihnen.«

»Das geht nicht!«

»Warum nicht?«

»Sie hängen im Schilf fest, und sie haben lauter Schußlöcher.«

»Tot?«

Er nickte und verlagerte dabei sein Gewicht vom einen Fuß auf den anderen.

Jeder hatte von den Gerüchten gehört, den russischen Gerüchten, den bolschewistischen Gerüchten. Die Grenze dräute im Osten wie der stacheldrahtbewehrte Saum einer verbotenen Welt. Und doch war für manche alles bloß polnische Propaganda, und sie sehnten den Tag herbei, an dem der Stacheldraht vorwärts rollen, Polen zermalmen und sie alle von ihrem gräßlichen feudalen Joch erlösen würde.

Es fiel diesen Leuten schwer zu begreifen, warum so viele zu fliehen versuchten; warum die wenigen Russen, die es über die Grenze schafften, von Hungersnöten, Säuberungen und der schrecklichen Stille erzählten, die über den Ebenen hing; und wieso die, die es nicht schafften, mit stieren Augen und mit von Kugeln durchlöcherten Mänteln den Njemen hinuntertrieben.

»Irgendwo hier«, Zofia stand am Ende der Auffahrt von Mantuski, »bekam ich immer dieses merkwürdige Gefühl. Als wäre irgend etwas im Anzug. Immer hier beim Kreuz.«

Wir suchten gründlich, fanden aber keine Spur von irgendeinem Kreuz.

1928 hatten Adam und Bartek diesen Platz ausgesucht, um ein Wegkreuz zu errichten. So etwas war üblicher Bestandteil des Dorflebens, und diese Stelle war immer ein Treffpunkt gewesen, ein Ort zum Herumtrödeln und für Wanderer und Lumpensammler ein Ort zum Rasten und zum Austausch von Neuigkeiten mit den Dorfleuten. Im ersten Krieg hatte man hier drei Partisanen erhängt, darunter einen der Gärtner von Mantuski, Michał.

Das Kreuz wurde als Michałs Kreuz bekannt. Adam und Bartek hatten es aus zwei schweren Eichenbalken gezimmert. Die Balken stammten von einem alten Baum, der gefällt werden mußte, um Platz für die Kuhställe von Mantuski zu schaffen.

»Es war an die zwei Meter hoch«, erläuterte Zofia und hob einen Arm über Kopfhöhe. »Dunkel gebeiztes Holz, meistens mit verwelkten Blumen am Fuß. Der Himmel weiß, was daraus geworden ist.«

Wir fragten einen alten Mann, der auf einem Fahrrad die Straße entlangfuhr. Er schien zunächst verwirrt.

»*Krzyż* ... *krzyż* ...« Er kaute auf seinem Zahnfleisch und runzelte die Stirn. »*Krzyż* ... Ja natürlich! Das Kolchosenkomitee hat es abgebaut und in Balken und Nägel zerlegt!«

Er gaffte Zofia an, als wäre sie ein exotisches Tier, und spielte mit seiner *czapka*. Dann beugte er sich vor und tippte auf ihren Unterarm: »Aber ich sage Ihnen, mit diesen Balken war was nicht richtig. Sie haben eine Dreschmaschine daraus gemacht, und die hat einem Mann den Arm gebrochen. Nein, mit der war was nicht richtig, mit der Maschine ...«

Sie fragte, was damit geschehen sei.

»Verbrannt!« Dem Alten entfuhr ein hoher glucksender Lacher, er warf die Arme in die Luft und radelte in Richtung Fluß davon.

Während der letzten Sommer in Mantuski richtete Helena es so ein, daß diverse junge Engländer zu ihnen kamen und den Kindern Englischunterricht gaben.

Tony war der erste, ein Student, ein ruhiger, methodischer Lehrer, den sie alle sofort mochten. Er machte sie mit den heiklen Grundlagen der englischen Aussprache vertraut, dem langen A, dem gelispelten Th. Er ließ sie *Little Lord Fauntleroy* lesen, der in Zofias Augen ein »wonniger kleiner Mann« war.

Zofia neckte Tony gnadenlos. Er konnte kein Wort Polnisch. Einmal hatte sie ihn in einer Hotelbar in Lida der Kellnerin sein leeres Bierglas hinhalten sehen und sagen hören: »Same again, please, Miss!«

Seitdem psalmodierte Zofia bei jeder Gelegenheit: »Semegen pliis miis!«

Tony war mit ihnen täglich ein paar Stunden zusammen, redete auf seine gemessene Art, verbesserte geduldig ihre Fehler und legte besonderen Nachdruck auf die Erläuterung grammatischer Regeln. Regeln waren seine Stärke.

Im Jahr darauf, 1938, kam er wieder nach Mantuski und brachte einen Freund mit.

Eric stieg vor Tony aus dem Auto aus. Er trug ein cremefarbenes Leinenjackett und ausgebeulte weiße Flanellhosen. Er ließ seine Augen über die Fassade von Mantuski und in die Bäume hinauf schweifen und stieß dann einen seltsam quietschigen Entzückensschrei aus. Zofia beobachtete ihn von ihrem Fenster aus; das, dachte sie, ist aber ein völlig anderer Typ von Engländer.

»Er hatte etwas Magisches an sich. Er war damals um die Neunzehn und tollte die ganze Zeit wild durch die Gegend. Polen machte ihn sehr stürmisch. Er sagte, es nehme ihm alles Englische. Ständig spielte er irgendwelche Streiche, lauerte dem Gespenst auf, schwamm nachts im Njemen und schrieb lange Gedichte. Oft saßen wir im Philosophenwinkel und diskutierten stundenlang. Über ganz unnütze Dinge. Ich erinnere mich an eine lange Debatte darüber, wo genau ein Ast endet und der Nicht-Ast anfängt. So etwas faszinierte ihn … Der liebe Eric!«

Doch Erics und Helenas Haltungen kollidierten miteinander, und wegen eines Vorfalls wäre er fast nach England zurückexpediert worden.

Wenige Tage nach seiner Ankunft fand man ihn auf dem Treppenabsatz bei einer Balgerei mit Zofia und zwei ihrer Kusinen. Die Mädchen waren schon im Pyjama, Eric noch im Anzug. Am nächsten Tag nahm Helena ihn beiseite. »Ich kann ein derartiges Benehmen nicht dulden. Es ist skandalös! Sie sind hier nicht in England, und dies sind keine englischen Mädchen!«

Danach hielt Helena Eric immer für ziemlich gottlos. Aber Zofia und er hatten beide die gleiche übersprudelnde Art, den gleichen Elan, den gleichen Mutwillen. Nach jenem ersten Sommer begannen sie einander zu schreiben – er in einem leicht vereinfachten Englisch; sie in ihrer komischen, eigenen, halb schulbuchmäßigen Version:

Mantuski, November 1938.

Lieber Eric,

ich glaube, Du tanzt die ganze Zeit und bist über Piccadilly gelaufen und schlägst auf Hüte von Polizisten … Du mußt ganz schnell nach Polen kommen, ich bin sicher, es wird ein herrlicher Sommer, und wir reden dann über komische Ideen und tun aufregende Sachen … Erinnerst Du Dich, wie Du in den Fluß gesprungen bist und Murzynek gerettet hast? Jetzt habe ich darüber so sehr lachen angefangen, daß die Hunde ganz verwundert mich ansehen …

Ich fühle mich nicht in Stimmung, mehr lustige Sachen im Brief zu schreiben, wir wollen darüber reden, wenn Du kommst. Du mußt einen scharlachroten Schnurrbart tragen (hinterher dann kannst Du ihn abrasieren). Und Du mußt verantwortungsvoll und reserviert sein (viel mehr, bergeweise mehr, als Du warst). Meine Sache wird sein, Dich zu lernen, und darin bin ich gut … Bist Du noch immer romantisch, und lutschst Du immer noch gern an Deinem Finger? Wir denken oft an Dich und sprechen von Dir. Wir alle halten Dich für einen ehrlich netten Burschen. Wir haben Ferien gemacht. Wir waren in Bergen im Süden, die über riesigen steilen Abgründen hingen. Es war sehr abenteuerlich.

Wir dachten, es kommt Krieg. Nämlich, dann würde ich zum Militär gehen, also war ich sehr aufgeregt. Am Ende dieses Monats werde ich 17. Sehr alt, wie dies Leben vorübergeht. Also, Faty, sei nicht faul und schreibe. Die Hunde grüßen Dich. Ich weiß nie, wie ich ein Brief an Engländer schließen soll ...

Helena kränkelte jetzt viel. Seit Adams Tod war sie zuckerkrank, war ständig erkältet, hatte immer wieder erhöhte Temperatur und zunehmend Probleme mit ihren Gelenken. Im März 1939 reiste sie auf den Rat mehrerer Ärzte durch Europa, um eine Trinkkur in Montecatini zu machen.

Sie war fünf Wochen von zu Hause fort. Sie war allein und, nach ihren eigenen Worten, sehr glücklich. Sie war sehr glücklich nach einer Woche im Heilbad, glücklich bei der Lektüre von Charles Morgans *Sparkenbroke*, glücklich in Lucca inmitten der engen ockerfarbenen Gassen und kühlen Steinkirchen, glücklich in den belaubten kleinen Anlagen, in Pisa, in den Hotels und Zügen, und am glücklichsten am Meer in Livorno. Dort brachte sie einen ganzen Tag damit zu, die Brandung zu beobachten, ehe sie schrieb:

Die Sonne geht unter. Die Leuchttürme von Livorno und Viareggio blinken rechts und links. Die Glocken der Klöster läuten zur Vesper. Ich bete, daß mir gestattet sein möge, wieder hierherzukommen und meine letzten Tage hier zu verbringen. Ich möchte in Adams Nähe sein, aber ich möchte nicht, nicht wirklich, in der Bronskigruft begraben werden. Möge ich an diesem Meer sterben.

Sie hörte in jenen Wochen zwölf »Bewunderer« an, zwölf Männer, die ihre Einsamkeit anzog, zwölf Männer, die sie vor ihrer Tür auflaufen ließ. Professoren, Franzosen, ein Schweizer Maler kamen und gingen. Dann war da noch der italienische Graf in Rom, der sie drängte, sie solle »das Leben nehmen, wie es kommt«. Von seinen Worten betört, fühlte sie sich in seiner Gegenwart auf einmal jung und impulsiv.

»Sehen Sie hin!« sagte er und machte von seiner Villa aus eine Geste zu den Dächern Roms hinunter. »Sehen Sie doch, wie schön die Welt ist! Wie können Sie all das versäumen, Helena? Wie können Sie selbst sich all dem verschließen?«

Aber sie hatte sich jener anderen teuflischen Hand erinnert, die die Welt anbot, jenes anderen Bergs, und war aus ihrer Betäubung erwacht und vor dem italienischen Grafen geflohen.

Das hohe Blau der Alpen belebte sie, München war ruhig, Berlin schreckenerregend. Die Veränderung binnen weniger Jahre schien ihr kaum glaublich. Die Stadt war »von Hitler hypnotisiert«, sein Bild in jedem Schaufenster, Braunhemden an jeder Ecke. An der Grenze wurde sie von schlanken jungen Riesen mit Hakenkreuzarmbinden angerempelt und schikaniert. Sie ließen alle Polen stundenlang warten. Die Heimkehr nach Mantuski war, so schreibt sie, wie das Erwachen aus einem bösen Traum.

Am nächsten Morgen streifte sie in aller Frühe durch den Wald. Sie wanderte an Michałs Kreuz vorbei zum Fluß und setzte sich ans Ufer. Sie sah den ersten Schwalben zu, wie sie durch die reglose Luft flogen. Sie fühlte sich emporgetragen von der vertrauten Verzückung, dem alten Hochgefühl, das der Wald ihr gab. Die Schrecken des neuen Europa fielen von ihr ab.

»Welche menschliche Gruppierung«, schreibt sie, »bringt solchen Frieden? Wie sehr liebe ich es, den kühlen grünen Fluß zu betrachten. Wie schön ist es, das liebe Haus durch die Bäume zu sehen, die Hunde zu Füßen zu haben. Ich liebe die kräftezehrende Arbeit an diesem Ort; ich liebe alles hier. Ich würde lieber an diesem Ort zugrunde gehen, als ihn verlassen.«

Doch kaum hatte sie das niedergeschrieben, wußte sie, daß es so einfach nicht sein würde.

Das Frühjahr 1939 hatte etwas Sonderbares. Das Tauwetter setzte spät und unvermittelt ein. An einem Tag war der Njemen noch gefroren, und am nächsten kam er mit barbarischer Wildheit aus Rußland geströmt. Innerhalb weniger Stunden nahm das Hochwasser hektarweise Flußwiesen mit, riß sie vom Ufergrund fort wie Eisberge aus Gras.

Im Mai ging das Wasser dann zurück und blieb den ganzen Sommer über beklagenswert niedrig.

Der Storch von Mantuski, der jedes Jahr in einer toten Eiche jenseits des Rasens genistet hatte, war nicht zurückgekehrt. Und es wurde fast Juni, bis man die erste Nachtigall hörte.

Helena saß am Fenster und hörte Nachrichten im Rundfunk. Die schwärzeren Gedanken behielt sie für sich. Sie gab den Kindern Ledergürtel und Goldrubel, die sie darin einnähen sollten. Sie hatte diese Rubel über die Jahre hinweg gesammelt. Der Kopf von Zar Nikolaj II. war darauf abgebildet; sie wußte, sollte das Chaos wieder ausbrechen, wären sie die einzige brauchbare Währung.

Zofia erinnert sich, die Rubelgürtel in jenem Sommer genäht zu haben, aber kaum an das Gefühl der Bedrohung. Ihr kam der Sommer 1939 in vielem wie alle anderen vor – außer daß er heißer war und daß Eric wieder da war.

Er und Zofia gaben sich mit neuerlicher Begeisterung ihren langen und nutzlosen Debatten im Philosophenwinkel hin. Eric hatte ein Exemplar von *The Waste Land* mitgebracht. Er las daraus lange Passagen vor, während Zofia den Fluß beobachtete.

»Ich habe kaum ein Wort verstanden!« erzählte sie mir. »Das Englisch überstieg mein Begriffsvermögen bei weitem. Ich erinnere mich nur noch an: ›the moon shone bright on Mrs. Porter / And on her daughter / They wash their feet in soda water‹!«

(Viele Jahre später lernte Zofia T. S. Eliot kennen. Sie hatte sein *Murder in the Cathedral* ins Polnische übersetzt. In seinem Vorwort zu der Ausgabe schreibt Eliot, es scheine ihm eine gute Übersetzung zu sein, obwohl er selbst zu wenig Polnisch könne, um es wirklich beurteilen zu können. Zofia sah darin eine Art Revanche.)

Weder Eric noch sie glaubten, es werde Krieg geben. Sie redeten lang und breit darüber, doch Eric war Pazifist und überzeugte Zofia, daß Frankreich und Großbritannien, sollte es soweit kommen, intervenieren und Hitler verjagen würden. Aber Ende August wurde die Lage mit einem Schlag bedrohlich. Eric wurde schleunigst auf den Weg gebracht, um das letzte Flugzeug aus Litauen noch zu erreichen.

Von da an, schreibt Helena, hatten alle Ereignisse etwas Unwirkliches.

26

A*m 1. September* zog Helena ungefähr um acht Uhr morgens die Vorhänge ihres Zimmers auf und zählte vierundzwanzig Flugzeuge am Himmel. Im Westen rollten die deutschen Panzer über die Grenze nach Polen hinein. Binnen Tagen erschienen die ersten Flüchtlinge in Mantuski. Sie kamen mit nichts als Bündeln von Bettzeug und Kleidung und mit wahnwitzigen Geschichten von niedergebrannten Dörfern, verschleppten Frauen, von Panzern zermalmtem Vieh, verspeisten Babys.

Alles geschah so plötzlich, niemand hatte Zeit, sich Sorgen zu machen. Helena verbrachte die Zeit damit, Zimmer und Wirtschaftsgebäude für die Flüchtlinge zu räumen. Sie gab Rundfunkberichte weiter, wonach die polnische Kavallerie den Deutschen schwere Verluste zufüge. Doch in ihren Tagebüchern gestand sie die eine Frage ein, die sie unentwegt beschäftigte: Sollte sie in Mantuski bleiben oder ihre Kinder nach Wilna bringen?

An einem Nachmittag suchte sie die Russin auf. Sie saßen zu zweit vor deren Hütte; drei magere Hühner pickten im Staub zu ihren Füßen.

»Eine schlimme Zeit, die da wieder gekommen ist«, sagte die Russin.

Helena nickte. Es gab Momente, wo sogar die Weisheiten der Russin abgedroschen klangen.

»Ich bin dankbar, daß ich keine Kinder habe, Pani Helena. Ich habe nur meine Hühner.« Sie streute ihnen eine Handvoll Körner hin. »Schlimmstenfalls kann ich sie essen.«

Einen Augenblick lang herrschte Schweigen. »Ich habe beschlossen zu fahren«, sagte Helena.

Die Russin warf ihr einen ernsten Blick zu. »Geben Sie jetzt Ihr Land auf, Pani Helena, und Sie werden es nie wieder finden.«

»Aber *ciocia*, wie kann ich denn bleiben? Grundbesitzer werden ermordet, wenn sie bleiben.«

Die Russin nickte verständig. Von Süden kam leichter Wind auf. Er fuhr raschelnd durch die Birkenblätter über ihnen. »Es ist wie ein Fluch, in diesem Land geboren zu sein, Pani Helena, ein unglückseliger Fluch ...«

»Und dabei ist es so schön ...«

»Gott verlangt einen hohen Preis, wenn er Schönheit verleiht. Graben Sie in dieser Erde, und Sie werden sehen, daß sie blutet – blutet vom Blut der Polen, der Russen, der Franzosen und Gott weiß wessen noch.«

Die Worte der Russin waren Helena keine wirkliche Hilfe. Die Pflicht war das Orakel, das sie als nächstes befragte, und die Pflicht erwies sich als hellsichtiger. Ihre erste Pflicht galt den Kindern – sie sollten nach Wilna und von Wilna, falls notwendig, an die Küste, nach Norwegen, England oder Frankreich. Die zweite Pflicht galt ihrem Land, ihrem Haushalt, ihren Tieren: sie selbst würde nach Mantuski zurückgehen und dort bleiben wie ein Kapitän auf seinem Schiff.

Zofia hielt es für gefährlich, sich zu trennen. Doch ihre Mutter ignorierte ihre Proteste. Sie fuhr nach Nowogródek, um Pässe zu besorgen und Onkel Nicholas zu besuchen.

Zofia sah sie wegfahren, sah das schwarze Verdeck des Ford hinter einer Staubwand blasser werden. Dann ging sie zum Stall hinüber und sattelte Delilah. Sie wollte versuchen, vor ihrer Mutter bei Onkel Nicholas zu sein; er als einziger hatte so viel Einfluß auf sie, daß er sie überzeugen konnte.

Zofia nahm eine andere Strecke nach Druków, die durch den Wald; sie wollte nicht ihrer Mutter auf der Straße begegnen. Die Bäume schlossen sich um sie; der Krieg schien weit weg. Sie ritt zwei, drei Stunden. Haselzweige streiften ihr Haar. Der Wald war ausgedörrt und erschöpft nach dem heißen Sommer. Als die Bäume sich lichteten, fiel sie in Schritt. Vor ihr tauchte ein langes nierenförmiges Feld auf, auf dem nur noch die Roggenstoppeln standen. Hinter dem Feld erhob sich ein junger Fichtenforst, und dahinter lag Druków.

Sie ritt am Feldrand entlang. Aus dem Wald kam ein Geräusch – zerbrechende Zweige, raschelndes Laub –, und Delilah wich seitwärts in die Stoppeln aus. Zofia beobachtete die Bäume, sie vermutete Rotwild oder einen Keiler. Statt dessen tauchten zwei Männer und eine Frau auf. Die Männer trugen Gewehre.

»Wer sind Sie?« fragte die Frau.

»Ich komme aus Mantuski – Zofia Brońska.«

»Warum kommen Sie auf diesem Weg und nicht auf der Straße?«

Zofia antwortete nicht gleich. »Ich habe mich verirrt.«

Die Frau musterte sie genau. »Das ist nicht die Wahrheit.«

Die Männer befahlen ihr abzusitzen. Sie durchsuchten ihre Taschen und fanden nichts als ein kleines Stück Brot und einen Apfel. »Woher sollen wir wissen, daß Sie nicht von den deutschen Luftlandetruppen sind?«

»Nicholas O'Breifne vom *dwór* in Druków ist mein Onkel.«

»Bringen Sie uns zu ihm.«

Onkel Nicholas war krank. Er band sich die Schnur seines Morgenrocks zu und trat aus dem Haus. Er blinzelte in die Sonne und bellte Zofias Häschern zu: »Natürlich ist das meine Nichte!«

Danach hörte er sich ihr Anliegen an. »Ja, Zosia. Ich werde mit deiner Mutter sprechen.« Dann küßte er sie auf die Stirn und sagte, sie solle schnell nach Mantuski zurückreiten. »Und nimm diesmal die Hauptstraße!«

Er stand auf der untersten Stufe, als sie zurückblickte, eine würdevolle Gestalt in seidenem Morgenrock, und winkte mit beiden Händen. Es war das letztemal, daß sie ihn sah.

Druków 1992. Auf dem Gelände der O'Breifne-Kapelle stand ein kleines Mausoleum. Der Regen fiel durch die hohen Buchen und platschte auf das Dach des Gebäudes. Jenseits des Flusses grollte der Donner.

Wir standen geschützt unter dem Säulenvorbau des Mausoleums – Zofia, ich und eine Frau aus dem Dorf. An der Tür, die mit einem Vorhängeschloß versperrt war, befand sich eine kleine Tafel mit der Inschrift: »Graf Nicholas O'Breifne 1862–1940«.

»An dem Morgen sind die Russen gekommen«, sagte die Frau. »Sie haben den Wildhüter erschossen und den Grafen auf einem Heuwagen abtransportiert. Ich habe ihn hinten auf etwas Stroh liegen sehen.«

Im Frühjahr darauf, sagte sie, kehrte er zurück. Er konnte kaum gehen. Die Monate in einem sowjetischen Gefängnis hatten ihn gebrochen, und nicht lange danach starb er.

»Das also ist mit ihm passiert«, sinnierte Zofia. »Das also ist aus Onkel Nicholas geworden.«

Wir standen lange Zeit so da. Der Regen machte keine

Anstalten aufzuhören; die Frau aus dem Dorf starrte ihn an mit dem Blick von jemandem, der schon seit Jahren darauf starrt.

Am Ende hatte Helena keine Wahl mehr, und es gab keine Fahrt nach Wilna. Während sie den Vormarsch der Deutschen beobachtete, jede Nachrichtensendung hörte, hatte sie die andere, die größere Gefahr aus ihrem Sinn verbannt – die Gefahr von Osten.

Am 16. September war sie ziemlich spät aus Nowogródek zurückgekommen. Der Abend war windstill und ruhig. Sie war mit den Hunden unten am Njemen spazierengegangen und bei Michałs Kreuz umgekehrt. Der Himmel war von Flugzeuglärm erfüllt, aber sie war nicht übermäßig beunruhigt. Später merkte sie, daß sie nicht einschlafen konnte, und nahm ein leichtes Schlafmittel.

Ihr Schlaf wurde am nächsten Morgen um fünf Uhr unterbrochen.

»Mama! Mama! Die Russen!«

Helena schlug die Augen auf und sah Zofia an ihrem Bett stehen. »Mama, sie haben vom Dorf angerufen! Die Russen sind einmarschiert!«

Helena stand sofort auf, stieß sich einen Zeh am Bettpfosten an und fluchte. Sie zog einen neuen dicken Rock und eine grüne Jacke an, die sie beiseite getan hatte. (Als sie die Sachen in Wilna gekauft hatte, hatte sie plötzlich der Gedanke überfallen: in diesen Sachen könnte man sterben.) Sie versammelte den Haushalt in der Diele zum Gebet. Wie ihre Mutter 1915 las sie »*Kto się w Opiekę*«, die Anrufung der göttlichen Vorsehung:

> *. . . er befiehlt seinen Engeln,*
> *dich zu behüten auf all deinen Wegen.*

Sie tragen dich auf ihren Händen,
damit dein Fuß nicht an einen Stein stößt …

Draußen erhellte die Sonne die Konturen der Bäume. Über den Feldern lagen nadelspitze Schatten. Jenseits des Njemen, am anderen Ufer, sickerte Nebel aus dem Wald. Vom Dorf kam Hundegebell und das Krähen der Hähne, und die Herde trottete nach dem Melken schwerfällig die Allee entlang zu den höher gelegenen Wiesen.

Helena blieb keine Wahl. Bartek sagte, er werde sie alle verstecken. Er meinte, es sei Wahnsinn, sich auf die offenen Straßen zu wagen. Doch sie wußte, daß es Wahnsinn wäre zu bleiben: sie würden im Nu verraten werden.

»Wir müssen fort, Bartek.«

Sie hatten nur ein paar Stunden. Sie ging in ihr Büro. Dort hatte sich bereits Schweigen über die Dinge gelegt. Sie nahm Adams Bild vom Haken und seine Dienstmedaille. Aus dem Safe holte sie zweitausend Złoty in nagelneuen Scheinen, Schmuck und eine Pistole. All das legte sie in eine kleine Ledertasche. In der Klinika schloß sie den Glasschrank auf und nahm ein Fläschchen Arsen heraus. Dann ging sie durch die Diele in das Eßzimmer.

An einer Wand stand dort ein Vitrinenschrank, dessen Fächer vollgestellt waren mit Samowaren, Leuchtern, einem silbernen Wolf, Senfgefäßen und Salzschälchen. Helena holte zwei Pilzkörbe aus der Küche, legte das Silber hinein und deckte es mit einem Schal zu. Dann spürte sie Zofia auf, und sie verließen das Haus durch die Hintertür, um das Silber in der Schonung zu vergraben.

Als sie wieder zurück waren, sagte Bartek, die russischen Truppen stünden dreizehn Kilometer vor Mantuski. Sie rückten schnell vor.

Bartek hatte die letzten vier Pferde angeschirrt. Sie warteten unter der Lärche. Er hatte Decken, Nahrungsmittel und Futter in die Karren geschafft – und ein Gewehr. Einen Augenblick lang standen alle draußen vorm Haus, während die Wagen beladen und abfahrbereit warteten. Bartek nahm seine *czapka* ab, Tessa trat von einem Fuß auf den anderen. Die anderen standen reglos da. Keiner wußte, was er sagen sollte.

Helena drehte sich um und stieg auf den vorderen Wagen. Sie gab Zofia mit einer Bewegung zu verstehen, daß sie den zweiten lenken sollte. Noch immer fiel kein Wort. Bartek ging ein paar Schritte vor und überprüfte das Geschirr von Helenas Pferd.

»Beeilen Sie sich!« flüsterte er.

Helena schnalzte mit den Zügeln. Sie sagte nicht auf Wiedersehen. Sie wußte, es würde nicht lange dauern, bis sie zurück wäre.

27

Sie *ließen* die Allee und Michałs Kreuz hinter sich und fuhren weiter durchs Dorf. Vor der Kirche hatten sich Menschen versammelt. Sie standen in formlosen Gruppen und warteten. Einige lehnten sich auf Sensen, andere hielten ihre Mützen in Händen, kleingefaltet wie Ausweispapiere. Als sie die Fuhrwerke hörten, schlurften sie schwerfällig auf die Seite. Sie verstummten, und die Pferde trabten an ihnen vorbei.

Helena konnte es nicht ertragen hinzusehen; sie konnte es nicht ertragen, ihren Haß zu sehen – und konnte noch weniger den Anblick derjenigen ertragen, die sie nicht haßten. Wieder dachte sie: ich kann nicht fort, ich bringe die Kinder in Sicherheit und komme zurück.

Sie hielten sich nördlich des Njemen. Die Straßen waren leer. Eine atemlose Hitze lag auf dem Land, und die Wolken waren schwer und gewittrig. Unter ihnen standen unbewegt die Wälder. Aus der Ferne hörte man das dumpfe Geräusch von Granatfeuer.

Helenas Plan war, nach Wilna durchzukommen. Dort lebte eine große Anzahl von Polen. Sie würde dort abwarten können, bis klar war, was geschah. Aber in dem ersten Dorf, das sie erreichten, mußten sie erkennen, daß das nicht mehr möglich war: die Straße nach Wilna war schon von den Russen blockiert.

Sie fuhren weiter zum *dwór* eines Freundes. Als sie aus der langen Auffahrtsallee herauskamen, fanden sie die Fensterläden geschlossen, die Eingangstür versperrt, die Ställe leer.

Sie kehrten zur Straße zurück und suchten in einer leeren Scheune Zuflucht, während die Pferde rasteten. Ihre Möglichkeiten, erkannte Helena, schrumpften. An diesem Punkt spielte sie das erstemal mit dem Giftfläschchen in ihrer Jackentasche.

Nach etwa zwanzig Minuten hörten sie das Rattern eines anderen Fuhrwerks, und Helena spähte durch einen Spalt im Scheunentor. Ein Priester, ein älterer Mann, fuhr in einem Ackerkarren auf sie zu. Sie trat aus der Scheune, um ihn zu begrüßen. Sie beäugten einander nervös.

»Vater.« Helena nickte zu ihm hinauf.

»*Dzień dobry*«, murmelte der Geistliche.

»Woher sind Sie?«

»Aus Lipniszki. Und Sie?«

»Von Mantuski.«

Er sah sie genauer an. »Sie sind Pani Brońska?«

Sie bejahte.

Der Priester sagte, er habe im letzten Krieg mit Adam zusammengearbeitet. »Ein wunderbarer Mensch!«

Aus seiner Soutane zog er eine Landkarte. Er stieg ab und breitete sie am Straßenrand aus. Mit einem Finger seiner knochigen Hand fuhr er über die Wege und Wälder der Kresy.

Wilna war im Norden abgeschnitten. Die Russen marschierten auch nach Süden vor. Im Osten lagen die Russen, im Westen die Deutschen. Ein schmaler Korridor, hundertneunzig Kilometer bis zur litauischen Grenze, erklärte er, verlief zwischen den Fronten in nordwestlicher Richtung. Wie lang der Korridor noch offen bleiben würde, ließ sich nicht vorhersehen.

Der Priester sagte ruhig: »Entweder wir geben uns auf oder...« Er machte eine Pause.

»Oder was?«

»Oder wir vertrauen auf Gott und steuern Litauen an.«
Helena brauchte keine Sekunde, um eine Entscheidung
zu fällen.

Dabei wußten beide, daß Litauen seine Grenzen bereits
geschlossen hatte.

Vater Jarosław war ein Mann von Prophetenstatur. Seine
Gliedmaßen hatten eine merkwürdig langgezogene An-
mut, und er bewegte sie langsam. Helena fand seine Gegenwart zutiefst beruhigend. Neben ihm auf dem Karren
lag die Monstranz aus seiner Kirche.

Es war später Nachmittag, als sie den Rand des nächsten
Dorfs erreichten. Eine Frau, die den Geistlichen sah, lud
sie in ihr Haus ein, versorgte sie mit Tee, Wodka, Brot und
Salz und mit Futter für die Pferde. Sie umklammerte die
Hand des Priesters. »Beten Sie für uns alle, Ehrwürden;
das letztemal haben die Bolschewisten meinen Sohn mitgenommen, sie haben ihn mitgenommen, und ich habe ihn
nie wiedergesehen.«

Plötzlich flackerten die Kerzen, und im Eingang stand
der Ehemann der Frau. Er hielt drohend eine alte Flinte.
»Haut ab!« schrie er. »Weg mit euch! Wir wollen nicht
euretwegen abgeschlachtet werden!«

Sie gingen und fuhren weiter, wieder in den Wald. Sie
fuhren die meiste Zeit an jenem Abend. Manchmal war
über ihnen ein Flugzeug, und sie hörten, wie Bomben ab-
geworfen wurden. Bei Anbruch der Dämmerung verdichtete sich die Luft, der Sturm kam schnell und brachte Böen
mit sich, die den Straßensand hoch aufwirbelten. Die
Pferde husteten und warfen die Köpfe in den Nacken.
Dann begann es zu regnen.

»Wir müssen einen Unterschlupf finden, Vater Jarosław«, rief Helena laut. »Die Pferde können nicht mehr.«

Vater Jarosław kannte einen Hufschmied, einen breiten

Mann in Schaffellweste mit gerötetem Gesicht und zahn-losem Lächeln, der in einer Waldhütte lebte. Er umfing den Geistlichen mit einer großen Schaffellumarmung und sagte, er werde alles tun, um ihnen zu helfen.

»Aber ich muß Ihnen sagen, Vater«, fügte er hinzu, »daß sie schon in Lida sind. Es ist nur eine Frage der Zeit.«

Er hatte keine Ställe, dieser Schmied, und so deckten sie die Pferde mit Fellen zu, nahmen ihnen die Trense heraus und luden haufenweise Klee vor ihnen ab. Beim Fressen dampften ihre Flanken.

Im Haus des Schmieds saßen zwei rußgesichtige Kinder an der Feuerstelle. Eins von ihnen stach mit einer Gabel nach einem Nahrung suchenden Huhn. Helena setzte sich an den Tisch, zusammen mit dem Geistlichen, der im Halbdunkel lächelte und ihr erzählte, er habe an diesem Tag »das Siegel auf ihren Stirnen« gesehen: das Siegel, das in der Offenbarung die Stirnen derer kennzeichnete, die zu überleben bestimmt waren, wenn Gott die Furien auf die Erde losließ.

Es schüttete. Der Regen schlug auf das Strohdach und machte ein zischendes Geräusch auf dem blanken Boden draußen vor der Tür. Helena schlief ein. Ihr Kopf ruhte auf dem Tisch. Der Priester und der Schmied führten eine Unterhaltung weiter, deren gedämpfte Töne plätschernd gegen das Hinterland ihres Schlafs an-schlugen.

Es war noch dunkel, als Vater Jarosław sie an der Schulter rüttelte. »Schnell, Pani Helena! Auf der Hauptstraße sind Panzer!«

Noch halb im Schlaf stand sie auf und weckte die Kin-der; sie hörte in der Ferne das tiefe Brummen, ein Geräusch, das aus der Erde zu kommen schien. Gott im

Himmel, dachte sie, wir schaffen es nie, und sie tastete erneut in ihrer Tasche nach dem Giftfläschchen.

Es regnete noch immer. Sie schirrten die Pferde wieder an und schlugen einen Waldweg hinter der Hütte ein. Den ganzen Tag fuhren sie durch den Wald. Sie machten Umwege, mal Richtung Norden, mal Richtung Westen, mieden die Hauptstraßen und Dörfer. Aber gelegentlich war das nicht möglich, und am frühen Nachmittag waren sie gezwungen, für eine kurze Strecke auf der Straße zu fahren. Nach einer Weile näherte sich ihnen von Süden ein Auto, ein schwarzer Chevrolet.

Helenas Sorge wuchs, während es immer näher kam. Als es mit ihnen auf gleicher Höhe war, hielt es an, und Helena sah durch das Fenster das Gesicht eines älteren Mannes, käsebleich, angstverzerrt: es war ein direkter Vetter ihrer Mutter, der von seinem Gut bei Lida floh. Sie drängte ihn, sie mitzunehmen.

Er schaute sie hilflos an. Seine Frau beugte sich über den Sitz. »Hela, bitte! Du siehst doch, daß wir keinen Platz haben!«

Ihr Mann warf verzweifelt die Hände hoch. »Sinnlos! Sinnlos! Niemand von uns kommt durch!« Und er legte knirschend den Gang wieder ein und fuhr weiter.

An dem Abend leitete Vater Jarosław sie zu einem Priesterkollegium in einer überwiegend polnischen Kleinstadt. Die Geistlichen waren geflohen. Die Hausmeistersleute sagten, die Russen seien noch ein ganzes Stück entfernt, sie zögen derzeit mehr nord- als westwärts.

Am Morgen breitete Vater Jarosław die Landkarte auf einem großen Eichentisch in der Diele aus. Die litauische Grenze war noch immer gut neunzig Kilometer entfernt. Unmöglich, sie vor Einbruch der Nacht zu erreichen. Sie beschlossen statt dessen, einen *dwór* namens Antoków anzupeilen; wie sie gehört hatten, sollten sich dort bereits polnische Flüchtlinge aufhalten.

Sie kamen stetig voran. Doch die Pferde wurden langsamer. Sie schleppten ihre Füße durch den Schlamm, nickten kraftlos, wenn sie sich mühten, die Wagen über den unebenen Grund zu ziehen. Erst im Lauf des Nachmittags gelangten sie zu einem Fluß, der nach dem Regen viel Wasser führte. Die Tiere neigten die Köpfe und tranken, und Helena bückte sich, um ihnen den Schweiß von den Flanken zu waschen.

Als sie wieder aufblickte, stand eine Gruppe von vier Soldaten vor ihr auf dem Weg, die Gewehre im Anschlag. Noch mehr Männer stürzten zwischen den Bäumen hervor, und ein Offizier trat auf sie zu. Sie trugen polnische Uniform.

Helena faßte sich mit der Hand an die Brust. »O Gott sei Dank! Ich dachte, Sie wären Russen!«

»Sie müssen uns Ihre Pferde geben«, sagte der Offizier. »Die Armee braucht Ihre Pferde.«

»Wenn Sie uns die Pferde nehmen, Major, sind wir so gut wie tot.«

Sie sah, daß der Mann Angst hatte. »Lassen Sie uns die Pferde«, sagte sie.

Er trat beiseite und ließ sie passieren.

Es war dunkel, als sie in Antoków ankamen. Es waren viele Flüchtlinge da, größtenteils Landbesitzer. Alles schlief. Helena ging in die Küche, um etwas zu essen herzurichten. Zofia stöberte unter den Vorräten ein paar Kaffeebohnen auf. Sie goß Wasser auf die Bohnen und erhitzte die Mischung in der Küche. Sie begriff nicht, warum es nicht funktionierte. Ihre Mutter ebensowenig. Beide hatten sie nicht die geringste Ahnung, wie man Kaffee machte.

»Da siehst du, wie wir verhungern würden, wenn wir unter den Bolschewisten leben müßten, ohne Personal!« sagte Helena und lachte.

In den Zimmern im Obergeschoß schliefen die Flüchtlinge. Irgendwo fanden die Brońskis eine Ecke und breiteten ihre Decken aus. Das Zimmer hatte keine Vorhänge, und der Mond schien auf die schlafenden Gestalten wie auf eine Hügelkette. Helena blieb lange wach. Sie versuchte sich die litauische Grenze vorzustellen, den Schlagbaum, der vor ihr hochging, und die Posten, die sie durchließen. Sie konnte es nicht. Sie starrte zu den Sternen hinauf und betete.

Kurz nach dem Morgengrauen erreichte den *dwór* die Nachricht, daß die Russen anrückten. Diejenigen, die Autos hatten, brachen nach Wilna auf, das noch nicht gefallen war. Die Fuhrwerke aus Mantuski waren zu langsam für den Konvoi; Helena wußte, daß sie den Weg zur Grenze allein fortsetzen mußte.

Es gab aber auch ein oder zwei Familien, die nicht weg wollten, die der offenen Straße nicht trauten und meinten, sich den Russen in Würde zu ergeben, sei für sie das Günstigste. Vater Jarosław blieb bei ihnen. Als die Brońskis abfuhren, standen sie verlegen auf der Terrasse und beteten mit Vater Jarosław. Die Familien bildeten kleine Grüppchen um ihn, die Hände gefaltet, aufrecht und elegant in Breeches und Krawatten, in Wollröcken und Spitzenkragen, in all ihrer zum Untergang verurteilten Förmlichkeit.

Auf den Straßen war an diesem Morgen mehr Verkehr, ein Gewimmel von Fuhrwerken und führerlosen Truppen. Der Kampflärm war nahe, das Granatfeuer unablässig. An einer Stelle standen ein paar Soldaten ungeordnet am Straßenrand, zu viert, mit nur einem Gewehr für sie alle.

Helena fuhr langsam vorbei. »Was ist?«

Die Soldaten drehten sich um und sahen sie an. Sie sagten nichts, sondern traten zurück, um den Blick freizugeben. Der Leichnam eines Offiziers lag gekrümmt im Gras; er hielt noch immer den Dienstrevolver umklammert, der auf seine Wange gerichtet war, doch die Wange war fort. Helena packte eisiges Entsetzen: es war der Major, der erst am Tag zuvor die Pferde von ihr verlangt hatte.

Sie schnalzte mit den Zügeln und fuhr weiter, bevor die anderen die Möglichkeit hatten, etwas zu sehen.

Kurz danach erreichten sie die Grenzstadt Orany. Sie war kaum mehr als eine erweiterte Hauptstraße, mit einer Reihe junger Linden bepflanzt. In der Stadt herrschte Chaos. Soldaten und Polizisten rannten hin und her. Aus einer der Nebenstraßen tönten Gewehrschüsse; Rauchfahnen stiegen von Gebäuden auf; die windstille Luft wurde von fernen Explosionen erschüttert. Die Russen waren noch nicht in der Stadt, aber die Kämpfe hatten begonnen.

Sie fuhren weiter. Hinter der Stadt ließ der Geschützlärm nach, und sie fielen in Schritt. Sie waren alle erschöpft. Eins der Pferde an Zofias Wagen hatte eine offene Stelle an der Schulter, wo der Deichselarm scheuerte; das Tier schwankte inzwischen bei jedem Schritt.

Die Straße fiel jetzt steil in eine Schlucht ab. Auf deren Grund floß die Mareczanka, die die Grenze darstellte. Sie konnten die Brücke und den Grenzposten dahinter erkennen. Eine Gruppe litauischer Grenzwachen stand oberhalb der Brückenmauer. Auf der polnischen Seite war niemand.

Helena ließ die Wagen halten. Sie holte ein paar zaristische Goldmünzen heraus. In gleichmäßigen Großbuchstaben schrieb sie eine Nachricht:

DRINGEND – BITTE TELEGRAPHIEREN SIE AN HRABINA O'BREIFNE, KAUNAS:

»WARTEN GRENZE ORANY
LEBENSGEFAHR
ERBITTEN SOFORTIGE EINREISE
HELENA BROŃSKA + KINDER«

Sie ließ die Fuhrwerke und die Kinder zurück und ging allein über die Brücke, dabei trat sie aus dem Schatten der Schlucht in die Sonne. Hinter den Wachen erspähte sie eine geschäftige kleine Siedlung. Zwei oder drei Ochsen standen unter einer ausladenden Eiche, und Dorfbewohner und Soldaten hielten sich in ihrer Nähe auf.

Helena lächelte die Wachen an, während sie auf sie zuging. Einer richtete ruckartig sein Gewehr auf sie, um sie zurückzudrängen. Doch sie wich nicht von der Stelle. Aus dem Wachhaus trat ein bärtiger Offizier. Eine Haartolle stand ihm an einer Seite vom Kopf ab, den er sich geräuschvoll kratzte. Er gähnte.

»Bitte, Major, ich habe ein dringendes Telegramm. Bitte schicken Sie es.«

Der Offizier schaute sie an und lächelte dann träge. »Nein.«

Doch sie hörte ihn nur mit halbem Ohr. Über seine Schulter hinweg hatte sie einen Mann aus der Siedlung erblickt, der an der Brücke stehengeblieben war und die Szene beobachtete – ein junger Priester. Ohne nachzudenken, drängte Helena sich an den Wachtposten vorbei. Sie hörte die Soldaten rufen, hörte das Geräusch ihrer Stiefel auf dem Kies. Sie erreichte den Priester, drückte ihm die Nachricht und die Münzen in die Hand und flüsterte: »In Gottes Namen, Vater, schicken Sie dieses Telegramm!«

Sie spürte, wie die Wachen sie am Arm packten. Sie schüttelte sie ab, wandte sich zurück und ging mit raschen

Schritten vor ihnen her. »Danke, Major«, sagte sie, als sie an dem Offizier vorbeikam.

Sie langte wieder bei den anderen an. Keiner sagte irgend etwas über das Artilleriefeuer und die Granateinschläge, die immer näher rückten. Sie fuhren aus dem Tal hinaus, wieder die Hauptstraße entlang, bis sie zu einer Gruppe von zwei, drei kleinen Holzhäusern kamen. Das Gelände wimmelte von Flüchtlingen. Drei alte Männer saßen im Schatten; einer von ihnen trommelte gegen seine Stiefel, die anderen glotzten in die Baumkronen hinauf. Auf den im Freien aufgestellten Holzbänken saßen Frauen, die Kohl putzten und Hühnchen rupften.

Helena sprang von ihrem Wagen herunter und sprach einen der älteren Männer an, einen Polen.

»Können wir hier warten?« fragte sie.

»Haben Sie Salz?«

Sie nahm einen großen Block Salz herunter und sagte, sie hätten auch Kaffee und Kognak und etwas Geld ...

»Geld!« höhnte er. »Wozu braucht man jetzt noch Geld?«

Aber er deutete auf eines der Häuser, und sie fanden dort einen Platz zum Schlafen. Sie gingen wieder hinaus, um sich etwas zu essen zu machen.

»Und was passiert jetzt, Mama?« fragte Zofia.

»Deine Großmutter wird zu Präsident Smetona gehen.«

»Und warum sollte der uns helfen?«

Helena lächelte. »In seiner Jugend ist der Präsident Hütejunge auf ihrem Gut gewesen. Sie hat seine Erziehung bezahlt, und nun würde er alles für sie tun.«

Aber Helena selbst war voller Zweifel.

In der Nacht klang das Granatfeuer ab. Zu den Flüchtlingen drang die Nachricht, daß den ganzen Tag über eine Schlacht Richtung Osten nahe der Eisenbahnlinie stattgefunden hatte und daß die Russen sie nunmehr unter Kontrolle hatten. Am Morgen würden sie, wie jeder wußte, den Vormarsch fortsetzen.

Sie konnten nichts tun. Helena schlief wenig. Gegen Mitternacht verließ sie das Haus und wanderte die Hauptstraße auf und ab. Ein stetiger Wind jagte die Wolken über den Mond. Apfelduft lag in der Luft und Staub von Pilzsporen. Der Herbst hatte die Trägheit des Sommers besiegt, und Helena dachte an Mantuski. Immer hatte sie den September und seine Ruhe geliebt, die länger werdenden Nächte, die statthafte Traurigkeit. In diesem Moment fühlte sie sich merkwürdig kräftig. Das Unvermeidliche, hatte sie in den letzten Stunden begriffen, würde seinen Lauf nehmen. Sie hatte getan, was sie konnte.

Der Morgen begann kurz nach sechs. Helena schlief noch auf dem Fußboden, als sie die ersten Granaten auf Orany fallen hörte. Panzer rollten durch die Bäume heran.

Helena erhob sich schnell. »Nur einen Wagen, Zosia, schirr die beiden Füchse an. Ich wecke die anderen.«

Auf der Straße kamen die Kampfgeräusche immer näher. Die Pferde hatten einen knappen Kilometer zu laufen, bevor die Straße zur Grenze abfiel. Sie hörten jetzt Gewehrschüsse und die Stimmen von Männern zwischen den Bäumen. Vor ihnen brach plötzlich eine Gruppe polnischer Soldaten aus der Deckung, rannte über die Straße und verschwand in der Schlucht. Helena trieb die Pferde zu einem leichten Galopp an.

Zwischen den Bäumen tauchte eine russische Einheit auf. Einen Augenblick lang schienen die Männer verwirrt; sie blickten sich auf der Straße um. Dann sahen sie das Fuhrwerk und eröffneten das Feuer. Die Kugeln surrten um sie wie Hornissen; eine schlug in eine Seitenwand ein und ließ sie splittern. Dann wand sich die Straße linker

Hand in die Schlucht hinunter. Helena blickte nicht zurück. Sie sah die Brücke und das Wachhaus dahinter und einen Panzerspähwagen. Sie hielt auf die Brücke zu; wenn die Wachen auf sie schossen, dachte sie, dann sollte es eben so sein. Besser sie als die Russen.

Der Offizier winkte hektisch.

Neben ihm hatte seine Abteilung die Gewehre angelegt. Weiter oben in der Schlucht hatten die polnischen Soldaten wieder Stellung bezogen. Eine Granate fiel in ihrer Nähe ins Wasser; sie flohen flußabwärts um einen Felsvorsprung herum und waren außer Sicht.

»Madame Brońska!« Der Offizier trat ein paar Schritte vor.

Sie fuhr weiter auf die Wachsoldaten zu, doch die feuerten nicht. Der Offizier winkte ihr, und sie hielt auf seiner Höhe an. »Die Depesche«, sagte er. »Die Depesche kam letzte Nacht durch, vom Präsidenten.«

Die Abteilung schloß sich hinter dem Wagen, und die Brońskis waren in Litauen.

»Sie war mutig wie eine Löwin! Himmel, wenn ich jetzt daran denke, scheint mir Mamas Mut ganz un-gel-aub-lich!«

In Weißrußland, kurz nachdem wir in Mantuski gewesen waren, erzählte mir Zofia, was sie von der Flucht noch wußte. Es war ein weit weniger detaillierter Bericht als der ihrer Mutter. Sie sagte, sie sei damals noch »zu jung und zu töricht« gewesen, um Angst zu haben. Es hatte nur einen Augenblick gegeben, der sie wirklich erschreckt hatte.

Sie fuhren durch ein Dorf. Es war spätabends. Sie hatten keine Ahnung, ob es ein freundlich gesinntes Dorf war oder nicht, darum ließen sie die Pferde kantern. Zofia war allein im letzten Wagen. Auf einmal zerrte etwas an ihren

Zügeln, und ein Pferd wurde langsamer. Sie sah sich von zwei oder drei Männern bedrängt.

»Ich hatte ein Gewehr und habe damit herumgefuchtelt. Ich habe die Pferde angefeuert und die Zügel geschüttelt. Irgendwie sind wir freigekommen.« Sie hielt inne. »Aber wenn uns eins wirklich gerettet hat, dann war es jener Priester aus Lipniszki. Was wohl aus ihm geworden ist?«

Am nächsten Morgen fuhren wir nach Lipniszki. Die Kirche stand, etwas zurückgesetzt, am Hauptplatz. Sie hatte einen hohen Turm und einen Kirchhof, dessen wucherndes Grün die mangelnde Nutzung verriet. Außerhalb davon stand eine Hütte, und auf der Veranda döste ein alter Mann.

Er wachte auf, als wir ihn ansprachen, und sein spatenförmiger weißer Bart hob sich von seiner Brust. »Vater Jarosław?« Der Alte nickte und führte uns auf den Kirchhof zurück. Vater Jarosław! Er deutete auf ein säuberlich gepflegtes Grab nahe dem Zaun.

Der Priester, stellte sich heraus, hatte gleichfalls Litauen erreicht und dort mehrere Jahre verbracht. 1944, während der deutschen Besetzung, war er mit der Monstranz nach Lipniszki zurückgekehrt und hatte sein Amt wiederaufgenommen. Im Ort herrschte eine Typhusepidemie, und er besuchte unermüdlich die Kranken.

Die Stimme des Alten senkte sich zu einem Flüstern, und er beugte sich zu uns. »Doch Vater Jarosław bekam selber Typhus, und der Herr hat ihn zu sich genommen.«

Zofia blieb einen Augenblick an seinem Grab stehen und bekreuzigte sich. Dann sagte sie: »All diese Jahre habe ich mich gefragt, ob dieser Priester nicht eine Art Engel war, ausgesandt, um uns sicheres Geleit zu geben.«

28

Die *Brońskis* verbrachten den restlichen September in Litauen, auch den Oktober und den halben November. Sie lebten bei Helenas Mutter in Platków.

Nach der stürmischen Fahrt zur Grenze und dank der Erleichterung, nachdem sie sie überschritten hatten, kam ihnen ihre reale Lage erst allmählich zu Bewußtsein. Helena schreibt:

> So ist nun das Gefürchtetste und Furchtbarste eingetroffen. Wir sind von Mantuski geflohen, haben unser geliebtes Mantuski verlassen. Das Haus, das Adam wiederaufgebaut hat, die kostbaren Zimmer, die Teppiche, die Möbel, die Bücher – verloren. Unsere geliebte Dienerschaft, die Hunde, die in siebzehn Jahren sorgsam gezüchtete Herde, der Wald, die Bienen, die Obstwiesen, der träumende Fluß, alles verloren. Wir sind heimatlos, bettelarm, gebrochen. Kein Polen. Kein Mantuski. Alles entschwunden wie eine *Fata morgana*. Und so viele, so viele, die wir zurückgelassen haben: Onkel Nicholas, die Stravinskis ... Ich glaube nicht, daß ich noch schreiben kann ...

Zofia unternahm lange Spaziergänge im Wald. Ihre Erinnerung an diese Zeit sind die Bäume und eine überwältigende Traurigkeit. Sie schrieb an Eric:

Wir leben, aber unsere moralische Kraft ist erloschen. Wahrscheinlich kommen die Bolschewisten hierher, darum wollen wir möglichst weit weg. Falls ich nach England komme, hilf mir bitte, eine Arbeit zu finden. Ich kann eine sehr gute Köchin werden, wenn ich ein bißchen lerne, denn jetzt haben wir nichts. Ich hoffe, es geht Dir gut. Wenn wir nicht tot sind oder zu Gefangenen werden, werde ich Dich wohl in diesem Leben wiedersehen.

Leb wohl, Eric.

Drei Generationen warteten in Platków: Helenas Mutter, im Alter gebrechlich und zaghaft; Helena selbst, verwitwet, einundvierzig Jahre alt, wegen ihres Knies an einem Stock humpelnd; und Zofia in weiten Baumwollkleidern, mit langem Zigeunerhaar und blaßblauen Augen.

Die Russen hatten an der litauischen Grenze haltgemacht. Sie unterzeichneten ein Abkommen mit Smetona, und der Druck schwächte sich eine Weile ab. Doch im November traf Helena die Entscheidung, das Land zu verlassen. Ihre Mutter drang in sie, zu bleiben, sagte, es wäre alles bald vorbei und sie würden nach Mantuski zurückkönnen. Aber Helena war einmal zu oft vertrieben worden.

Ende November schrieb Zofia an Eric; sie ließ ihn wissen, daß sie versuchen wollten, nach England zu gelangen:

... Eines Tages, wenn wir nicht im Meer ertrinken, wirst Du mich vielleicht auf einer Straße in London treffen, traurig und hungrig. Ich werde sagen: »Hallo, Gugu«, und Du wirst sagen: »Kann ich Dir einen Penny für Brot geben?« Und ich werde sagen: »Aber nein, ich habe massenhaft Geld.« Nun leb wohl, lieber Eric. Wenn ich zwei Monate nicht mehr schreibe, heißt das, daß ich nicht mehr auf dieser Welt bin.

Sie erreichten England im Dezember 1939, über die Route Estland, Stockholm und Oslo. In Bergen fanden sie einen kleinen Kohlefrachter mit Ziel Newcastle. Eric holte sie am Hafen ab. Zofia war erstaunt, wie förmlich er war. »Ich machte damals die Erfahrung, daß ein Engländer in England etwas ganz anderes ist als ein Engländer in einem slawischen Land.«

Die Familie Brónski wurde zerstreut, bei verschiedenen Familien im ganzen Land untergebracht. Zofia landete im Convent of the Holy Family of Nazareth in Enfield. Sie lernte Maschineschreiben, Stenographie, vervollkommnete ihr Englisch und bekam einen Studienplatz für englische Literatur an der Universität Reading.

Sie fuhr fort, sich mit Eric zu treffen. Sie nahmen oft Bezug auf die beiden Sommer in Mantuski. So vieles veränderte sich; das allein schien beständig. Zofia schrieb ihm im Mai 1940:

Enfield.

... Straßen Straßen und Häuser und Schornsteine und eine so ungemütliche Sonne in dieser Stadt Stadt Stadt ... Ich sitze am Fenster und versuche, mir vorzustellen: Es ist Mantuski – ich gehe im Moor spazieren, und das Wasser macht ein ulkiges leises Geräusch unter meinen Füßen, und das Singen des Waldes ist um mich herum. Du bist auch dort, Eryk, weil ich hier nicht glücklich bin, wo ich den Bahnhof von Enfield sehe und die schmutzigen alten Häuser und einen braunen Zug, der lärmend vorbeirast. Und Du bist auch nicht glücklich, und Du mußt zur Armee, und Du kannst nicht mehr frei sein – also wollen wir uns etwas vorstellen ... Oh, das Leben ist viel zu wirklich und verdrießlich!

Zuerst, während der Monate des Sitzkriegs, war Eric seinem Pazifismus treu geblieben. Doch als die Kämpfe ernstlich anfingen, meldete er sich mit dem plötzlichen Eifer des Neophyten zum Kriegsdienst. Ende 1941 wurde er nach Fernost abkommandiert. Vom Schiff aus schrieb er an Zofia:

... Es ist Abend, und alles lehnt an der Reling und beobachtet verträumt die Wellen. Seit ich Dir das letztemal geschrieben habe, sind wir in zwei Häfen gewesen, und es gibt so viel zu erzählen, daß ich nicht weiß, wo ich anfangen soll. Weißt Du, dieses ständige Unterwegssein und für ein paar Tage Haltmachen in diesen Märchenstädten ist wundervoll, und wenn es dann weitergeht, steigt so eine verrückte Erregung in Dir auf, und Du hast das Gefühl, die ganze Welt liegt Dir zu Füßen und all die herrlichen Orte, von denen Du irgendwann gehört hast, stehen Dir offen ... Du hast immer viel mehr Phantasie gehabt als ich. Du hast immer in die entlegensten Winkel der Erde reisen wollen, und ich habe die polnischen Wälder geliebt und die Schweizer Alpen und war zufrieden, dort zu sein. Liebe Zosia, wie sehr würde Dir dies hier gefallen ...

Anfang 1942 war Eric mit einer Panzerabwehreinheit in Singapur stationiert. Die Japaner hatten ihren Angriffskrieg begonnen.

Eigenartigerweise bin ich wohl von Anbeginn an in alle großen Gefechte mit einbezogen worden und auch in eine Menge kleinerer. Irgendwie kriege ich keine Angst, weil ich zu viel zu tun habe, aber ich komme mir kein bißchen wie Rupert Brooke vor. Ich glaube überhaupt nicht an Vorbestimmung, sondern nur an die blinde Göttin des Zufalls.

Weißt Du, Zosia, neulich im Einsatz und seitdem immer wieder habe ich plötzlich das wunderschöne Mantuski vor mir gesehen. Es ist sonderbar. Einen kurzen Augenblick lang sehe ich die Zweige der Fichten, die am Waldsaum nah dem Haus stehen, in der Sonne winken, aber meistens den Fluß, die Sandbank und die Flußbiegung gegenüber dem Dorf, den Fluß in den Auwiesen und die strudelnde Oberfläche und die Geräusche des Wassers.

Gerade eben hat es ein paar Meilen entfernt besonders starkes Granatfeuer gegeben, und mir war nach Weinen zumute, als ich schrieb. Ich glaube, das lag am Kontrast. Ich muß jetzt aufhören. Leb wohl, liebste Zosia. Ich nehme an, Du wirst mich natürlicher finden, wenn ich zurück bin.

In Liebe. Eryk.

Das war sein letzter Brief. Damals arbeitete Zofia in der polnischen Abteilung der BBC in London. Erics Schwester rief sie dort an. Sie erzählte ihr, was sie wußte: daß Eric während der japanischen Offensive in Gefangenschaft geraten war, zusammen mit einem Amerikaner hatte fliehen können, von Dorfbewohnern verraten und von den Japanern gezwungen wurde, sein eigenes Grab zu schaufeln, in das sie ihn mit Bajonettstichen hineinbeförderten.

Ich fragte Zofia, ob sie Eric geheiratet hätte.

»Phiilip, ich weiß es wirklich nicht. Natürlich haben wir von der Zukunft gesprochen, aber wir haben nie Pläne gemacht. In jenen Tagen geschah alles so schnell. Wäre ich mir mit Eric sicher gewesen, hätte ich wohl hinterher nicht so schnell geheiratet.«

Ein Jahr nach Erics Tod heiratete Zofia einen Spitfire-piloten, einen Polen. Die Trauung fand in der katholischen Kirche in der Fulham Road statt. Helena konnte nicht kommen; sie hatte eine schwere Angina. Die Flitterwo-chen verbrachten sie in Wales, in einem Hotel an einem See, das polnischen Fliegern freie Kost bot. Zofia erinnert sich an eine Folge schöner Herbsttage und an feuchten Ad-lerfarn. Es war ein kurzer Augenblick des Glücks, den sie den braunen Kriegsgreueln gestohlen hatten. Und es war ein Anfang.

Nach zehn Tagen mußte ihr Mann wieder zu seinem Geschwader in Northolt; Zofia kehrte nach London zu-rück. An den Abenden, an denen er nicht flog, telefonier-ten sie miteinander. Eine Woche nach ihren Flitterwochen flog er einen Einsatz über Frankreich. Seine Spitfire war auf dem Heimflug, als sie abgeschossen wurde. Sie waren nicht einmal drei Wochen verheiratet gewesen. Mit drei-undzwanzig war Zofia Witwe.

Nach dem Krieg heiratete sie einen amerikanischen Di-plomaten. Sie ließen sich in Cornwall nieder und wurden Hotelbesitzer und kauften Braganza. Zofia war für die Weinkeller zuständig, schrieb Gedichte und segelte – mise-rabel – die *Memory*. Sie pflanzte Rosen, Escalloniahecken und Kamelien, und sie hatten zwei Kinder. Aber das Le-bensmuster Verlust setzte sich fort. Ihr Sohn kam mit ein-undzwanzig bei einem Autounfall ums Leben. Sie machten Pleite und verloren die Hotels. Zofias zweiter Mann starb mit achtzig eines natürlichen Todes.

In Braganza hängt ein Bild von ihrem Sohn, eine Pastell-zeichnung. Er trägt einen Schnurrbart. Er hatte für das Porträt versucht, sein Haar zu bürsten, aber man sieht, daß es nichts gebracht hat: es war zu wirr und buschig, um sich zu fügen. Er hat Zofias schwere Augenlider.

Ich habe das gleiche Gesicht noch einmal gesehen, in St. Petersburg. Es war ein gerahmtes kleines Bild in der Heldengalerie der Eremitage. Dort hängen Einzelporträts aller Generäle, die 1812 dazu beigetragen haben, Napoleon hinter den Njemen zurückzutreiben. Zar Alexander I. beherrscht eine ganze Wand. Seine Generäle füllen die Wände zu beiden Seiten. Links auf halber Höhe ist einer, der als einziger den Porträtisten nicht ansieht. Er hat den gleichen Schnurrbart, das gleiche nicht zu bändigende Haar.

Unter dem Bild steht in kyrillischen Buchstaben: General I. O. O'Breifne.

1992, mehrere Monate nach unserer Rückkehr aus Weißrußland, saßen Zofia und ich eines Abends in ihrem Wohnzimmer in Braganza. Das Bild von Mantuski hing über ihr. Es dämmerte, und der Wind rüttelte an den Türen; ein Sommersturm war im Gange. Vom Fenster aus sah man einen der Trawler in die Bucht zurückkehren. Neben dem Fenster stand im Halbdunkel die Araukarie.

»Genau hier, erinnere ich mich«, sagte Zofia, »habe ich vor fünfzehn Jahren mit Mama gesessen. Auf dem Rasen spielten lautstark die Enkelkinder – ihre Urenkel. Nicht eines von ihnen sprach ein Wort Polnisch. Englisch, Französisch – aber kein Polnisch. Keiner ihrer Nachkommen hatte einen polnischen Partner geheiratet. Mama war damals schon fast blind. Sie drehte sich zu mir um und sagte ganz sachlich: ›Manchmal frage ich mich, ob es richtig war, euch alle aus Polen herauszubringen. Vielleicht wäre es das Beste gewesen, einfach auf die Russen zu warten.‹«

Im Exil hatte Helena sich in einem Winkel von Surrey niedergelassen. Sie teilte sich dort ein großes Haus im Tudorstil mit einer Freundin und mehreren Katzen. Es war ein unauffälliges Haus in einer unauffälligen Gegend. Mit einer Ausnahme. Auf den Bildern, die Zofia mir gezeigt hat, war es von genau den gleichen Kiefern- und Birkenwäldern umgeben, wie sie Mantuski umgeben hatten.

»Im Alter ließ ihre Sehkraft nach. Sie wurde sehr anspruchsvoll. Ihre eigene Mutter war kurz nach dem Krieg in Dublin gestorben. Daß sie eine O'Breifne war und damit eine – wenn auch nur angeheiratete – Nachfahrin berühmter irischer Emigranten, der *Wild Geese*, hatte sie dort zu einem Kuriosum gemacht. Bei meiner Mutter war es anders. Sie hat mehr als vierzig Jahre hier gelebt, ist aber nie richtig heimisch geworden. Sie hat immer versucht, mich dazu zu bewegen, nach Surrey zu ziehen, aber wie hätte ich das tun können? Ich hatte hier meine eigene Familie. Schließlich zog sie im Januar 1981 hierher.

Bei ihrer Ankunft trug sie eine dunkle Brille und hielt eine Katze unter dem Arm. Ich hatte mir vorgestellt, sie jahrelang bei mir zu haben. Aber nach nur drei Wochen war sie tot. Liebe Mama …«

Zofia blickte aus dem Fenster. Es war inzwischen fast dunkel. Die Bäume waren bloß noch Schatten vor dem Hintergrund der Bucht. Von Westen breitete sich Nebel aus. Vom Leuchtturm klang das Stöhnen des Nebelhorns herüber.

Fern in Mantuski stand die Lärche immer noch. Daneben befand sich das Haus von Pani Cichonia. Zweimal war sie eingeschritten, um die Leute vom Amt abzuhalten, sie zu fällen.

»Sehen Sie.« Sie hatte auf den Stamm gedeutet, »Sie können die Axtkerben erkennen.«

Pani Cichonia hatte nach der Familie gefragt, nach

Zofias Tanten und Brüdern, nach ihrer Mutter und was mit ihnen geschehen war. Plötzlich beugte sie sich vor und unterbrach Zofia. »Ja, vor elf Jahren sind die Kinder hier beim Spielen gewesen, und da hat es auf einmal geblitzt. Aus heiterem Himmel, und der Blitz hat in den Baum eingeschlagen! Nadeln und kleine Zweige sind heruntergewirbelt« – Pani Cichonia machte eine Spiralbewegung in der Luft –, »es muß damals gewesen sein – es muß um die Zeit gewesen sein, als Pani Helena starb!«

Zofia rupfte drei der grünen Samenzapfen vom Baum. Zu Hause in Braganza versuchten wir sie zu ziehen. Wir setzten sie im Gewächshaus in Töpfe ein, doch in den Töpfen wuchs nichts als etwas Unkraut. Erst im folgenden Frühjahr, als man die Töpfe halb vergessen im Gewächshaus am Boden fand, stellte sich heraus, daß das Unkraut winzige Lärchenschößlinge waren.

Epilog

Zofia fuhr noch einmal nach Weißrußland zurück. Es war Juni, der hohe blaue Juni der Kresy. Der Himmel war wolkenlos, die Luft ein einziges Insektengesumm. Vogelgezwitscher erfüllte die Wälder. In den Heuwiesen schwangen Reihen von Mähern ihre Sensen mit dem Eifer jener, die wissen, daß gute Tage genauso Mangelware sind wie alles andere.

Seit unserer ersten Reise waren zwei Jahre vergangen. Weißrußland war noch tiefer in seinem speziellen Loch postsowjetischer Lethargie versunken. Für den kleinsten Einkauf brauchte man mehrere Handvoll Banknoten; die Städte verrotteten. Ungleichheiten hatten zugenommen, Feindschaften sich verschärft. Ein Gefühl von Stillstand war allgegenwärtig; nur der Wald schien noch am Leben.

In Cornwall hatte Zofia in der Zwischenzeit Geld gesammelt. Sie hatte bei der National Westminster Bank in Truro ein Konto unter dem simplen Stichwort »Kapelle« eröffnet. Auf dieses Konto flossen Gelder für die eine Sache, die sie als Brückenschlag zwischen ihren beiden Welten empfand und durch die sie die Schuld gegenüber ihrer im Stich gelassenen Vergangenheit würde abtragen können: die Restaurierung der Familienkapelle und der geplünderten Gräber ihrer Ahnen. Hausgäste, Freunde, Familienangehörige hatten ihr Scherflein beigetragen; sogar ihr Zahnarzt hatte zugunsten des Vorhabens auf seine Kosten verzichtet, als er hörte, daß man Tote ausgegraben hatte, nur um ihnen die Goldzähne herauszureißen.

Im April hatte der Priester aus Nowogródek über eine knackende Telefonverbindung mitgeteilt, die Arbeiten an der Kapelle seien fast abgeschlossen. Die Einweihungsfeier solle am 29. Juni sein.

»Phiilip«, grübelte Zofia, als wir die weißrussische Grenze überquerten, »und wenn wir nun ankommen und sie sind nicht fertig? Und wenn noch kein Dach drauf ist? Was tun wir dann?«

»Es wird alles fertig sein«, beruhigte ich sie – obwohl ich selbst alles andere als sicher war. Ich schenkte uns zwei große Wodka aus unserer Reiseflasche ein. »Zur Feier des Grenzübertritts«, sagte ich. »Erinnerst du dich?«

Vater Antoni Dziemianko, der polnische katholische Geistliche von Nowogródek, war ein Mann, der im Verscheuchen von Zweifeln Übung hatte. Ich erinnerte mich gut an ihn. Ich erinnerte mich an seine schulmeisterlichen Liturgien, an seine teakholzfarbene Haut, sein großflächiges Gesicht, seine Aufgeschlossenheit und seinen Weitblick. Während der schlimmen Zeit hatte er ein paar Jahre als Untergrundpriester gewirkt, war aber nun am rechten Platz. In dieser verschlafenen Stadt hatte er als einziger die nötige Energie; er als einziger schaffte es, daß Dinge angegangen wurden.

Am Abend des Tages – die letzte Rate für den Kapellenfonds hatte ich in geschmuggelten Dollars in einer meiner Taschen dabei – klopften wir an seine Tür. Er tippte gerade eine Predigt auf einer alten sowjetischen Schreibmaschine. Seine Ärmel waren bis zum Ellbogen aufgerollt. »Pani Zofia! Pan Philip! *Proszę*!«

Wir setzten uns.

»Also, für Mittwoch ist alles bereit. Ein Bus fährt um zwei Uhr von hier ab. Das Dorf schlachtet ein Kalb, und der Bischof aus Grodno kommt.«

»O mein Gott!« rief Zofia aus. »Ein Bischof!«

Vater Antoni erhob sich und schloß beide Türen, setzte sich dann an seinen Schreibtisch, sperrte eine Schublade auf und zog ein kleines Holzkästchen heraus. Darin lagen ein goldener Ehering und ein ovales Medaillon. Hinter dem verschmutzten Glas des Medaillons steckte ein winziges dunkles Haarbüschel.

»Das haben die Bauarbeiter in der Nähe der Gräber gefunden.«

Ich nahm den Ring und versuchte mit zusammengekniffenen Augen die Gravur auf der Innenseite zu entziffern: HB 4 VII 1842. »Wer könnte das sein, Zosia?«

»Ich bin nicht sicher. Irgendein Broński vermutlich ...«

Wir überreichten die Dollar und nahmen das Holzkästchen samt Inhalt an uns. Vater Antoni brachte uns an die Tür. Im Weggehen wandte Zofia sich um. »Ach, noch eins, Vater Antoni. Meinen Sie, Sie könnten die Leute im Dorf bitten, das arme Kalb zu verschonen?«

Draußen dämmerte es inzwischen. Die Ruine des Nowogródeker Schlosses erhob sich gleich einem Schiffswrack auf dem gegenüberliegenden Hügel.

»Ich kann einfach nicht verstehen«, sagte Zofia, »wieso die Plünderer die beiden Dinge übersehen haben. Ein Ehering – wäre das nicht das erste, wonach sie suchen würden?«

»Vielleicht haben ihn gar nicht die Bauarbeiter gefunden.«

»Wie meinst du das?«

»Vielleicht hatte jemand im Dorf ein schlechtes Gewissen.«

Als Einweihungsdatum hatte man einen kirchlichen Fest-
tag gewählt, den Tag der Heiligen Peter und Paul. Schon
mittags war es sehr heiß. Eine zaghafte Brise zauste den
Waldrand. Zofia und ich kamen frühzeitig bei der Kapelle
an; sie sollte den Bischof bei seiner Ankunft begrüßen und
ihm die Schlüssel überreichen. Als wir den Weg hinaufgin-
gen, legte eine Nonne gerade noch einen Halbkreis aus
blauen Lupinen um die Kapellentür.

Doch die Tür war mit einem Vorhängeschloß versperrt.
Ein Mann eilte ins Dorf, um die Schlüssel zu holen, und
kehrte außer Atem zurück. Er schüttelte den Kopf. »Kein
Schlüssel da!« Und er machte sich daran, das Schloß ge-
waltsam zu öffnen, mit einem Brecheisen.

»Jetzt weißt du«, flüsterte ich Zofia zu, »was du dem Bischof überreichen mußt – ein Brecheisen!«

Die Restaurierung jedoch war großartig. Außen trugen
vier kräftige Säulen einen Holzgiebel, den ein schlichtes
schwarzes Kreuz krönte. Eine der Außenmauern war von
Grund auf neu errichtet worden – aber so sauber ausgeführt,
daß kaum zu erkennen war, welche. Säulen und Mauern waren frisch gekalkt, so grell, daß Zofia in ihre Handtasche
greifen und die Sonnenbrille herausfischen mußte.

Im Innern der Kapelle roch es nach frischer Farbe. Wir
waren es gewohnt, in Weißrußland nur kaputte Gebäude
zu sehen, und so war es ganz eigenartig, das Ergebnis jüngster Bautätigkeit vor Augen zu haben. Der Innenraum war
klar und bescheiden. Er war nicht länger als zwölf Meter.
Parkettboden erstreckte sich bis zu dem einfachen Altar.
Um den Altar und entlang der Wände standen Krüge mit
Lilien und Pfingstrosen. Die Decke war aus gebeizten Lär-
chenbrettern, die von dem Baum stammten, der neben den
Trümmern der Ruine gestanden und uns zwei Jahre zuvor
zu der Stelle geführt hatte.

In eine Mauer hatte man eine Granittafel eingelassen und aus ihr die Inschrift herausgemeißelt: Adam Broński 1890–1934. Zofia legte ihre Tasche auf einen Stuhl und stellte sich vor die Tafel. Sie blieb mehrere Minuten dort stehen.

Sechzig Jahre. Sechzig Jahre, seit man den Sarg ihres Vaters in diese Kapelle getragen hatte. Sechzig Jahre, seit der pferdebespannte Trauerzug von Mantuski durch den Wald hierher gerollt war. Sechzig Jahre. Sechzig Jahre, in denen alles, was sie für fest und beständig gehalten hatte, nach und nach dahingeschwunden war, genauso wie alle Menschen, die sie geliebt hatte. An dieser Stelle hatte die Kette der Verluste ihren Anfang genommen.

Wir gingen hinaus. Von der blanken Erde rund um die Kapelle stieg Hitze auf. Zofia setzte sich in den Schatten einer der Säulen. Gruppen von Dorfbewohnern kamen den Hügel herauf. Sie hatten Bündel von Blumen dabei. Sie schwatzten in Grüppchen, spähten zur neuen Eleganz des Gebäudes hinüber, zur alten Eleganz von Zofia. Langsam und bedächtig schlurften sie näher zu ihr, beäugten ihre Kleidung, ihre Schuhe, ihre Sonnenbrille.

Proszę Pani, erzählen Sie uns, wo ist Ihr Zuhause? Ist das Ihr Sohn? Erzählen Sie uns bitte, wo ist Ihre restliche Familie? Was ist aus ihnen allen geworden?

Kanada, Anglia, Francja, Australia ...

Wann kommen sie zurück? *Proszę* Pani, warum sind sie nicht hier?

Es ist weit weg. Zu weit, und viele sind arm. (Wie sollte sie erklären, wie schwierig es war zurückzukommen, wie schwierig, dem, was geschehen war, ins Auge zu sehen?)

Aber sie werden kommen, *proszę* Pani, nicht wahr? Bitte sagen Sie ihnen, sie sollen kommen ...

Der Bischof von Grodno erschien wenige Minuten vor

drei. Sein deutscher Wagen kam quietschend zum Stehen. Die Menge teilte sich, um ihn durchzulassen, und er lächelte ein Bischofslächeln und teilte Plastikrosenkränze an die Kinder aus. Er betrat die Kapelle, beugte das Knie, begab sich zu seinem Sitz neben dem Altar und setzte sein Birett auf. Eine Übergabe der Schlüssel fand nicht statt.

Sechs Geistliche folgten dem Bischof. Ihre Requisitenkoffer – mit Mitra und Bischofsstab, Soutanen zu diversen liturgischen Anlässen, all dem gestärkten und glitzernden Zubehör der Hostie – nahmen einen beträchtlichen Teil des Innenraums ein. Die Leute zwängten sich in die Kapelle, verstopften den Eingang; und diejenigen, die nicht mehr hineinpaßten – die Mehrzahl –, standen draußen.

Der Gottesdienst selbst war eine konventionelle Messe mit anschließender feierlicher erneuter Weihe. Diese erforderte eine Reihe von Gebeten und daß der Bischof die Kapelle gemessenen Schritts umrundete und dabei mit dem Aspergill Weihwasser versprengte.

Nach der Messe stand Zofia auf, um eine Rede zu halten. Sie räusperte sich und blickte auf die Gesichter vor ihr.

»Diese Kapelle«, begann sie, »birgt Erinnerungen an meine Familie, die Brońskis. Einst haben sie alle hier gelebt und diese Kapelle aufgesucht – zur Messe, zu ihren Taufen und Hochzeiten und zu ihren Beerdigungen. Ich erinnere mich an die Trauerfeier für meinen Vater hier vor sechzig Jahren – einige von Ihnen haben mir erzählt, daß auch Sie damals hier waren. Das bedeutet mir außerordentlich viel. Ich danke Ihnen, daß Sie gekommen sind.«

Die Menschenmenge draußen drängte nach, um besser zu hören; es gab vereinzelte Rempeleien im überfüllten Gang.

Sie hob den Kopf, bevor sie fortfuhr. »Wie Sie hat mein Vater sein Leben lang hier gelebt, auf diesem Boden, diesem

Land. Er liebte dies Land mehr als alles andere. Er hat sein Leben damit verbracht, es zu bearbeiten oder – wenn er es nicht bearbeitete, wie im ersten Krieg – dafür zu kämpfen. Er liebte die Menschen und die Wälder, und zur Erinnerung an ihn ist diese Kapelle wiederhergerichtet worden.

Eines jedoch möchte ich ganz klar sagen. Seit über einem halben Jahrhundert lebt hier kein Broński mehr. Einst war dies unser Zuhause, heute ist es das nicht mehr. Die Familie ist über die ganze Welt verstreut, und das Leben, das wir kannten, gibt es nicht mehr. Nicht für uns ist diese Kapelle wiederaufgebaut worden, nicht für meine Familie, sondern für Sie, für Sie alle – Weißrussen und Polen, Orthodoxe und Katholiken. Sie müssen sich darum kümmern wie um Ihr eigenes Haus. Sie müssen sie aufsuchen. Kommen Sie zum Beten hierher, sooft Sie wollen, sooft Sie können – auch wenn kein Geistlicher da ist, um einen Gottesdienst abzuhalten; Sie müssen den Rosenkranz beten und im Frühjahr den Wald um das Gebäude zurückschneiden.

Und seien Sie gewarnt.« Sie lächelte. »Sollte die Kapelle wieder verfallen, wird es *mein* Geist sein, der zurückkehrt und Sie heimsucht!«

Am nächsten Tag stand Zofia spät auf. Wir wohnten bei einer polnischen Familie, im vierten Stock eines baufälligen Wohnblocks in Nowogródek – zu sechst in drei Zimmern.

»*Dzień dobry*, Phiilip«, sagte sie, »ich fühle mich ausgeruht.«

»*Dzień dobry*, Zosia.« Ich küßte ihre Wange.

Sie setzte sich an den kleinen Tisch in der Küche. »Oh, ich kann dir gar nicht sagen, wie unendlich erleichtert ich bin!«

Sie hatte durch nichts verraten, wie sehr sie sich vor dem

Ganzen gefürchtet hatte – vor der Feier, vor der Rede –, welche Angst sie gehabt hatte, ihr Polnisch oder ihre Beine würden sie im Stich lassen, oder daß niemand kommen würde oder daß diejenigen, die kämen, ihr feindselig gesinnt wären.

»Und trotzdem, Phiilip«, sagte sie, »trotzdem meine ich, daß dies einer der besten Tage in meinem Leben war. Klingt das lächerlich?«

»Nein, Zosia, überhaupt nicht.«

Bevor wir Weißrußland verließen, blieb noch eines zu tun. Wir fuhren nach Mantuski.

Pani Wala Dobrałowicza, Zofias und Helenas einstige Schneiderin, fütterte gerade ihre Zwerghühner, als wir ankamen, sie streute ihnen Körner auf einen Streifen nackten Bodens vor ihrem Häuschen. Die Zwerghühner kreischten zu ihren Füßen. Hinter ihrem Gemüsegarten stand eine einzelne Birke; ihre silbrigen Blätter zitterten im Wind. Hinter der Birke floß der Njemen.

Als Pani Wala uns erblickte, ließ sie den Topf mit den Körnern zu Boden poltern. »O mein Gott!« rief sie, kam her und umarmte uns beide so fest, als müßte sie verhindern, daß wir auseinanderfielen.

Von allen Menschen, denen ich in den alten Kresy begegnet bin, den Polen und Weißrussen, den Litauern und Russen, den Priestern und Nonnen, hat niemand einen solchen Eindruck bei mir hinterlassen wie Pani Wala. Sie hatte Augen vom dunkelsten Kornblumenblau und eine unverfälschte und kraftvolle Präsenz. Aber ihre Sprache ist es, woran ich mich am besten erinnere.

Wenn sie redete, war in ihrem Gesicht eine Flut von Gefühlen zu ahnen, die bisweilen überflossen, so daß ihre Augen sich mit Tränen füllten und ihre Mundwinkel zu zucken begannen. Ihr Redefluß war wie strömende Musik. Wenn sie innehielt, lachte sie. Der jähe Wechsel hatte etwas Wunderbares; sie war die einzige Person, der ich je begegnet bin, die ihre eigene Stimmung überhaupt nicht wahrzunehmen schien.

Wir folgten ihr in die Hütte und nahmen Platz, während sie kopfschüttelnd und vor sich hin murmelnd geschäftig herumhantierte, bevor sie sich zu uns setzte.

»Nur noch ein bißchen länger«, sagte sie seufzend und sah zu dem Hochzeitsbild an der Wand hinauf, »nur noch ein kleines bißchen, und Gott wird mich mit meinem Kazik wieder vereinen.«

Ihr Kazik war vor zwei Jahren gestorben. In den Jahren vor dem Krieg war er Obergärtner in Mantuski gewesen. Er war es gewesen, der die Rosen gepflegt, das Geißblatt gezogen und mit Helena jedes Frühjahr die Pflanzpläne entworfen hatte.

Wir aßen zu Mittag. Pani Wala legte ein sauberes weißes Tischtuch auf; darauf stellte sie Teller mit Kartoffeln, *kielbasa* und Hering. Zofia gab ihr die Geschenke: ein Paar Schuhe und zwei Pullover von Marks & Spencer.

Eine Wodkaflasche tauchte auf. Normalerweise, erklärte Pani Wala, trinke sie nie. »Aber auf Ihr Kommen trinke ich, Pani Zofia! Bis ich umfalle! Ich werde trinken, trinken, trinken – dreimal trinken, bis ich von nichts mehr weiß! Ich will auf Sie trinken, Pani Zofia; und auf Sie, Pan Phiilip – trinken wie eine Engländerin!«

Und wir tranken kräftig und redeten und aßen und tranken wieder und schliefen uns in der drückenden Nachmittagshitze aus – die beiden Witwen auf Betten hinter einem Wandschirm, ich auf einem alten Sofa neben dem Herd. Es war beinahe vier, als ich aufstand und auf Zehenspitzen aus dem Haus schlich.

Ich wanderte am Fluß entlang. Seine Wirbel glitten kreiselnd an mir vorbei. Der Wind zerrte am hohen Ufergras. Flußabwärts in der Nähe des *dwór* war die Ruine der Ziegelei. Der Schornstein stand noch, derselbe Schornstein, der in Zofias Tagen dort gestanden hatte, derselbe Schornstein, der die Trümmer überragt hatte, als Helena 1920 hierherkam. Zu seinen Füßen hatte man ein paar Baracken aus Hartfaserplatten errichtet, in denen Zeichen der neuen Zeit erkennbar waren, der Ära von »bisnis« und Kiosken: Dorfmädchen füllten Flaschen ab, die Etiketten trugen wie Tutti Frutti Shampoo oder Fleur Raspberry Bath Essence.

Ich setzte meinen Weg fort. In der Nähe des alten Herrenhauses, in der Auffahrtsallee, war im Jahr zuvor eine der Linden umgefallen. Die Lärche beherrschte noch immer den Horizont, auch wenn ein oder zwei Äste alterskahl waren. Auf dem Erdhügel – mehr war vom Haus nicht übrig – sah man im Boden immer noch Ziegelscherben.

Wir verbrachten die Nacht in Pani Walas Haus. Zofia trug einen weißen Satinpyjama. Ich konnte die beiden Frauen bis tief in die Nacht hinein hinter ihrem Wandschirm reden hören.

Am Morgen ging ich kurz nach Tagesanbruch hinaus und setzte mich unter Pani Walas Birke. Kurz danach trat Zofia, ihren rotseidenen Morgenrock mit einer Kordel zubindend, vor die Tür. Sie ging in den Gemüsegarten. Dort stand sie und beobachtete den Njemen, beobachtete, wie der Flußnebel sich lichtete. Um sie herum wuchsen wadenhohes Kartoffelkraut, Kohl, Petersilienstengel, Zwiebeln.

Minutenlang rührte sich nichts. Dann ertönte aus den Kiefern das Gezeter der Saatkrähen. Zofia hob den Kopf und lauschte. Es war der gleiche Laut, der ihre Tage in Cornwall in Gang setzte, wo er aus den hohen Kastanien von Braganza erscholl.

Sie griff sich mit einer Hand flüchtig an den Hals. Eine Weile blieb sie dort stehen, ganz still, während ihr Morgenrock wie eine Brautschleppe über Pani Walas sprießenden Zwiebeln lag.

Wir verließen Weißrußland, wie wir gekommen waren, in einem ramponierten alten Bus. Das Fahrgestell des Busses war verzogen; ein strahlenkranzförmiger Sprung überzog die Windschutzscheibe. Der Fahrer zuckte die Achseln. »Perestroika«, sagte er.

Der Bus war gechartert worden, um eine Gruppe von Schulkindern zu einem Ferienaufenthalt nach Polen zu bringen. Die Eltern hatten Berge von Taschen und Beuteln voll alter Kleidung und Hausrat im Bus verstaut, die die Kinder in Warschau verkaufen sollten, um Geld für Eis und Süßigkeiten zu haben. Angesichts all der Taschen kamen wir uns wie Flüchtlinge vor.

Wir saßen ganz hinten inmitten des Flüchtlingsgepäcks. Zofia lehnte sich dagegen und sagte: »Was meinst du, Phiilip, komme ich jemals wieder hierher?«

»Nein.«

Sie schaute aus dem Fenster, sah die Gebäude von Nowogródek zurückbleiben und Feldern und Wald Platz machen. Die Sonne stand tief. »Nein, ich glaube, du hast recht.«

Dann reckte sie ihr Kinn vor und lächelte ihr unbekümmertes Beinahelächeln. »Aber wenn ich uralt bin, komme ich vielleicht mit dem Auto hierher und wohne in einer kleinen Hütte in Mantuski und sterbe dort ganz allein!«

Als der Abend dämmerte, erreichten wir die Grenze.

Eine endlose Schlange stehender Busse zog sich die Straße entlang gleich der Wirbelsäule eines versteinerten Reptils.

Es hatte an der Grenze einen Zwischenfall gegeben, einen alltäglichen kleinen Zwischenfall. Nach sieben Stunden Warten, sieben Stunden Vorrücken im Schnekkentempo, Ausfüllen von Formularen und Passieren von Kontrollpunkten hatten wir die weißrussische Seite hinter uns. Mittlerweile war es weit nach Mitternacht. Am anderen Ende des Niemandslands stieg ein polnischer Grenzer zu. Er unterschied sich stark von seinem weißrussischen Gegenstück. Mit den hohen Ulanenstiefeln, der gesunden Bräune und den blauen Heldenaugen war er so forsch und fesch wie das wiedererstehende Polen. Er schritt den Gang ab, zählte die schlafenden Kinderköpfe, verlangte die Papiere des Fahrers, tippte mit einem Bleistift dagegen und sagte, nein, Sie müssen nach Weißrußland zurück, in die Stadt, aus der Sie gekommen sind.

Zofia erzählte mir später, sie habe rot gesehen; sie fühlte ihr Blut kochen – es war der Blick, den er »dem armen weißrussischen Fahrer« zuwarf. Sie humpelte den Gang entlang, und noch bevor sie den Grenzer erreichte, schrie sie ihn an: »Wie können Sie es wagen! Sehen Sie nicht, daß das bloß Kinder sind? Wirklich, ich muß mich Ihretwegen schämen. Ihretwegen schäme ich mich, Polin zu sein!«

Ich sagte ihr, sie solle still sein. Pragmatismus hatte mich an Grenzen zwei Dinge gelehrt: »nein« heißt nicht immer »nein«, und: nie die Beherrschung verlieren, nie über Prinzipielles streiten.

Doch galt das immer und überall? Wozu war Pragmatismus nütze gewesen an jener anderen Grenze, fünfundfünfzig Jahre zuvor, als ihr die russischen Kugeln um den Kopf pfiffen, die Welt verrückt geworden war und Polen ihr zu Füßen starb?

Der polnische Grenzer verließ den Bus. Die Papiere nahm er mit. Schließlich und endlich ließ er uns doch durch. Vielleicht hatten wir beide recht.

Jenseits der Grenze wartete eine andere Autoschlange. Sie wurde von unseren Scheinwerfern kurz angeleuchtet. Wir passierten das Ende der Schlange und fuhren weiter in die Nacht hinein. Jedermann im Bus machte es sich zum Schlafen bequem. Der Fahrer zündete sich eine Zigarette an; bald war das einzige Geräusch das Brummen des Motors. Die Birkenreihen glitten in der Dunkelheit am Fenster vorüber.

Auf der Rückbank, gegen Flüchtlingstaschen gelehnt, die Beine auf den kaputten Sitzen ausgestreckt, lag Zofia. Ihre Augen waren geschlossen, und sie atmete gleichmäßig; um sich warm zu halten, hatte sie ihre Arme fest um sich geschlungen. Über ihr stand ein Fenster offen, eine nächtliche Brise wehte herein, ließ den Vorhang flattern und zupfte an dem grauen Haarbüschel, das ihr ins Gesicht hing.

Nachwort

In *London* trennten sich unsere Wege wieder. Zofia mußte sich um ihre zahlenden Gäste kümmern, ich mußte ein Buch beenden. Immer wenn ich sie in jenem Sommer anrief oder wir einander schrieben, schien sie krank zu sein, geplagt von einer Folge kleinerer Unpäßlichkeiten. Als ich im November nach Cornwall zurückkam, sah sie müde aus und sagte, sie gehe zu einer Untersuchung ins Krankenhaus. Man operierte sie und stellte fest, daß der ganze Unterleib verkrebst war.

Sie lebte länger als die zwei Monate, die die Ärzte ihr noch gaben. Sie erholte sich gut von der Operation und wurde im Frühjahr zusätzlich therapiert. Außerdem trug sie stets ein imaginäres schwarzes Messer bei sich, wie sie mir erzählte, und in den stillen Stunden nach Sonnenaufgang lenkte sie es nach unten gegen den Krebs und schnitt ihn Zelle für Zelle heraus. Eines Morgens rief sie mich lachend an. Es war ein Lachen, von dem ich wußte, daß es ihre Angst überdecken sollte. Sie erzählte, sie habe einen entsetzlichen Alptraum gehabt – die Rote Armee war nach Braganza gekommen und hatte sie auf den Müllhaufen geworfen; nach dem Aufwachen hatte sie noch eine Weile dagelegen, überzeugt, wieder in Mantuski zu sein, nahe dem Njemen – bis sie die See sich unten an den Felsen hatte brechen hören.

Der Sommer war wie sonst – Braganza voller Familie und zahlender Gäste und Hunde, und jeder staunte, wie gut sie sich erholt hatte. Doch als ich sie im September wiedersah, gab es Augenblicke, wenn wir unter uns waren und ihre Maske abfiel und sie auf einmal weit weg schien. Und sonderbarerweise verspürte ich damals überhaupt nicht jenen wahnsinnigen Druck, den ich erwartet hatte, die Empfindung, daß unsere Zeit ablief. Es war, als wüßten wir beide, daß wir nichts weiter miteinander erleben könnten als die langen Winter in Cornwall, die Reisen nach Weißrußland, die Kapelle, dieses Buch. Und wenn ich zurückdenke an das letzte Mal, als ich sie sah, als sie in ihrem hohen Lehnsessel saß, im Hintergrund die sonnenbeschienene See, erinnere ich mich nicht mehr an das, was gesagt wurde, sondern an die Zeit, nachdem wir miteinander geredet hatten und still dasaßen und nicht das Bedürfnis hatten, noch etwas zu sagen.

Ende Oktober, an einem grauen Nachmittag, war die Saison vorbei. Zofia winkte ihrem letzten Gast nach, schloß die Tür von Braganza und ging zu Bett. Vier Tage später war sie tot.

Glossar

bryczka: ungefederter leichter Kutsch-, Reisewagen
   (auch offen)
chata: Bauernhaus, Bauernhütte
ciocia: Tante
dobrze: gut
dwornik (russ.): Hausknecht
dwór: Gutshaus, Herrenhaus; Gut, Landgut
dwórek: kleineres Gutshaus etc.
dzień dobry: guten Tag
Hrabia: Graf
Hrabina: Gräfin
kasza: Buchweizengrütze
kiełbasa: Wurst
Kresy: das – damalige – ostpolnische Grenzland
kochana: Liebes, Liebste (Anrede)
kwas: gegorenes Getränk aus gesäuertem Schwarzbrotteig
   oder aus Schwarzbrot mit Malz
Pan: Herr
Pani: Frau (Anrede)
Panna: Fräulein (Anrede)
Panoczek: Verkleinerungs-, Koseform von Pan (Anrede)
parobcy: Gutsarbeiter
proszę: bitte
ptaszyku: Vögelchen (Vokativ)
puszcza: großes unberührtes Waldgebiet
spirytus: Spiritus, Äthylalkohol, Rohstoff zur Wodkaher-
   stellung
szlachta: polnischer Landadel, niederer Adel

taczanka: ungefedertes leichtes zweirädriges Fuhrwerk
tatuś: Vater (liebevolle Anrede)
wójt: gewählter Dorfvorsteher (vgl. deutsch: Vogt)
żubrówka: mit Büffelgras aromatisierter Wodka

Hinweise zur polnischen Aussprache:

Z wird gesprochen wie das stimmhafte *s* in Rose, c wie z, sz wie *sch*, cz wie *tsch*, rz und ż wie *j* in Journalist, ó wie *u*, ł etwa wie deutsches *u* in au oder englisches *w* in well; ą und ę werden nasal gesprochen.
Betont wird in der Regel die vorletzte Silbe, wobei -ia als eine Silbe gilt. Die Aussprache von Zofia ist also *Sófja*.

Anmerkung der Übersetzerin

Wir haben uns im vorliegenden Buch für die Schreibweise *Njemen* entschieden, weil es die für deutschsprachige Leser plausibelste ist. Die polnische Schreibweise ist Niemen, die russische – transkribiert – Njeman; die Aussprache ist allemal »Njemen«. Der deutsche Name Memel kam nicht in Frage, weil er völlig falsche geographische wie historische Assoziationen ausgelöst hätte.

Inhalt

Polens Grenzverschiebungen 1914-1945

SCHWEDEN

Ostsee

Hamburg
Lübeck
Stettin
Gdańsk
(Danzig)
Kali
(Kör
OSTPRE
Poznań
(Posen)
DEUTSCHLAND
Dessau
Elbe
Weichsel
Dresden
Oder
POL
Krakau
Prag

0   200 km

St. Petersburg (Petrograd)

Tallinn (Reval)

ESTLAND

Nowgorod

Pskow

	Grenze des Russischen Reichs 1914
• • • •	Die polnische Grenze zu Russland und Mitteleuropa 1920-39
▬ ▬ ▬	Polen 1945

LETTLAND

Riga

LITAUEN

Platków

Memel

Njemen

Wilna (Vilnius)

ad
erg)

Moskau

Piesków

EN

Mantuski

Minск

RUSSLAND

Klepawicze

Njemen

Druków
Nowogródek

arschau

N

Bug

Zhitomir

Kiew

Lwow (Lemberg)